宁波工程学院学术专著出版基金资助出版

培养沟通能力：全微案例与游戏教学

莫群俐　著

人民日报出版社

图书在版编目（CIP）数据

培养沟通能力：全微案例与游戏教学/莫群俐著
. --北京：人民日报出版社，2022.5
ISBN 978-7-5115-7365-0

Ⅰ.①培… Ⅱ.①莫… Ⅲ.①商业管理—公共关系学
—教学研究 Ⅳ.①F715

中国版本图书馆 CIP 数据核字（2022）第 082321 号

书　　名：培养沟通能力：全微案例与游戏教学
作　　者：莫群俐

出 版 人：刘华新
责任编辑：孙　祺
封面设计：贝壳学术

出版发行：人民日报出版社
社　　址：北京金台西路 2 号
邮政编码：100733
发行热线：（010）65369509　65369512　65363531　65363528
邮购热线：（010）65369530　65363527
编辑热线：（010）65369518
网　　址：www. peopledailypress. com
经　　销：新华书店
印　　刷：天津和萱印刷有限公司

开　　本：710mm×1000mm　　1/16
字　　数：265 千字
印　　张：14.75
版　　次：2022 年 8 月第 1 版
印　　次：2022 年 8 月第 1 次印刷
书　　号：ISBN 978-7-5115-7365-0
定　　价：75.00 元

| 前　言 |

　　沟通在每个人的生活中都扮演着重要角色，在当今瞬息万变的商务环境下，人们更需要依赖商务沟通以取得成功。但是，当前青年大学生的沟通能力不尽如人意，沟通课程教学也是困境重重。如何改革沟通课程教学以提升大学生的沟通能力？本书详述了作者的教改经验、分享了沟通课程的教改成果。

　　作者结合案例教学与游戏教学的理论，结合当前线上线下混合教学实战，在"以学生的发展为中心"的理念指导下，创新育人视域下的"全微案例＋游戏"教学以替代传统讲授教学。生动的案例与学生动起来的小游戏的全方位解读和分析，提升了课堂教学魅力，让学员在线上线下混合教学中，在具体实践中掌握知识点，把知识变成自己解决实际问题的技能，培养、强化、提升学员的沟通应用能力与综合素质。

　　作者在"全微案例＋游戏"教学过程中建立了"微案例＋游戏"库，并分门别类对沟通课程的案例教学和内容积极向上的小游戏教学进行详解，以供同类课程的教师参考使用。

　　本书在编写过程中注重通过大量生动、具体的案例为读者学习、掌握沟通技巧以及教师教授沟通课程提供具有可操作性的建议和指导。首先是理论讲述深入浅出、毫不晦涩。其次是处处与现实生活中的案例相结合，从而确保读者的理解与认同，并且理论和案例都紧跟时代步伐，汇集了沟通的新观点和新方法，体现了沟通的发展动向和趋势。最后是案例与游戏同时兼有游戏性和趣味性，能提高学生对理论学习的兴趣，且案例分析（或情景讨论）要求学生在掌握基础知识的基础上分析实际问题。

　　本书在撰写过程中吸收和借鉴了国内外专家的研究成果，以及有关的教材、专著、案例等资料，因篇幅有限，仅在本书末尾列出了主要参考书目。在此，谨向有关专家表示深深的谢意，向吸纳了其思想观点又未能在参考文献中注明的作者表示诚挚的歉意。最后，感谢宁波工程学院给予的大力支持。

　　由于作者水平所限，书中难免有不足之处，敬请广大同行和读者批评指正。

作者

2022 年 3 月

|目　录|

第一章　沟通课程教学改革的必要性

第一节　加强大学生沟通能力培养刻不容缓

"沟通"是一个抽象词，有多层意思。原意是传达、交往、交流、通信。《现代汉语词典》（第7版）关于沟通的解释为"使两方能通连"。360百科把沟通解释为"人与人之间、人与群体之间思想与感情的传递和反馈的过程，以求思想达成一致和感情的通畅"。英国著名传播学者丹尼斯·麦奎尔将沟通定义为通过信息进行的社会相互作用。综合以上，我们可以将沟通定义为：沟通是指信息、思想与情感凭借一定符号载体，在个人或群体间从发送者到接收者进行传递，并获取理解达成协议的过程。

沟通存在于我们生活和工作的方方面面。我们生活在家庭、组织与社会环境中，离不开各种各样的沟通。我们做出某种选择时需要进行自我沟通，与家人和朋友相处时需要交流沟通，在学校需要和老师、同学交流沟通，参加工作后需要与同事或客户沟通，走向社会需要与社会上形形色色的人交往和沟通。由此可见沟通在我们人生中的重要性，对于当代大学生来说，提升沟通能力更是非常重要的一个主题。

一、大学生沟通能力现状调研与分析

（一）大学生在沟通方面存在的问题

1. 总体问题

本课题组调研以及对比总结其他专家学者的调研结果显示：当今大学生大多能认识到沟通能力的重要性，但是很多人存在开口说话就会造成事与愿违的情况，他们的沟通问题总体表现在以下几个方面。

①心中没有他人，以自我为中心。人的观点和见解常因立场的不同以及思考问题的角度不同而不同。当代大学生普遍以自我为中心，他们多强调自己的观点和感受，习惯性忽略他人的观点和感受，往往引起沟通对象的不快而不自知。

②缺乏良好心理素质，临场慌乱。很多大学生在不熟悉的场合交流缺乏自信，常常会因为紧张而思维混乱，说话条理不清，或者无法表达自己的观点。

③对沟通口才重视不够，口语表达不得体。说话是个人学识与智慧等各种储备的运用和发挥。很多大学生没有清醒地认识到这一点，与人交流总是话语随口而出。

④不懂控制情绪。不顾及说话语气，往往不易让交流对象接受，甚至让对方觉得带有恶意。

2. 各沟通类型中的具体问题

根据不同的分类标准，有不同的沟通种类。按照沟通对象可以把沟通概括为自我沟通、家庭沟通、组织沟通和社会沟通。大学生在这几种沟通中容易出现的问题表现如下。

①自我沟通方面。自我沟通是发生在个体自身内部的沟通，包括个体对自我的认识和控制。自我沟通是其他沟通的前提和基础。当我们想说某句话或想做某件事情的时候，首先要进行自我沟通，以便做出选择。自我沟通的同一性和隐秘性特征，使沟通过程受个人成长经历、生活环境、知识结构、思维习惯等因素影响。

②家庭沟通方面。家庭沟通是指家庭成员之间的沟通与交流。家庭沟通既简单又复杂。说它简单，是因为家庭沟通的对象都是亲人，在沟通中不像处理社会关系那样有许多顾忌和条条框框；说它复杂，是因为在家庭沟通中，个体扮演了子女、父母、夫妻、兄妹等不同角色，甚至要在不同角色之间进行转换。

做好家庭沟通是处理好家庭关系、维护家庭和睦的要求，但是不少大学生还存在与家人沟通方面的不足。

首先是家庭沟通的意识不强。正是因为家庭宽松的环境氛围，使得很多大学生忽视了与家人的沟通。不记得父母的生日、在外求学时很少父母打电话发信息、假期回到家宅在自己屋里或出去找同学玩等，是很多大学生的日常表现。他们很少去试图理解父母的感受，与父母倾心交流和陪伴。

其次是代沟问题的困扰。由于生活年代和经历不同，大学生与父辈之间在思想观念、价值取向、生活方式等方面均存在差异。一方面，家庭望子成龙的期望给大学生造成了无形压力；另一方面，生长在新时代的大学生没有老一辈的艰苦经历，以自我为中心的意识和个人本位的价值观较为明显，他们急于摆脱父母的管教和控制，试图无拘无束地安排自己的生活，但在处理比以往更为复杂的家庭关系中显得手足无措，于是代际问题成了很多人的苦恼和困惑。

再次是虚荣心影响到大学生与家人的沟通。很多大学生经过中学艰苦的学习终于考入了大学，有的甚至是从封闭的小山村进入了繁华的大城市，新的环境助长了一些学生的虚荣心，他们希望脱离原来的生活窘境，渴望一种高层次的生活。甚至有大学生在父母去学校看望他们的时候，因为嫌弃父母寒酸而不向同学介绍自己的父母。

最后是感恩意识不强。我国长期以来主导家庭关系的是代际关系上向下倾斜的责任伦理，父母无条件地对子女负责，不计回报地为子女付出。大学生多年来一直在求学，很少与父母一起参与劳动，很少与父母进行内心的交流，也很难真正理解父母的苦心和艰辛，普遍缺乏感恩心态。

③组织沟通和社会沟通方面。组织沟通是指组织环境条件下的个体之间、部门之间的沟通，社会沟通是指社会环境条件下的人与人之间、群体与群体之间的沟通。对于在校大学生来说，主要是指与同学与老师的沟通，也面临着毕业后能否与社会很好接轨的问题。

当今的大学生多是 00 后，伴随着中国经济的腾飞和互联网的发展而成长，手机、电脑、ipad，QQ、微信、微博，成为当代大学生与外界沟通与交流的主要媒介和渠道。很多沉溺于网络的大学生忽视了与同学面对面交流的真诚与乐趣。他们习惯于通过网络获取信息和解决问题，反而对身边的人与人之间的感情淡漠，从而在现实社会的沟通中遇到障碍。很多大学生依赖互联网而减少了与朋友相处的时间，甚至有的大学生因为迷恋网络而患上了孤僻症。此外，由于没有掌握组织沟通和社会沟通的规范，很多大学生在毕业求职时常常遭遇挫折。

（二）大学生沟通能力普遍不强的原因

调研结果显示，一些大学生意识到了自身沟通方面的问题，但对于如何才能进行有效沟通则十分困惑，这要从他们沟通能力弱的原因入手分析。大学生沟通能力普遍不强的原因主要有以下几点。

1. 外部环境导致沟通障碍

很多家庭对独生子女比较溺爱，导致很多学生以自我为中心，在与他人进行沟通的时候多是从自己的喜好出发，很少考虑他人的感受。他们缺乏换位思考的意识，对别人的情感、观点、想法没有给予足够重视。进入大学之后在集体生活中无法融入，出现人际交往障碍的现象。还有一些大学生的嫉妒心比较强，不能正确对待别人的优点和长处，甚至出现对他人进行嘲笑、打击、挖苦的情况，不但对他人的身心造成了巨大伤害，对于同学之间的关系也有非常大的影响。很多学生甚至出现爱慕虚荣的情况，不愿意结交来自农村或是贫困家庭的同学，使学生与学生之间的隔阂越来越深。还有部分学生缺乏诚信意识，长期下来就没有人愿意与之沟通、没有人愿意与之交往。

2. 认知偏差导致不重视沟通

在传统教育中，学校及教师只重视学生的成绩，长期的应试教育对学生好坏的评价标准就是分数。很多家长和教师认为在中小学阶段，只要有较高的分数，其他都不重要，这就导致孩子们从小缺乏有效的沟通。

沟通意识淡薄的孩子在进入大学之后，依旧只是对学习成绩关注，认为成绩好、考研才是最重要的，对于沟通实践和沟通能力方面的训练没有予以过多的关注。也有部分学生受到家庭或是社会不良风气的影响，认为人与人之间只是单纯的利益关系，将沟通作为一种交易，人际关系只是为了相互利用。相关调查数据显示，有些大学生因为性格内向，害怕或者自卑的原因不愿意与他人进行交流。

3. 缺乏实践不善于沟通

目前我国的教育方式比较单一，学生从上学开始大部分过着从家到教室两点一线的生活，与人交往的范围比较窄，而且对象非常单一，实际沟通交流的机会比较少，与他人及社会交流的实践经验非常缺乏。轻微的是不善言谈，严重的甚至会患上自闭症，对于孩子的发展非常不利。

相关调查表明，部分大学生对于沟通能力比较重视，他们能够认识到沟通能力对自己未来发展的重要性，希望学校能够提供课外实践的机会加强锻炼。但是，从现阶段部分高校开展的语言交际类课程可以发现，大部分课程采用与专业课教学相同的授课方式，只是单纯从意义、原理以及概念的角度表达。这种灌输式的教育方式使学生只能被动地接受，缺少实践的机会。虽然现在高校对于学生的精神活动越来越重视，也定期举行一些丰富多彩的校园活动，但是主持人大赛、辩论赛等活动只是为极少部分能言善辩的学生搭建的舞台，对于大多数不善交流的学生来说，没有实际意义，甚至还会使不善于交流的学生更加自卑。

4. 网络交往弱化大学生人际沟通能力

网络迅速、便利、时尚、自由的特点，很契合大学生的需求，但同时网络独特的虚拟性、隐匿性也给大学生带来一定的负面影响，造成其"第二次诞生期"的社会化不足，甚至导致部分大学生在人际关系中出现非人性化的倾向。

首先，网络使用挤占大学生的现实人际交往时间。调查结果显示，大学生每周使用手机、电脑网络的时间和次数与其网络成瘾呈正相关的趋势。大学生上网与网友聊天、玩游戏等的时间远远超过他们在现实中与人交往的时间，这些时间的不合理分配使正常的人际交往得不到保障。

其次，网络人际交往的沉迷使大学生出现网络交往的惯性依赖。网络交往的广泛性、隐蔽性，诱使大学生在网络世界中放纵自己的感情，他们仿佛戴着

"面具"在网络世界自由地与他人交往，可以趋利避害，感觉毫无拘束。这种沉溺于网络交往的上网行为本身产生的快感，可以让人沉浸其中，甚至会和使用药物、酒精等其他行为一样上瘾，最后使学生的自制力、自控力越来越弱。同时会使部分大学生疏远现实的人际沟通交往，漠然看待现实社会中的各种真实的人际关系，甚至鄙视现实世界中融洽的人际沟通。

最后，过度沉迷于网络交往会形成人格发展障碍，出现角色混乱，导致现实生活中的身份丧失。有的学生利用网络交往的匿名性，肆意放纵自己的言行，对他人进行毫不留情甚至是非常刻薄的批评，更有甚者对他人人格名誉进行贬损、诽谤。后果就是要么把这种错误惯性沿用到现实人际交往中，要么逃避现实的人际交往。这样容易出现网络角色与现实角色的不协调，导致双重或多重人格障碍。

（三）大学生沟通能力弱化的社会负面效应

构建和谐社会的关键是人的和谐。大学生是否能秉持和谐理念，树立和谐观念，学会正确地与他人和谐相处与沟通，不仅关系到大学生个人的发展，更是社会繁荣昌盛、和谐发展的需要。因此，大学生人际沟通能力的弱化会对和谐社会建设产生不利影响。

首先，大学生缺乏现实人际沟通使其难以融入现实社会。社会性是人的本质属性，社会性依赖于人与人之间的直接交往、面对面的交谈，从而达到情感的交流，结成各种群体，使之得到发展。个体通过履行一定的社会角色，学习相关角色技能，增强与社会的交互作用，内化为社会价值标准，从而发展自身的社会性。大学生一方面要获取专业知识，另一方面也需要发展社会性，提高人际交往的知识、技能和规范。若沉迷于网络人际交往，必然使人与人之间面对面的交往机会大大减少，从而导致人际关系疏远、亲情隐退、道德冷漠，不利于社会性的和谐发展。

其次，大学生缺乏现实交往使其社会规则意识淡薄。人与人之间的沟通交流是日常交往的基础，需要遵循相应的行为规范，包括一般的社会规范以及网络行为规范。社会规范性行为是个体从事各类活动的文化基础和思想保障，只有这些规范、规则都得以遵守了，才能保障社会的稳定。但网络的介入使社会规范性行为变得更加复杂多元，人机界面相互之间的沟通与以往面对面的沟通方式截然不同，在网络沟通中，社会个体可以利用网络的虚拟性，编造或者塑造另一个自我，隐去现实身份，甚至根据不同界面互动塑造多个不同的自我。由于向往网络中的自由自在和空间无限，大学生的规范意识逐渐淡化，出现随意"恶搞"行为，这些对其融入现实社会产生制约甚至是抵触后果。

二、大学生提高沟通能力的重要意义

（一）大学生成为社会有用人才的基础

加强大学生沟通能力的培养能够使大学生与同学、老师以及社会其他人进行有效互动，及时交流，理解或舒缓矛盾、化解冲突，保证其在校期间人际交往顺利，促进健康人格养成。在校期间交流沟通能力的提升，将为大学生今后尽快转换角色、顺利适应社会打下较好基础。应聘工作时，很多用人单位会考察应聘者的沟通能力。对于应届毕业生来说，沟通能力是他们综合素质的重要体现，直接影响到他们的人生发展。

现代教育理论认为，沟通能力是现代人的基本素质和综合能力之一。沟通能力的培养可使一个人获得认知自我、理解和调节他人情绪以及与他人合作的能力。作为新时代的大学生，不仅要有深厚的基础理论知识、过硬的专业技术知识，更要有较强的沟通能力，这也是衡量大学能否为社会培养有用人才的重要尺度，同时也决定着大学生自我价值实现的程度。

（二）促进大学生身心全面和谐发展的必然要求

当今时代是对于价值伦理呼唤最为强烈的时代。人人都承受着前所未有的竞争压力，人与人之间的"沟通"变得更复杂、更快速，呈现出鲜明的现代特征。拥有和洽、平衡的身心状态，拥有成功且健全的人生，尤其需要卓越的智慧。

学习和就业压力让当代大学生出现各种心理健康问题，比如焦虑、抑郁、虚荣、人际关系敏感、社会责任感欠缺、亲情淡漠，甚至自杀等。这些问题的出现除了与家庭教养、学校教育、社会风气有关外，与大学生自身沟通能力的不足也有很大关系。沟通能力不足导致负面情绪堆积在心，得不到有效疏导和释放，加重了各种心理问题，又反过来影响到身体健康，而身体问题更会加重心理问题，形成恶性循环。

因此，加强大学生沟通能力培养直接关系大学生的身体健康、心理健康、事业发展以及人际关系等，是促进大学生身心全面和谐发展的必然要求，也是大学素质教育的重要内容。沟通能力培养作为日常人际活动能力的训练，必然会深入素养层面，为学生健全健康的社会生活和身心的全面和谐发展打下基础。

（三）提升大学生创新创业能力的基本保证

现代社会，是否能有效沟通影响着一个人的生活质量和工作成效。懂得有效沟通的人可以准确清晰地表达观点，使交流对家乐于接受，因此更容易出色地完成工作。美国劳工部在测算劳动力的教育准备时，对1015名有工作的成年人进行全国性调查显示：87%的被调查者认为沟通能力对完成自己的工作"非常重要"。事实证明，在职场中，有效的职业沟通已成为人们生存与发展所需的基本能力，拥有了沟通能力就等于掌握了创业成功的钥匙。

深圳职业学院曾用4年多的时间对珠三角地区2000多家企业进行了长期跟踪调查，结果显示企业最看重的几项能力依次为：积极主动性，占82%；责任心，占77%；团队精神和执行力，各占72.7%；再接下来是沟通能力和专业学习能力。其中能够真正做到积极主动和团队合作的主要渠道还是沟通。有就业小组曾对500名被解雇者进行调查，发现其中83%是因为沟通不良；有调查显示职场人士每天至少花费70%以上的时间用于沟通。可见有效沟通是职场利器，沟通的品质决定了工作的品质。

（四）促进社会和谐发展的必然要求

人类依赖于诸多关系而存在，在各种错综复杂的关系中，最根本的关系有三种——人与自然（生态）、人与人（世态）、身与心（心态），简称人类三态。只有这三态和谐，才能共同促进社会的和谐发展。

健康的生命、快乐的生活来自有效沟通，即人与自然、与他人、与自身的有效沟通。作为生命存在方式的沟通，它担负着传承人类文化的重任和保持社会和谐发展的使命。联合国教科文组织在国际21世纪教育委员会的报告《学习——内在的财富》中指出："学会共处"是对现代人最基本的要求之一。具备一定的沟通能力，学会尊重、学会思考、学会共处、学会共赢，已成为每个现代人驾驭自我生活、学习和工作的基本要求，也是促进社会和谐的必然要求。加强大学生沟通能力培养，可以指导大学生把无意识的沟通行为转化成为有意识的、科学的沟通行为，在享受沟通带来的快乐的同时，促进个体的健全发展和社会的和谐运行。

良好的沟通能力，在大学生10项核心就业能力以及我国企业对大学毕业生能力需求中均位列第1。因此，我国高校应该把培养大学生的沟通能力作为高等教育必备内容之一。

第二节　传统沟通课程教学亟待改革

沟通课程不仅旨在帮助学生掌握沟通的基本知识和基本原理，更在于帮助学生将所学到的基本知识和基本原理在实践中融会贯通地加以运用，使学生能够运用基本的沟通技能解决实际生活和工作中的问题，成为一个出色的沟通者。目前我国高校的沟通课程教学存在一系列问题，亟待改革。

一、传统沟通课程存在的问题

我国的高校学生学习模式基本上是老师教，学生学，学习多为个体行为。在课堂上，学生的角色主要是听者、记录者、问题回答者，而不是交流者和表达者。教师不能给予学生足够的发言机会和课堂讨论时间，限制和影响了学生沟通能力的培养。

（一）教师方面的问题

1. 教师的专业性不足

大多数沟通课程的教师往往没有受过专门的沟通训练，也没有下企业进公司等实践经历。这些教师也许擅长讲理论，但并不是沟通高手。由于教师缺乏社会或商务背景，教学中无法再现企业、公司沟通的真实情况，所用案例也多从各类参考书中得来，缺乏现实性与说服力。

2. 教师与学生欠缺课后沟通

由于高校课程多为大班授课，学生多而教师精力有限，教师很难对学生提供充足的课后沟通指导。有的教师要求学生查阅资料，却没有跟踪学生准备的情况，学生交上来的常常是非常粗糙、临时拼凑、不具科学性的资料。

3. 教师没有深入研究沟通课程教学要求

由于各种原因，大部分沟通课程的教师惯性地采用传统讲授法，没有深入研究沟通课程的特性进行有针对性的教学，学生实际的沟通能力没有得到提升。

（二）学生方面的问题

1. 学生不主动发言

部分学生习惯了传统教学的被动听课，不爱参与讨论和发言。

2. 学生没有足够的主观能动性

即使有学生发言，他们的发言也缺乏，主观能动性，普遍缺乏新意，缺乏深度，缺乏个人的理解。

3. 部分学生认为专业知识比沟通能力更重要

大部分学生不够重视沟通能力的培养，认为需要努力地学习专业知识，至于沟通课程则可有可无，对于自己沟通能力的欠缺，大部分大学生没有予以足够的重视。

（三）课程方面的问题

1. 与其他课程内容有重复

现有的一些课程与商务沟通课程内容有相似和重合之处，如应用文写作、演讲与口才、商务谈判、商务文秘、公共关系等。这就涉及重复部分如何取舍，同一主题如何诠释等问题。学生反复学习，容易失去学习的热情，同时也没有达到强化的效果。

2. 课程教学时间紧迫

传统教学多注重讲解知识点，没有时间进行课堂的实践活动，即使有实践活动机会，往往也只是匆匆忙忙走个形式。实际上，就算给学生 3 分钟展示时间，一个班 60 名左右的学生，每人的时间也很紧迫，需要教师好好安排才能有效果。

（四）评价方面的问题

1. 评价沟通能力的困难

美国劳工部曾就"21 世纪的工作需要什么技能"一题委派专业机构进行调查，结果表明，21 世纪的人才应该能够富有成效地使用资源，掌握良好的人际交往技巧，通晓各种系统及运用技术，同时，还应具有听说读写等基本技能，学习、推理、创造性思维，决策和解决问题的思考能力，自律、合群、正直、有责任感的个人品质。但是，如何用量化的形式评价学生的能力与技能是一个难题，评价难也是沟通类课程教改积极性不高的一个重要原因。

2. 评价他人的困难

学生即使能客观评价自己，却很难或不敢客观评价同学，不能在评价其他学生时说出自己的真实想法。不愿指出他人的不足与错误，大家一团和气，从而阻碍了进步的速度。

二、美国沟通课程教学的借鉴

美国高度重视良好的沟通能力的培养。美国工程与技术鉴定委员会 ABET 提出的《工程标准 2000》（Engineering Criteria2000，EC2000）中明确将"有效交流的能力"列为美国本科工程教育人才培养标准之一；写作与口头表达的沟通能力要求被美国卡耐基教学促进会认为是整个研究型大学的特征。美国高校普遍在本科生培养阶段设立了完整的沟通能力培养课程体系培养未来工程师的工程沟通能力。

美国学生擅长沟通与他们受到过良好的沟通教育和训练密不可分。美国高校从课内到课外、从校内到校外无不渗透着培养大学生良好沟通能力的理念，并且有着成熟而健全的培养模式。

美国高校中，大学生人际沟通能力培养不是局限在某个阶段或依靠某几门课程（如公共演讲及人际沟通），而是贯穿于大学课程的始终。沟通能力训练全方位、多角度地渗透在每一门课程当中，渗透在学生的每一次社会实践当中。几乎所有的美国高校都将"演讲"（Public Speaking）与"沟通"（Communication）课程作为必修课或选修课，包括专业性很强的医科院校、工科院校。作为一名大学生，无论其处于本科阶段还是研究生阶段，也无论其处于何种专业领域，都要接受着这种系统、规范的培养与训练。

美国大学的公众演讲课主要是培养学生的演讲能力，让学生在任何时候任何场合都能清晰地表达自己，准确地传达信息，不仅提高了大学生清晰的述说能力，锻炼了大学生独立思考的能力，也培养了大学生良好的心理素质与倾听能力。公众演讲作为一种战略性沟通方式，不仅需要演讲者具备扎实的语言功底和良好的心理素质，还需要演讲者能够独立思考，随机应变。公共演讲不仅是为了说服别人，更注重对同一知识领域的交流沟通，从而在思想上与听众达成一致。在美国人眼里，"即使你的专业水平比周围人都高，但是你无法运用沟通使周围的人理解你的意思，你的沟通能力就限制了你，使你不具备相应能力来承担你的职业角色"。

在专业教学环节，美国高校大量地运用课堂问答、小组讨论与交流、方案陈述、成果汇报等形式，这些教学形式在培养大学生的口头表达能力、演讲能力及群体沟通能力等方面发挥了非常重要的作用。美国教师鼓励学生发言，让学生充分展示自己的观点。

讨论是美国课堂教学的显著特点之一。比如哈佛大学为鼓励学生发言制定了一套严格的评分办法，在学生成绩中，课堂发言占总分的25％～50％。因此，学生通常会积极参与课堂讨论，每一位学生不仅要在讨论中表达自己的观点，还要认真聆听其他同学的观点，并对他人的观点提出自己的态度与看法。如果一个学生不会倾听、不善思考、不积极表达自己的观点，那么，他的成绩将受到很大影响。耶鲁大学的教授甚至表示，如果一个学生在开课前还未加入一个讨论小组，那他就不需要选这门课了。课后讨论时学生们会按照老师所布置的任务，组成3－5人的学习小组进行讨论。学校设有专门的讨论大厅与专门供小组讨论使用的小房间。在学校的教学网络平台上，也有讨论区（类似网络聊天室），供学生们在线讨论。

三、如何提高沟通课程教学效果

高校应积极吸取我国传统文化中的正能量并发扬光大，为大学生沟通能力的培养提供源源不断的有益资源，提高沟通课程教学效果。

（一）树立正确的培养理念

现代教育理论认为，沟通能力是现代人的基本素质和综合能力之一。沟通能力的培养可使一个人获得认知自我、理解和调节他人情绪以及与他人合作的能力。作为新时代的大学生，不仅要有深厚的基础理论知识、过硬的专业技术知识，更要有较强的沟通能力，这也是衡量大学能否为社会培养有用人才的重要尺度，同时也决定着大学生自我价值实现的程度。中国工程院院士朱高峰在2007年中国高等教育与创新型人才培养专家论坛上指出："现在不少新毕业的大学生沟通能力比较欠缺……在表达能力上，不是很善于把自己的思想比较清楚地表达出来。"他呼吁教育界应重视对大学生表达能力的培养。高校领导与教师首先要有把培养大学生的沟通能力作为高等教育必备内容之一的教育理念。

（二）建立科学完善的沟通能力培养模式

在推行素质教育，提高教育技术与手段的基础上，提高沟通课程的教学效果需要在学校、教师、学生三个维度进行努力。

1. 学校方面

曾任美国哈佛大学校长20年的德雷克·博克指出："所有的本科生都需要提高各种形式的表达能力，其中最广为人知的是精确而优美的书面表达能力，其次是清晰而有说服力的口头表达能力。这些是学生在大学期间和毕业之后都会广泛运用的能力，也是作为公民和一切从业人员所应具备的能力。培养本科生准确、清晰、优美的口头和文字表达能力是大学义不容辞的责任。"

第一，开设并完善专门的沟通教育类课程，培育学生沟通意识，给学生最基础的沟通知识与训练。在大学的各个阶段设置不同的沟通类课程，比如开设自我沟通、人际沟通、社交礼仪及演讲与口才、商务沟通等课程。自我沟通是人际沟通的基础，演讲是沟通的基本手段。这些课程可以列为选修课，必要时可确定为必修课。

第二，改革大班授课制，改变大学课堂教学"一言堂"教学模式，让所有学生都有登台演讲与自我展示的机会，真正让学生成为课堂学习的主体。

第三，鼓励教师把沟通教育渗透到所有专业课程教学当中去，并纳入到教师考评体系中去。

第四，完善科学的教学技术与手段，完善校园网络，推广使用信息系统，培训教师熟练使用信息化教学平台，从而提供一个课后教师与学生、学生与学生进行交流的平台。

第五，严格规范学生从事课外社会实践，制定科学的考核制度。

第六，建立校企合作，给学生创造步入社会与进入企业的机会，拓展大学生人际交流与沟通的空间，使大学生通过与不同层面、不同文化背景的人打交道，学习与实践人际交流和沟通的方法与技巧，从而培养沟通能力。

2. 教师方面

教师上通下达，在课程教学中最为关键。

第一，沟通类课程教师要组织科学的教学内容。在内容设计上，突出话题组织、思维能力、听众分析、语言的逻辑性与艺术性等方面内容。鼓励学生关注时事，关注生活，体悟生活，发表演说。

第二，教师要有意提高自己的口才与沟通能力，力争成为学生的典范。

第三，专业课教师应建立重视培养学生沟通能力的意识，并把沟通能力的培养贯穿于教学活动中。

用高效的沟通活动提高大学生的人际沟通能力。沟通行为是沟通意识的后续结果和外在表现，一系列高效的沟通活动可以强化大学生的沟通意识。因此，教师要以第一课堂为阵地提高大学生的人际沟通能力。

课堂是师生沟通的重要阵地。第一课堂活动的沟通主要应体现在获取更多知识、交流学习问题、寻求问题解决的成效上。良好的沟通可以充分发挥学生参与的主动性，不仅可使理论讲授变得生动活泼，也有利于学生尽快掌握抽象的理论知识，培养分析问题、解决问题的实际能力。

在信息技术和网络技术发达的背景下，可以进行课堂教学形式创新，采用网络互动与课堂传授相结合的模式，构建网络化课堂系统。综合运用多种沟通渠道，如可建立微博或 QQ 群或网络教学平台，在课前环节可把课程内容、精选材料在网络载体上进行发布，形成相应的网络"黑板"；学生可随时接收教师发布的相关信息。在课后反馈环节，学生将自己的学习疑问、作业情况等通过网络载体上传，教师就可以即时查看和回复，全方位互动、切实提高学习成效。在课前精选、课堂控制、课后反馈三个循序渐进的环节，注重网络互动与教师把控相结合，在进一步丰富教学内容的前提下，引导学生积极参与沟通互动。只有通过互动实践，学生的能力才有可能得到提高。

注重大学生的沟通素养教育和实际沟通技能训练。创新教育教学方法，改进教学手段，探索启发式、探究式、讨论式、参与式教学，注重培养学生倾听、演讲、写作的能力，培养学生团队合作能力，培养学生逻辑推理、解决问题的能力以及组织、管理、领导、决策等能力。可以采取课堂发言、情境模拟、小组讨论等互动式的教学形式，极大地激发学生的学习兴趣。学生的参与积极性高，教育教学就能取得较好效果，学生的能力和素养才能得以提升。

3. 学生方面

大学生是主体，只有当他们敞开心扉拥抱新的知识，新的知识才会属于他们。当每一位大学生都清楚地意识到沟通能力是一个人的核心竞争力，培养沟通能力首先应该从自身努力做起，他们才能积极行动起来。

首先要在课堂中敢说敢讲，特别是要抓住课堂内外的各种表达机会，展示独特的语言风格和语言魅力，为沟通能力的培养打好基础。其次是可以积极参加学生社团，或者到社会上参加志愿者活动、做义工、到企业实习，从而培养自己的沟通能力。

从以上分析可见，提高沟通课程教学效果最关键的人物是教师，教师在正确与先进的教学理念的指引下，设计足够科学的课堂教学活动，就可以引导学生完成各种富有挑战性的任务，才能真正提升大学生的沟通能力。

第二章　移动互联网、大数据下的课程改革

第一节　课程改革及其基本问题

世界万物总是处于运动和变化之中，静止不变的事物是不存在的。课程自然不能例外，它总是处于改革、发展之中，随着时代的发展而不断变化和改进，这也是"课程改革"总是出现在教育领域的原因。对课程改革的探讨，是课程研究领域的一个重要课题，如果首先不对课程改革中一些规律性问题进行研究，既无助于改革的成功，也无助于课程质量的提高。

一、课程改革的含义

课程改革是以一定理论为基础，按照某种观点对课程进行的集中一段时间的有目的、有计划的改造，涉及学校体制的变化和课程的全面修正等，其核心是价值观念的重大变化或方向调整，常常首先在制度层面展开。

课程变革、课程革新是与课程改革相关的两个概念，为更全面地理解课程改革的内涵，我们对这两个概念也做一点分析。课程变革指有关课程长期变化或演变，包括课程哲学、价值观念、课程目标、组织结构、课程材料、学生实践、学习结果、评价等方面。课程改革是形容具体变革的一个概念，指综合性更强力度更深的变革，是人们有意识地为改进某方面而进行的变革。可以说，课程改革是课程变革的一个方面，是短期的、深层的、激进的课程变革。课程革新与课程变革相比，范围要小一些，与课程改革相比，强度要弱一些。

课程变革、课程改革、课程革新在范围、特性、激进程度等方面各有侧重，但三者在本质上是相同的，是一种思想活动，是深思熟虑的，有目的、有方法的行动，旨在解决特定的课程问题并改善课程实践。在课程研究过程或实际工作中，这些概念的使用并不总是很严格，常常会有不一致或相互取代、混用的情况。

二、课程改革的动因

课程改革受许多因素的影响和推动，它不是自然衍生的，其动因有外部与内部两大类。外部动因包括社会体制的变化、社会规范和文化知识的发展、科技革新等；内部动因包括学生的发展和教育研究的新成果等。对课程改革动因的研究有利于预测和控制改革，提高改革的主动性和有效性，反过来更好指导改革的实践。

（一）社会体制的变化

许多专家学者认为社会体制的变化是课程改革最根本的推动力量。英国学者霍伊尔就曾指出，社会的发展变化是影响课程改革的重要动因。这里的"社会"被霍伊尔赋予两个层面的含义：一是体制上的，包括政治体制、经济体制等；二是规范方面的，包括维持社会系统及其体制的价值和标准。

而社会体制的变化之所以会对课程影响巨大，在于课程是一个开放系统，它必须不断地与社会的其他系统相互交换信息，从而使自身得以发展和改善。从这个角度来看，任何国家的课程改革都不免受到其所在的社会政治气候、体制变迁和社会政治集团的影响、控制。也就是说，社会政治的任何风吹草动都会对课程改革产生影响，使课程的目标、结构、功能、内容等发生或大或小的变化。就政治体制而言，其对课程改革的影响是多层面的、深刻的、更为直接的。当然，这种影响既可能是积极的进步的，推动课程的进步和发展，也可能是消极的倒退的，抑制课程改革的进程，阻碍课程的发展。经济体制的改革是课程改革的必要保证，从历史发展来看，课程的发展与经济体制的改革总体上是一致的。

（二）社会规范和文化知识的发展

社会规范是影响课程改革的潜在动力。课程改革既离不开社会的政治、经济背景，也需要具有凝聚、吸引作用的潜在力量，因为课程改革的过程从动态上看是复杂的，在一定程度上也是难以预见的。不过，"无序"在科学的意义上并不是混乱，而是各种矛盾和复杂事物各自在活动，拼接成若干群集。科学家说"奇异的吸引物是推动混沌状态进入周期性运动格局的力量"。社会规范即是课程改革过程中"奇异的吸引物"之一。

文化知识的增长是影响课程改革的一个主要因素。文化知识是课程的重要源泉，课程随着科学知识的不断涌现也不断更新，课程重点也被推动着转移，随之而来的是课程结构的完善。

比如20世纪中叶以后，计算机的普及带来信息贮存上的革命性变革，使课程的重点和课程设计方式发生必然的改变。与之相适应地，课程所强调的再也不应是让学习者获得知识，而应强调如何查找和使用知识。这时候，与之相匹配的课程设计不仅需要在精选内容和基本学科上下功夫，更要广泛采取选修课的形式，为广博、精深的知识进入课程领域创造条件。

（三）科技的革新

课程可以说是时代的产物，因为它总是能很敏锐地反映时代对教育的要求和社会前进的步伐，与科学技术的发展息息相关。随着人类社会的发展，科技的进步与革新对学校课程的影响日益加剧，一方面，科学技术成为生产力的加速器，现代社会依靠的不是人的体力，而主要是人的智力和所掌握的科学技术。这一变化有力地促进了学校课程目标的改革。学校课程既要为培养各种技术专家和专业研究人员奠定基础，也要为培养大批熟练的普通劳动者而普及人文、科学与技术。另一方面，科学技术革命的突出特点是既高度分化又高度综合，高度分化表现为大量分支学科的涌现，高度综合表现为学科的交叉融合，出现了许多边缘性综合性学科。这一趋势要求学校课程调整学科结构，改革原有的单一的分科课程设计，加强课程的整体化和综合性。

（四）学生的发展

课程承担的主要任务是促进学生个体的发展，因此课程改革必须比之前的课程更能兼顾学生的身心特征、发展状态和学习需求。

学生的身心发展具有整体性、连续性、阶段性和个别差异性。学生的心理活动与生理活动密切联系、相互影响，心理活动离不开生理活动，生理活动受心理活动的制约。在学生的心理活动方面，智力、情感、意志、性格的发展是密切联系的。因此，课程改革要体现学生品德、才智、审美等发展的整体性，以使学生身心得到充分发展。同时，学生的身心发展又是一个持续不断渐进的过程，呈现出连续性和阶段性，要求课程改革既有不同的重点，又不能超越学生身心发展的特定阶段。每个学生的心理活动各有特点，在兴趣爱好、能力、气质、性格等方面都存在差异，这个特征就要求课程改革考虑不同学生的个性差异，满足学生多方面的兴趣，加强课程结构的改善，重视开设选修课程和丰富多彩的活动课程。

（五）教育研究的新成果

理论对实践具有巨大的指导作用，课程改革受一定的教育思想和理念的指导。课程改革若没有科学的理论指导，就会成为盲目的改革，会迷失方向，改革也不会取得预期成效。早在 20 世纪 20 年代，桑代克关于训练迁移的"共同要素说"，就曾推动人们对以官能心理学为基础的训练迁移理论进行批判，并促使人们探求课程与当代生活的关联。杜威的实用主义教育理论引发了几乎波及全球的进步主义课程改革运动。50 年代末期，布鲁纳的课程论思想更是直接影响了美国 60 年代的课程改革。

除了上述带有普遍性的外部和内部动因，不同的国家或同一国家的不同地区和学校，也可能由于一些偶然的事件、原因或对现有课程的强烈不满而引起各种规模的课程改革。

总之，课程改革的动因来自学校内外多个方面。了解并研究这些动因，可以更好地帮助我们更好认识课程改革，把改革引向深入。

三、课程改革的模式

课程改革是一个复杂的过程，对如何进行课程改革可谓见仁见智，不同的专家学者有不同的观点，不同的国家也有不同的做法，经过不同的实践，形成不同的课程改革模式。

（一）研究、开发与传播模式

研究、开发与传播模式产生于 20 世纪 50 年代的美国。此模式从改革的发动者和新改革计划的开发者的角度来看待改革过程，其理论基础是理性主义和权威主义。该模式被看作课程改革的基本模式，在美国、德国、英国等地得到广泛使用。美国的 PSSC 物理课程（美国物理科学研究会开发的高中物理课程）、BSCS 生物课程（美国生物科学研究会开发的高中生物课程）等诸多课程改革方案均是成功运用"研究、开发与传播"的很好例证。

"研究、开发与传播"模式有五点理论假设：第一，课程改革过程是一个理性活动的过程，这个过程从确定问题开始，通过形成和完善新的改革方案，最终指向预定目标的达成；第二，长时间的大规模的改革，其有效进行需要各方面的分工和合作，共同完成改革任务；第三，传播是将改革信息从中心传到外围的有效手段；第四，人是理性的动物，其行为受理性的支配，一个符合理性的改革方案总会受到多数人的欢迎，研究—开发—传播的过程就是一个理性的过程；第五，在研究和开发过程中投入更多的时间和精力，能更有效地推动改革。

以上述理论假设为基础，"研究、开发与传播"模式把课程改革视为一种技术化、理性化的过程，包括四个分离的有顺序的阶段：第一，研究阶段，主要是确立课程改革的基本价值取向和指导原则；第二，开发阶段，将研究阶段获得的基本原理运用于新课程的开发，由此形成新课程；第三，传播阶段，把新课程传播给教师供其在具体教育教学情境中使用；第四，采用阶段，教师实际使用新课程。

"研究、开发与传播"模式把课程改革当作一项研究工作，其既重视运用已有的研究成果，又重视在改革中进行研究，努力把课程改革建立在科学研究的基础上。对具体的改革步骤也做了明确的划分，使之形成清晰的工作阶段，具有可操作性。但"研究、开发与传播"模式借鉴了工业生产的流程，将课程改革视作类似于工业生产过程的技术化、线性发展过程，它指向课程改革的技术本身，"而不是学校与课堂中教学的性质，它把教师看作相对被动的消费者，他们所持目标与那些课程开发者、专家相同，他们能心甘情愿地与之合作"。课程改革就是这样一种过程，通过研究和开发获得新的课程产品，然后推出，在具体的教育情境中由教师进行消费。在此过程中，"研究""开发"工作一般由政府选定的专家、学者负责，推广也主要由权力机构进行，依靠的是专家和权威。这种线性、机械的改革过程显然忽视了教育情境的复杂性，人际关系和情意因素的重要性，教师的主动性、积极性和所能发挥的重要作用，教师甚至被完全隔离到课程改革之外，沦落为只需忠实推行新课程的外围人员。

（二）社会互动模式

社会互动模式产生于20世纪60年代初，本来是社会学家用来研究农业改革中的推广问题的，后被教育学家借鉴，转用于研究课程改革过程。依据这一模式，教育体系被看作一个由各种社会关系组成的复杂网络。课程信息就是沿着这个网络传播的。在这个网络中，某些机构和个人居于中心，某些则处于边缘。新的课程产生于该教育体系的不同部位并通过网络传播到其他部位。在此过程中，由于传播课程信息的人对课程改革和新的课程信息持有不同的观点或有不同的侧重和倾向，课程信息的传播会受到影响。所以，课程改革过程是一种民主化的相互作用的过程，其进行既取决于每一个"卷入者"，也取决于他们的相对位置。

社会互动模式的理论基础是自卢梭以来的社会合作主义和现代人际理论，强调人与人之间的沟通与合作。它有五个理论假设：第一，每个接纳改革的个体都处于影响他（她）采取行动的社会关系网络之中；第二，每一个接纳改革的个体在网络中所处的相对位置较好地表明了其对改革的接纳程度；第三，在进行改革的过程中，非正式的接触发挥着重要的作用；第四，群体关系和相互间的认同在改革过程中也是至关重要的；第五，课程改革的传播呈S形，先有一段缓慢的传播期，接着是快速的传播，再后来又慢下来。

社会互动模式将课程改革过程的重心下移，主张课程改革应由具体教育情境中新课程的使用者共同参与，换句话说，就是要有教师甚至学生和家长的参与。一个民主社会中的学校，也是那些深入其中的相关者——学生、教师和家长的学校。因而他们对课程改革的参与是十分必要的。相反，如果只让教师机械地、忠实地接受、使用规定的课程，必然导致他们独立性的丧失，从而失却对改革的兴趣和推行新课程的积极性。

根据社会互动模式，课程开发应在学校进行，或者应与学校有直接合作关系。课程改革应从教和学的具体问题入手，课程改革的重心在学校、在课堂，教师的作用得以发挥。在课程改革的任何维度和阶段都应采取合作的形式，要平等地看待改革中不同职能的承担者，在每个阶段突出其彼此互动的重要性。

60年代以后，许多国家都采取了这种模式进行课程改革，如由美国科学促进会推动的"小学理科课程设计"改革，英国的"纳菲尔德工艺设计"改革，等等。与"研究、开发和传播"模式相比，"运用这种模式的改革是非行政的、非权威的，改革的动力来自人际关系的变化和人际的情意因素的推动，它的过程是一个自然沟通、传递、扩散、深化的过程"，它重视每一个"卷入者"的作用，强调民主的分工和合作。应该说这种模式非常适合学校的课程改革，因为学校里的课程改革既不是暴力革命，也不是政治运动，"它需要教师们的合作与参与，要考虑教师们的思想情绪。但是这种模式由于缺乏强有力的政治经济等因素的推动，从而使改革的速度一般较缓慢。此外，它没有像重视情意那样重视理性。这往往会影响改革的科学性"。

（三）兰德模式

美国兰德社团在对联邦政府资助的20世纪70年代四项主要课程计划的评价过程中形成了兰德模式。当时研究人员进行了长达四年的调查研究，非常详细地考察了四项改革计划和种类繁多的教育革新实践，发现在基层学校决定采用新的课程计划之后，课程改革的主要障碍存在于学校的组织动因之中，即困难在于人们已经习惯于原来的一套做法。根据这一发现，兰德模式特别强调了对改革过程各阶段中组织变量的充分关注，无论它们是支持性的还是抵制性的，都要引起充分的重视，以减少改革实施的可能障碍。

在兰德模式下，课程改革过程有两个阶段，见表2-1。

表2-1 兰德模式改革两阶段

阶段	第一阶段	第二阶段
名称	启动阶段	实施阶段
具体内容	实施阶段课程改革的发起者想办法使人们支持课程改革计划。通常这一步骤中需要对课程改革计划做出解释，让课程使用者理解和接受。	新课程计划已成为现行课程制度的一部分。为使新课程能按既定方式继续下去需要给予必要的实施支持，如人力、物力、培训，还需要校内外各方面的广泛合作。

长期以来，缺乏促进改革的动因一直被认为是学校采取改革新措施不力的一个因素。一些人认为，学校校长应该是改革的动因，因为校长能在学校层面上起到组织支持的作用，然而，起到培训者和政治辩护者等其他作用则是困难

的；一些人主张让课程工作者负起这个责任，使教育机构对广泛的课程改革要求做出反应，因为课程工作者具有权威性，他们有做出影响他们行为抉择的法定权利，并有进行这些抉择的能力；也有人提出应该由教师发挥这种作用，因为课程改革成效的真正发挥是建立在教师对课程改革的态度和实施课程改革能力的基础上的。形象地说，来自外部的改革可视为在布置舞台或向教师提出研究实施改革策略的挑战，演员或应战者主要还是要由教师来担当。但是，兰德模式侧重的是改革的动因，这一模式认为成功的课程改革需要特别注意组织机构的动因。

第二节　课程改革的理念

课程改革是教育界最迫切关心的问题，如何进行课程改革，以什么样的理念指导课程改革，是我们首先应该认真考虑的问题。站在宏观的角度分析课程改革的基本理念，应重点考虑以下几个方面。

一、课程改革的本质是转化而非强制

从一定意义上说，强制是必要的，因为课程改革政策的制定者有义务确定政策、设立标准并监督其实施。但仅有强制是不够的，强制性的要求被讲述得越详细，目标和手段就必将变得越狭窄，效果就有可能越差。任何新的课程改革如果想要做到富有成效，都要求教师对新的课程改革计划有深刻理解，具有完成改革计划的技术和能力，并认真付诸实施。在实践中，不管什么样的课程改革，当需要落实到具体的教育实践情境中去的时候，都必须依靠教师及其合作者的技巧、能力、义务、动机、信息、见识和现场的审慎判断力。总之，改革者如果想真正地达到课程改革的目标，就绝不是强制所能做到的，因为对于有效地达到改革的复杂目标来说，真正重要的是技巧、创造性思维和投入的行动。正如专家所说："你不能强迫这些事情运转，唯一可行的办法就是创造条件使人们能够考虑和促使人们考虑个人的和大家的见解，并经过一段时间的技能开发的实践。强制性的东西用得越多，时髦的东西就越泛滥，变革看起来就更多表面化的东西和偏离教学的真正目标。"

纵观历史，我们发现不乏有许多惨遭失败命运的课程改革。究其原因，是因为改革者以为只要把由课程专家研究、开发的新计划传达到学校、课堂，课程改革就能生根落实。过于侧重强制性，理所当然地将新的课程改革方案视为客观存在的物化实体，忽视了教育实践工作者的知觉和实际的建构以及改革方案接受者的个人意义。事实上，课程改革方案的落实是在各种不同的、独特的、复杂的情境教和学的过程中，所有的改革涉及者，无论是课程改革的设计者、校长、教师，还是学生和家长，都会将不同的生活经验、价值和意识形态带到这个情境中，彼此交互作用，共同转化改革的意义、创造新的课程。

总之，课程改革绝不仅仅是新课程模式的简单移植，也绝不是由研究者到开发者然后至教师的线性的、直接的、强制的过程，它应该是一个协商和转化的过程，应该由学校、教师以适合他们的方式来落实改革方案。

由此可见，课程改革既不是产品也不是事件，而是关系到新课程的实质建构。课程改革的转化强调的是建构，指师生及相关人员在情境性思维、批判性反思中探讨他们的决定、判断、行为及其中隐含的规范价值和信念，从而建构课程改革的意义。课程改革的转化不在于控制，而在于如何有效地达到改革的目标，增强相关者的能力，提高判断和自我管理的层次。

二、人人是课程改革的动力

加拿大著名教育家富兰曾指出，每一个人都是改革的动力，人人都有责任参与建立一个良好的组织环境，使个人和集体都能不断地探究和发展，只有每一个人都采取行动，改变自己的环境，才能导致真正的改革。因此，了解每一个人如何界定其角色，他（她）有哪些能力，他（她）对学校和课程改革方案如何知觉等，是我们探讨课程改革的起点。

我们可以来分析改革中的几个关键人物。

首先是校长。校长常被看作学校发展的关键，也是影响课程改革的动力之一。校长的价值观、献身精神和工作能力是课程改革的成功保证。具有民主型、转化型风格的校长相信自己的价值和能力，勇于表明自己的立场，忠实于课程计划。他们往往拒绝做新课程改革计划的绊脚石，他们敢于面对各种崭新的课程尝试，也不会做亦步亦趋的过于忠实的随从。他们能在学校的多元、复杂的教育情境，与学校中的教师、学生、工作人员等一起从事改革意义的建构，能及时提供支持课程改革的环境条件，有效地规划丰富的、智慧的课程改革探究活动。他们能以关怀的伦理和他人交互作用，以人性化、民主的原则作为课程改革行动的指南，以解脱束缚、鼓励创新、倡导责任来培育具体落实课程改革的学校。

其次是每一个普通的任课教师。每一个普通教师都是推动课程改革的主要力量。他们的价值、信念和意识形态直接影响着课程的改革。比如教师对课程知识各有根深蒂固的观念，有的教师坚持心理测量的传统，认为知识存在于学生的心灵之外，学生是可接受任何东西的容器。有的教师主张儿童发展的观点，认为知识是在参与解决问题的过程中产生的，学生是主动的学习者，他们在与教师、同学的互动和对话中建构知识。新的课程改革方案，如果并不能改变教师的知识观，那么相应的改革成效不一定好，因为教师的某些潜在信念在一定程度上会阻碍改革理想的实现。只有教师积极主动地投入改革过程，认同改革理念，在改革中学习和成长，担负起重要的职责，做改革的行动者，架起自下而上的联系桥梁，才能达到改革的目标。

最后是影响课程改革的动力源学生。课程改革的目的是促进学生的发展，提高人才培养质量。但在真正进行课程改革时出现的问题常常是"见物不见人"，即出现对学生的态度、需要、能力倾向视而不见的奇怪现象。学生是具有独特个性、丰富人格的人，是蕴含巨大创造潜力的人，也是对发展有无限渴求的人，有着多方面需要和兴趣。无视学生存在的课程改革，最终难免失败——它专注于目标和操作，但不清楚操作的效率；它计算成本但不理解真正的成效。

三、课程改革应植根于实施的组织和结构中

改革方案应能嵌进实施的组织和结构之中，"课程改革若不同时改革组织的制度特征，结果将流于表面或无疾而终"，"课程改革不仅只是用一个课程元素代替另一个课程元素，这种新的元素也需要相符合的组织结构才能维持下去。不改变革新方案赖以生存的环境脉络，课程改革将是短命的"。

具体实施课程改革方案的组织是学校和教师。学校是学习社区或学习型组织，是提供其成员继续学习和成长的组织。无论是校长、教师、学生，还是家长，总之，学习社区的每一个成员都应该成为学习者，拥有继续成长和发展的机会。改革方案有要求于学生的内容，也必定要有相应要求于教师的。教师需要与同事、家长一起探讨教学工作、改革过程、价值观念。在学习社区中，每一个成员都应该不断地充实自己，自我实现，自我超越，同时发展批判思维和反省能力。学校还应该是一个充满活力的组织，其中的每一个人都有权、有能、有参与、有看法，能发声。因此，它也应该是一个语言丰富的公共空间。每一个人都能与他人共同思考，共同参与情境，在平等的相互尊重的关系下进行沟通和对话。

改革者要相信学生有强烈的学习欲望，尊重学生的选择意志和行动。具体的做法是要倾听学生的声音，了解并关怀他们；要重视学生了解和观察世界的方式，统一、整合学生的脑和心、思想和行动、理论和实践；关心弱势群体，走进他们的世界，分析和批判压制他们的组织结构；要激发学生的学习热情和好奇心，鼓励主动探究和大胆创新，引导他们去分享、争论、建构、修正各科知识以及求知的方法。而教室应成为知识建构的场所，在这里新的教学规范日渐形成。

四、课程改革需要合作

合作的目的在于迅速、有效达成预期，完成相关的任务。课程改革本质上是一项社会改革，涉及校内外各个方面，与个人的、专业的、政治的、社会的利益密切关联。课程改革的成败不仅取决于改革计划本身的科学性、合理性，实施组织的完善性，实施人员的认同性，还取决于个体之间、群体之间、组织之间等多层次的合作。

在许多人眼里，学校中的关系规范是个人的、竞争的互动模式，有人称教师这个职业为"一种孤独的职业"，他们描述教师只有同辈（peer），没有同事（colleague），因而缺少同事情谊（collegiality）。这种教师"职业的孤独"限制了教师吸收新的思想和对有益经验的交流，也限制了他们对成功的认定和赞美，导致形成保守性和对改革的抵触。而合作文化（culture of collaboration）的建立强调重塑教师间的人际关系，建立关怀的、信赖的和有共同目的的关系规范，也就是说，要增加同事间的对话、讨论、交流和协商，同事间应合作起来，共同开发课程，研究教学，共享经验和理念，将合作精神和同事情谊体现于教学生活中。

教师与学生之间也同样需要合作。有合作精神的教师懂得尊重学生的人格，维护学生的权益，关心学生的生活，让学生参与教学过程，视学生为知识的建构者。他们和学生处在一种平等、合作的氛围里，他们善于倾听学生的见解，鼓励学生的独立探究和大胆质疑。教师与学生应该以课程为基础，通过共同合作来设计教学方案、创设教学方法，并在此实践过程中激发学生的挑战欲望、带领他们建构知识体系，引导他们了解外面精彩的世界、推论原因、影响及其关联，使学生在树立信心的同时重新定位自己的角色：他们不仅是学习者，也可以是研究者、合作者、行动者。

影响改革成效的主要障碍之一是校长与教师不能对"为什么进行课程改革"和"如何进行课程改革"这两个关键点达成共识。在不少学校，"共识"只是某个人（校长）或某个团体（校行政）的"见解"，是强加于教师和学校组织机构之上的。这种"共识"很多时候表现为一种依从，而不是赞成。校长和教师间形成真正的合作，使教学现场的教师拥有相应的权力，能够做出课程决策，方能达成共识。在此过程中需要教师与校长之间平等对话、广泛沟通。

校内合作对于课程改革的成功是很关键的，课程改革的成功需要教师、学校与校外的社区、社会的广泛联系，密切合作。只有学校拓宽对外交流渠道，了解社会、社区、家长的观点和期望，及时感知随着社会发展，社会环境中出现的新需求，汲取校外各界人士对学校课程改革和教育发展方向的丰富思想，课程改革才能得以真正成功进行。据此，课程改革亦是一个社会广泛合作、协商、适应的过程，"学校和教师要构筑教育论坛，在此论坛中，所有市民参与、考验并评鉴课程改革方案，大家一起来学习教育问题。课程发展是全体市民和教师形成伙伴团队，运用合作的慎思、创造和再创造教育的文化，并将学习引进社会的文化"。

第三节　移动互联网、大数据引发信息化教育改革

一、信息化的高速发展

21世纪是信息化的时代，信息技术是当今世界发展速度最快、通用性最广、渗透力最强的高新技术之一，深刻影响着人类经济社会生活的方方面面。而我国正处于信息技术高速发展的时期，以移动互联网技术为例，据工业和信息化部数据显示，截至2017年5月末，我国移动互联网用户总数达11.6亿户，对移动电话用户的渗透率达80.6％，手机网民规模达11亿，移动互联网已进入全民时代。据2018年的统计，仅杭州市西湖区每天平均有100万人在使用着网络，每天平均花费3小时使用网络，日均使用0.2GB的流量。

如果说之前的4G技术更多的是改变个人的使用习惯，改变生活，那么5G时代正在改变社会，因为它有两个最大的特点，一是速率更快，二是延时更短。正因为5G的高速率和低延时，整个应用的环境场景发生很大的变化。比如无人驾驶，在5G时代，"车联网"或者无人驾驶技术会有一个很大的发展。

当今世界正在进入以信息通信业为引领的数字经济发展时期，加快新一代信息技术创新突破和融合应用，已经成为世界各国抢抓历史机遇、赢得发展主动的共同选择。我国高度重视新一代信息技术的发展，就云计算、人工智能、工业互联网、5G等领域发展做出了一系列战略部署，有力地推动了我国新一代信息技术的快速发展。

如今，移动互联网、大数据等信息技术正在引发教育领域的变革。一方面，信息技术在社会诸多领域的渗透引发整个社会的深刻变革，教育于变革的大环境下必然面临冲击与改变。另一方面，传统教育模式自身存在强烈的变革诉求，信息技术的发展恰恰契合了这种诉求，并成为变革的强大支撑力量。

二、教育变革顺应信息化时代要求

（一）信息技术下的教育变革突出对教育空间的重塑

信息技术发展刺激下的教育变革，突出体现在对教育空间的重塑上。

一方面，传统教育空间得到有效拓展。传统教育模式下，教育者与受教育者的活动均局限于实体课堂等物理空间，即客观存在的现实空间中。信息技术的发展将教育者与受教育者的活动拓展到数字空间，甚至是虚拟空间。交互式演示系统、电子书等数字化工具的使用，使教育实现对物理空间的超越。云计算、大数据等技术更是将教育拓展到虚拟空间，构建出一整套包含教育者、受教育者、管理者、公众各个主体，覆盖教育区境、资源、管理、服务各个方面的虚拟教育系统。

另一方面，空间设计开始与学习活动紧密相连，力求满足受教育者日益多样化的学习方式对于空间环境的需求。如在实体校园等传统的物理教育空间中，空间设计正在从以讲授为主的讲座型空间逐渐转变成为集项目合作、团队展示、自主学习、自由讨论、悠闲放松、工程设计等多样化需求于一体的立体化多功能空间，为学生营造优质便利的学习环境，提供良好的学习体验。

（二）信息技术的发展引发教育方式的转变

传统教育模式下，受教育者知识的获取局限于课堂和纸质书刊材料的阅读。随着信息技术的发展，MOOC、网络公开课、直播等新形式大量涌现，越来越多的受教育者开始使用在线学习、移动学习等新型学习方式。CNNIC报告显示：截至 2016 年 12 月，在线教育用户使用率达 18.8%，年增加2.8%。截至 2017 年 6 月，我国在线教育用户规模达 1.44 亿。2020 年 4 月《中国互联网络发展状况统计报告》显示：截至 3 月，我国在线教育用户规模达 4.23 亿，较 2018 年底增长 110.2%，占网民整体的 46.8%。2020 年初，全国大中小学校推迟开学，2.65 亿在校生普遍转向线上课程，用户需求得到充分释放，在线教育应用呈现爆发式增长态势。新型学习方式的出现使受教育者可以不拘泥于学校课堂，在任何时间、任何地点通过多种渠道获取想要学习的知识。而对于教育者，数字化教育工具正成为教学活动中不可或缺的一部分，并由此产生基于视听媒体技术的多媒体教学，基于卫星通信技术的远程教学，基于计算机仿真技术的虚拟现实教学等一系列新的教学方式。微课程、电子书包等应用的出现更是对线上与线下的教学方式形成有效整合，为教育者提供更多、更灵活、更便利的教学方式选择。

（三）信息技术带来教育理念的革新

传统教育模式下教育者的权威地位在信息时代开放共享的精神面前被逐渐削弱，平等合作的新理念得到彰显。宏观上，在信息技术支持下的庞大教育生态系统中，每一个个体掌握和需求的知识不同，既是教育者又是被教育者，唯有平等相待，彼此合作，依靠集体的努力与智慧才能共同维持整个教育系统的良性发展。具体来说，信息技术使知识本身的平等性特征得到更充分的彰显，教育者和受教育者逐渐发展成为平等的学习共同体，平等合作的理念使教育回归为受教育者传道、授业、解惑的本源，重新聚焦于受教育者的需求。以翻转课堂教育模式为例，传统课堂中用80％的时间传授知识，20％的时间用于受教育者对知识的理解和内化。翻转课堂将这种"二八定律"倒置，受教育者运用20％的时间通过微课堂等方式在教室外对所学内容进行了解，而运用80％的时间依据自身对知识的了解情况与教育者合作，在教室内进行有针对性的知识内化。教育者从知识传授者转变为导学者、助学者、促学者、评学者。同时，信息技术不仅为教育渗透了平等合作的理念，更为教育增添了许多新的必要的培养理念。21世纪的学习者要适应信息化时代的发展要求，应当掌握的不仅局限于传统意义上的科学文化知识，更包括学习和创造能力、意志品质、生活技能、信息素养等多方面。2009年，21世纪技能联盟提出了21世纪学习"彩虹图"框架（见图2-1），明确了21世纪学习者所必需的技能及各项基本技能。

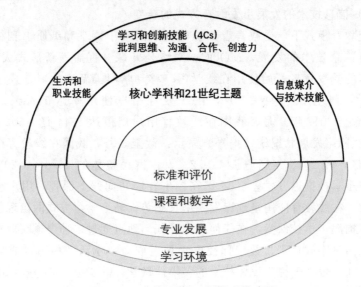

图 2-1 21世纪学习"彩虹图"框架

从"彩虹图"可以看出，21世纪的教育体系建立在传统教育体系的基础上，包含语文、外语、美术、数学、经济、科学地理、历史等传统核心学科，还包括金融、健康、环境等21世纪新理念，传统核心学科与21世纪主题共同构成21世纪学习框架的中心和基础。此外，应具备生活和职业技能、学习和创新技能、信息媒介与技术技能，学习和创新包括批判思维、沟通、合作、创造力等在学习和创造性劳动中终身受益的关键技能；信息媒介与技术技能包括信息素养、媒体素养、信息交流和科技素养等获取、分析、应用信息的基本能力；生活和职业技能包括灵活性和适应性、主动性和自我指导、社交和跨文化交际能力、生产能力和绩效能力、领导能力和责任感等。

（四）运用信息技术谋求教育再发展

在当今的教育领域，优质教育资源的短缺仍是阻碍教育良性发展的首要难题，教育的一大诉求便是质量的提升，而信息技术可以通过诸多方式在教育质量的提升方面发挥效益。第一，互联网的实时性可以使受教育者及时掌握最新的知识，信息化工具通过图像、声音、影像、动画、文本一体化的形式使知识的传播更生动、更准确，有利于受教育者对知识的有效接收与理解。第二，信息技术可以实现对优质教育资源的整合和开发。教育者可以打破自身知识、能力的局限，调用全国甚至全世界的优质资源，服务于教学活动，使有限资源创造更大价值。第三，信息技术可以运用于教育资源的管理，通过对教育过程和信息的大数据挖掘，对比、分析、转化等操作，为教育管理者提供资源配置、数据集成、信息管理、运行监控等业务支持，实现教育资源的可视化管控和远程督导，评估教育资源是否真正实现物尽其用，并进行及时的反馈和调整。通过如此"实施—反馈—改进"的循环，以信息数据驱动智慧决策，使教育资源的运用不断得到完善。

同时，教育发展的不平衡性也是其再发展所要面临的难题，"择校潮"充分体现了受教育者对教育公平的诉求，教育发展的不平衡性主要体现在地区、城乡、阶层、类别 4 个维度上，主要原因在于教育资源具有稀缺性。而传统教育模式相对封闭，有限的资源主要运用于服务本地，且由于技术等客观条件的限制，可传播的范围十分狭窄，不同地域、不同学校孤立发展，教育质量存在较大差异。信息技术为公众提供了开放共享的教育资源服务平台，给予公众平等的准入资格，在一定程度上促进了起点公平的实现。信息技术突破了时间和空间的限制，改变了资源分布的形态与拥有关系，使资源具有无限可复制性和广泛通达性，来源更广、体量更大、成本更低，有利于增强信息的对称性，破除教育垄断，实现教育机会的均等。

此外，教育还面临个性化缺失的困境。传统模式下的教育强调统一性、标准化，采用"一刀切"的进度控制方式，忽略受教育者的个性差异；且受教育者只能在特定的人生阶段接受特定的教育内容，内容呈现同质化、阶段化，与受教育者的个人联系不紧密。大数据、云计算等信息技术可以更精确地反映教育者的知识水平、能力结构、个性倾向、思维特征，更加了解受教育者的个性化需求。信息技术提供的庞大教育资源可以充分满足受教育者的个性化需求，填补职业教育、技能教育等传统教育中教不到或教不全的内容，使教育更全面也更有针对性。

无论是对信息化时代顺应的选择还是运用技术谋求变革的思路，移动互联网、大数据等信息技术都正为教育应对挑战、实现教育现代化提供途径，并将继续推动教育的变革，开创新的教育时代。

三、信息化教学的含义与特征

"互联网＋"理念提出以来，教育领域网络课程、微课、慕课、电子书包等新型信息技术不断与各种教学模式相融合，使得"互联网＋教育"迅猛发展。信息化环境下的教学与传统的教学方式相比，具有教学方法更加灵活多样、授课地点不再局限于教室内、交流互动手段多样、教学资源丰富易达以及授课内容可以通过网络惠及更多的学生等优势。

信息化教学能力已经正在逐渐成为教师的必备能力，它对学生学习能力及创新意识的培养都具有重要意义。信息化教学不是简单地利用计算机、互联网、投影来实现教学的过程，而是借助各种信息设备与技术来提高教学效率，让学习内容更贴合学生的学习需求的过程。

信息化教学指以现代教学理念、学习理念为指导，以信息技术为支持，应用现代教学方法的新教学体系。如图2-2所示，信息化教学主要包括教学资源、教学设计、信息化平台、信息化政策与标准四个核心要素。其中，教学资源是基础，教学设计是核心，信息化平台是工具，信息化政策与标准是保障。

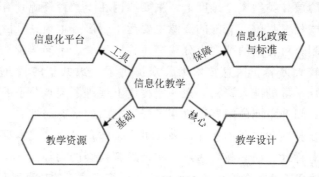

图2-2　信息化教学要素结构图

从教学实现过程来看，信息化教学具有教学资源多媒体化与共享化、教学个性化、学习模式多样化、管理自动化、环境虚拟化等显著特点。

①教学资源多媒体化与共享化就是利用多种媒体，使教学内容可以结构化、动态化、形象化地呈现，并通过网络使各地的教育资源连成一体，供广大教育用户共享。

②教学个性化即以学生需求为中心，利用人工智能、大数据分析等技术建

构一个智能导学系统，根据学生的不同个性特点和学习需求提供个性化的教学和学习支持服务。

③学习模式多样化即依托信息化平台，开展多样化的学习形式，不仅开展包括课程直播或录播讲授、学生个人自主学习、小组协作探究等这些类似传统课堂形式的网上学习方式，还可以开展翻转课堂、移动学习、VR/AR（虚拟现实/增强现实）支持下的虚拟情境学习等。

④管理自动化即通过搭建计算机软硬件管理环境，实现教学过程管理的自动化开展，主要包括计算机自动测试与评分、学习问题诊断、学习任务分配等。

⑤环境虚拟化意味着教学活动可在虚拟的学习环境下开展，从而摆脱物理时空的限制。

总之，在教学观念、教学组织、教学内容、教学模式、教学技术、教学评价及教学环境一系列因素全面信息化的驱动下，发展信息化教学成为时代的必然趋势和要求。

四、信息化教学发展历程

（一）萌芽阶段

20 世纪 80 年代到 90 年代中期，是信息化教学的萌芽阶段。在此阶段，各种新技术媒体开始进入教育教学领域，包括幻灯片、投影、广播、影视、计算机辅助教学软件等。随着微型计算机的普及，各种辅助教学软件成为信息化教学应用的热点，计算机因可以表现更加丰富的视频、音频、动画、图片等多媒体信息，在教育领域中掀起了第一次信息化教学的高潮。

这一阶段信息化教学的主要特点是应用计算机的多媒体教学课件，开展演示型、讨论型以及练习型等各种教学活动。此阶段将计算机作为一种媒体加以应用，是信息化教学的初始阶段。

（二）互联共享阶段

20 世纪 90 年代中期到 21 世纪初，是信息化教学的互联共享阶段。信息化教学资源在量和质上都有了显著的提高，产生了一系列以提高资源利用率与可复用度为目标的教学资源库和教学资源聚合平台，比如人民教育出版社教学资源网站。

在此阶段，教学者和学生普遍接受了多媒体的教学方式，如 PPT 课件展示、动画仿真实验、科普视频等，但也产生了一些新问题，如因教学资源数量多、质量参差不齐，教学者获取所需的优质教学资源反而变得更加困难；教学资源无统一格式、资源利用存在困难等。该阶段信息化教学的工作重点是以信息化教学资源的建设和资源平台建设为中心，如建设教学资源库，以提供多样化的教学素材、案例、习题、测试等，为方便使用者搜索资源而提供资源导航，为避免教学者的重复劳动提供可再编辑的课件等。

在此阶段，互联网中的教学资源共享机制给信息化教学带来了新的发展高潮。

（三）信息技术与课程深入整合的阶段

21 世纪，信息化教学进入信息技术与课程深入整合的阶段。随着互联网的普及，信息化教学转向建设一种集教学平台、教学资源、教学活动于一体的信息化教学环境，例如搭建基于 Moodle 的各种学习管理系统。

在这一阶段，各种信息化教学工具已经在教学者中普及，如各种演示工具、资源管理工具、交流工具、辅导工具、测评工具等，集成的信息化教学环境将这些工具的使用统一到一个完整的教学活动中。这种信息化教学环境能支持实现情境创设、启发思考、信息获取、资源共享、多重交互、自主探究、协作学习等各种教学活动与学习方式，也就是基于某一个平台就可以开展完整的教学活动，包括在网上进行课程讲授、实验演示、小组研讨、协同学习、虚拟实验、学习评价等多个教学环节。

集成的信息化教学环境为教学者提供了整合各种教学环节的教学实施环境，为学生提供了新颖、多样、智能的学习环境，为教学管理者提供了自动化管理环境，信息技术与课程进入深入整合的阶段。

（四）移动互联网条件下的智能教学阶段

现阶段为移动互联网下的智能教学阶段，个性化推荐技术的成熟与移动学习终端的普及，使泛在学习成为可能。

计算机互联向移动互联网方向发生转变也使得传统学习在经历了 E-learning（网络学习）、M-learning（移动学习）后，向 U-learning（泛在学习）方向发展，如图 2-3 所示，学习终端也逐步转向智能手机、平板电脑、电子书、MID 等移动设备。

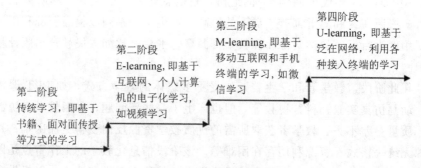

图 2-3　学习发展阶段

U-learning（Ubiquitous Learning），泛指无处不在的学习，即泛在学习。该阶段的教学是在随处可见的教学资源空间和群体个性化学习需求模型的基础上，通过云计算、大数据等技术的支持为学生提供所需的各种学习支持服务，包括学习资源支持、学习管理支持以及情景交互支持等。

在此阶段，移动学习终端如电子书包、电子课本等相关学习工具型产品正逐步取代传统的教学工具与学习工具。这种整合了教学内容、课堂互动教学工具、教学过程管理于一体并且能基于不同平台操作的智能移动学习终端，正在逐渐成为信息化教学资源的重要载体。以电子书包为例，它并不只是简单地将课本上的文字和图片转换为电子版本，而是以动画或录像等方式展现学习内容，学生可通过对终端的触摸操作，开展与教学内容的互动，如虚拟实验、电子测评、师生交流等。移动互联网和移动学习终端使得信息化教学拓宽了现实学校的时空，使得实现泛在学习和个性化学习成为可能。

综合以上，随着个人计算机、互联网、云计算、移动互联网、大数据与人工智能等技术的相继应用与普及，信息化教学也经历了萌芽阶段、互联共享阶段、信息技术与课程深入整合阶段，到现在的移动互联网条件下的智能教学阶段，如图 2-4 所示。未来各种信息采集、信息传递、信息处理等智能技术会进一步发展，并更深度地与教学相融合，甚至将游戏元素融入教学环节，这些使"未来教学"更加智能化、虚拟化以及交互社交化，从而使得正式学习与非正式学习、学校教育与社会教育能够有机融合。

图 2-4　关键技术驱动的五个阶段

五、信息化教学对教育的影响

（一）对教师课程教学的变革

信息技术为教师教学提供了丰富的教学工具，使教师的教学方式突破了单一性和封闭性，逐渐走向多样化和综合化，与传统的教学方式相比，信息技术支持下的教学方式转变是全方位的，也是深层次的，主要体现在教学情境、教学结构、教学媒介和教学评价等方面。

1. 教学情境方面

受建构主义学习理论的影响，情境创设在教学中越来越受重视，信息技术的发展为此提供了更加便利的条件和资源，教师可以利用人工智能技术、仿真技术、虚拟现实技术创设或模拟真实的教学情境与活动，利用虚拟教室、虚拟社区等技术提供有效的学习支持服务，充当学生学习的教师和指导者，实现个性化的教学，促进学生创新精神和实践能力的培养。

2. 教学结构方面

教学结构是教学系统中各个要素之间相互联系与相互作用的具体体现。传统的教学方式局限于"讲解—接受"模式，教师处于教学中的主导地位和中心地位，教学目标的确定、教学活动的设计和教学过程的安排都是由教师决定并围绕教师展开的。信息技术的介入，变革了传统的"以教师为中心"的教学结构，构建了新型的"主导—主体"相结合的教学结构，同时关注学生的主体地位和教师的主导作用。

3. 教学媒介方面

传统教学主要以教材、黑板、粉笔为教学媒介，虽然有利于显性知识和系统知识的传承，却阻碍了学生隐性知识的学习及其创新能力的培养。在信息环境的支持下，教师可以利用电子教学资源、电子白板等教学工具，让教学内容的呈现集"声、色、画、乐"于一体，也可以根据学生认知水平和学习风格的不同，利用文字、图像、声音、动画及多媒体课件等多种媒介，创作个性化的、形象化的学习内容和学习资源。这些都能极大地丰富和增强教学内容的表现力和感染力，帮助学生主动完成知识的意义建构。

4. 教学评价方面

传统的教学评价标准相对固定和统一，其关注的重点往往是评价学习的结果，即学生有没有学到规定的知识；而信息化教学评价较为灵活，可以把学生在课堂上的表现、学生应用知识的能力、学生在个性化学习活动过程中的表现等都列入教学评价中。同时，信息化教学让学生在如何学、学什么、如何评价等方面有一定的主动权。随着学习资源的增多，如何在丰富的资源海洋里找到合适的学习资源困扰了很多学生，学习资源的使用评价也可以纳入教学评价中。在信息化教学中，评价是贯穿于教学过程每一个环节的，是基于教学过程并指向学习结果的，是整个教学过程中不可分割的一部分。

综上，信息技术引发了教师的教学过程的变革，强调以学生为中心，重视知识意义的自我建构、创新精神和实践能力的培养等。在信息化教学模式下，教师是学习的教师和指导者，教学不再仅仅关注学生的智力发展，而是关注学生作为一个"完整的人"的发展，关注智力和人格的协调发展。

（二）对学生学习过程的变革

在各种数字化学习资源的支持下，学生可以分别与教师、其他学习伙伴、数字化学习环境等进行交互，并在交互过程中实现预定的学习目标。

1. 学习内容自主性

传统环境下的学习内容是严格按照课程标准和教学大纲的要求，根据教材内容的编排，以线性顺序呈现给学生。学生没有自由的选择空间，只能按部就班地接受和理解这些学习内容。但是在信息化环境下，学习内容是分布式地存在于整个学习空间和知识空间的，加上超媒体技术的支持，学生不仅可以自主选择学习内容，还可以自定步调、自主控制学习进程，在不同的学习主题和学习内容之间切换，享受学习内容选择上的自主性和灵活性，这也从侧面体现出了学习过程的自主性。与此同时，信息化环境下有着丰富的拓展学习资源，学有余力的学生可以自主地利用这些学习资源去拓展学习内容的深度与广度。

2. 学习时间自主性

信息技术支持下的学习在时间维度上呈现出间断的离散性特点。传统教学的授课时间比较集中统一，学生只能在规定的时间内进行学习。但在信息技术营造的数字化学习环境中，学生可以突破传统学习方式的时空限制，从实际情况出发，个性化地安排学习时间。同时，针对同一个学习主题，学生可以在不同的时间片断内进行学习。

3. 学习空间多样性

经过数字化改造和升级，信息化环境突破了传统教室的物理空间局限，将学习空间以分散的方式置于一个超越了传统课堂边界的开放性场所内。学生可以通过虚拟和现实两个世界所营造的更加"真实"的学习情境，达到对问题的深刻理解和对知识的深层次掌握与运用，从而促进自身高级认知能力的发展。

4. 知识传递拖拉性

在传统的学习过程中，知识是以教师课堂讲授的形式单向传递给学生的，学生只能被动地接受教师讲授的学习内容。在信息技术的支持下，学习工具和学习资源的极大丰富为学生进行自主学习、自主探索提供了强有力的支持。学生成为学习过程中真正的认知主体，可以根据个人的学习需要，自主确定学习目标，并利用计算机和网络通信技术自由选择能够帮助自己达成学习目标的学习内容，这正是一种拖拉式的信息传递过程。

5. 课后练习与测试多样性

信息技术环境下，多样化的课堂练习与测试丰富了课堂教学，也调动了各个层次学生的积极性。例如，一些社会性学习软件提供了多样化的练习与测试功能，使得学生在课后不再是单调地做题、刷试卷，学生可以自主选择练习的内容与方式等。同时，基于互联网的电子测评系统，可以更精准地定位学生的知识点掌握程度或知识点薄弱项，提供相关的习题与测评让学生反复练习，以帮助学生更好地巩固和掌握相关的知识点。

6. 沟通方式多样化

传统的沟通通常安排在课内面对面地进行，沟通的方式无非是生生间与师生间的讨论。由于互联网的迅速发展，沟通的时间和空间以及对象都得到了扩展，从课内延伸到课外，从学校延伸到家庭。师生之间的沟通不再局限于和本校教师沟通，通过线上线下还可以和外校教师甚至是虚拟教师进行沟通。同样，学生之间的沟通也从本校同学之间的沟通拓展到了校外学习者和虚拟软件之间的沟通。

7. 学习支持便捷性

信息化技术为学生的学习过程提供了更便捷的学习支持服务。学生通过互联网不受物理空间和时间的限制，可以随时随地学习，丰富的学习资源给学生的自主学习提供了可能。随着大数据、人工智能和虚拟现实等新一代技术的出现，学习支持服务变得更为优质。例如，利用大数据技术对学生学习过程中的数据进行分析，给学生推介更好的个性化学习资源与学习方法，为学生提供详细的学习过程指导，帮助学生了解适合自己的学习风格等。

在信息化环境下，学习的内容和时间更具自主性，学生可以自定步调、自主控制学习进程以满足个性化的学习需求。信息化教育让课后练习、测试、沟通方式等更具多样性，让学习支持服务更加便捷化，在激发学生学习兴趣的同时也为学生的碎片化学习、终身学习提供了可能。

（三）对教师的更高要求

在传统教学中，教师是教学活动的主体，是知识的传授者，学生是知识的接受者，媒体是教学的工具，教材是教学的内容，课堂是教学的主要环境。而在信息化教学中，教师不再维持自己作为"专家"的角色，不再是权威，而转变为帮促者，通过帮助学生获得、组织和转换大量的信息来促进学习过程的发生，并解决实际的问题。

相对于传统教学，信息化教学提升了对教师教学能力的要求，即教师除了要求具备现代教育与现代学习理念外，还需具备教学设计、教学实施、教学监控、教学能力及终身学习等能力，更需要具备较高的信息素养、整合能力与教学反思能力等。其中，信息素养主要包括信息获取与理解能力、信息组织与加工能力、信息开发与利用能力等；整合能力主要包括教育教学知识技能整合能力、学科知识技能整合能力、信息技术与学科课程整合能力等；教学反思能力主要包括复杂情境中的问题解决能力、行动能力和教学创新能力等。

随着"互联网＋"概念的不断深入，"互联网＋教学"的各种信息化教学资源、技术、平台及应用已经日趋成熟。作为教学信息化的主要实施者，教师负责通过信息的流动把学生、教学内容、教学方式等要素结合在一起，从而使教学过程得以完成。这其中,教师是学生、教学内容、教学方式等要素结合的关键,是教学信息的来源和传播者,处于教学信息传播的起始端,是教学信息化改革的动力所在。因此教师利用信息技术实施教学是必然趋势,这不仅使得知识呈现更为方便,还可以开展多样化的教学活动,便利了师生之间的互动答疑。

与此同时,风起云涌的云存储技术、SaaS(软件即服务)技术等,又为教学资源的共享提供了非常便利的平台。在信息化教学中,通过信息技术打破由地域环境限制所导致的资源壁垒,可以让不同区域、城乡、学校间实现优质课程和教学资源的共享。一些先进的教学理念、独特的教学方法、丰硕的教学成果通过互联网就能让其他教师和学生受益。

在先进的信息技术支持下,教师可以更关注学生如何去学,不仅关注学生是否掌握了相关的学科知识,还关注学生综合素质的发展以适应社会对创新型人才的要求。过去对抽象的、难理解的内容,教师要靠粉笔、挂图等花费很多时间去讲解,学生还难以理解,因而容易丧失学习兴趣。运用合适的信息技术后,就能够通过形象、具体化的手段,让学生快速理解和掌握核心知识,例如细胞的有丝分裂可通过动画展示,一方面让学生理解细胞分裂的具体过程,另一方面动画的效果可以提高学生的学习兴趣,激发学生的求知欲,让学生以愉快的心情主动探索新知识与新技能。

由此可见,信息化环境下的新颖、多样、智能化的学习环境,促成了学生对信息技术学习的依赖性,这对教师的信息化教学能力提出了更高的要求。教师作为信息化教学过程的主导者,主动地、与时俱进地提高自身信息化教学的能力。

综上所述,信息技术的应用使人类知识得以迅速传播与积累,从而让人们用更多的手段来利用、获取并再次开发知识,知识的增长速度在信息时代极为迅猛,形成"知识爆炸",信息化教学要跟上这样的形式。信息化环境不仅变革了教学方式、教学结构与教学媒介,还变革了教学情境的构建与教学评价、教学互动等环节。未来,随着 AR/VR 等交互式、沉浸式信息技术进一步融入教学过程中,还可能给教学工作者提供全新的教学工具,从而更好地创设学习情境,激发学习动机,提升学习兴趣。这些信息技术手段拥有跨越时空界限、增强学习体验、动感交互和跨界知识融合等多方面的优势,它们正越来越深入地渗透到社会的各个领域,包括教育领域。这些新技术的运用,能够在越来越短的时间内为人们传递越来越多的知识,同时也为教学工作开辟新的道路。

第四节　混合式教学：21世纪教学的革命

移动互联网、大数据的发展使教学和学习发生了重大变革，对学习环境、学习者和教师等都影响深远，网络学习环境突破了对学习时间和空间的限制，学习者可以随时随地学习，丰富的在线学习资源为学习者提供了更多的学习渠道，使以学习者为中心的个性化学习成为可能。随着在线学习管理系统和各种类型的在线课程的发展，在线学习的形式也更为多样，已经成为正式学习和非正式学习的重要结合方式，也是目前高等教育的重要学习方式。对在线学习设计的研究有助于更好地制订在线学习方案、确定在线学习模式的适用范畴和效果，以适应新时期教育变革的需要。MOOCs等新型开放在线课程在世界范围内迅速兴起，给高等教育教学改革发展带来了新的机遇和挑战。由在线学习推动的新兴教育模式，也使高等教育产生了根本性的变化。

一、纯在线学习的局限性

（一）在线学习概述

对在线学习的定义主要是从其承载的网络媒体特性入手，与在线学习相关的术语很多，包括基于网络的学习（Web based learning）、电子化学习（E-learning）、远程学习（Distance learning）、分布式学习（Distributed learning）、计算机辅助学习（Computer-mediated learning 或 Computer-assisted learning）等。这些概念不仅关注学习，也包括教学，往往涉及教和学两方面的研究。在远程教育的各种文献中，这些术语被不同的研究者所采纳，很多时候概念的区分并不明显，甚至经常被互换使用。

远程学习是最早出现的概念，强调教师和学习者之间的远距离交互，更强调教师对学习者的反应。简单地发布或者给学习者传输学习材料不是远程学习，教师还需要接收来自学习者的反馈。

电子化学习泛指包含计算机和网络的学习活动，并不包括收音机、录像机、电视等其他电子化设备。不过也有概念特指基于网络的在线学习，比如加里森等界定电子化学习为"发生在正式情境中，使用各种多媒体技术的、基于网络的在线学习"。巴德尔（Badrul H. Khan）指出："电子化学习是种新型的学习方式，它利用基于各种数字技术的功能特性和资源，结合利用能适应开放、灵活的分布式学习环境的其他形式的学习材料，面向处于任何时间、任何地点的任何人，实现精心设计的、以学习者为中心的、交互性的、促进性的学习。"

在线学习强调学习材料通过在线方式获得，学习者可以获得在线文档、在线支持。在线学习是完全使用互联网传播教学，学生和教师不需要同时在同一时间和地点的学习，是远程教育的一种形式。其中不包括远程教育的传统方法，例如基于印刷的函授教育、广播电视、传统形式的视频会议、录像带、DVD 和独立的教育软件程序等。在线学习是利用各种数字技术的资源和属性以及合适的学习材料，通过网络在任何时间地点为任何人传输设计良好、以学习者为中心、交互和便利的学习环境的创新方法。

（二）在线学习的主要特征

在线学习的概念是从支持学习过程的技术手段角度定义的，网络所具有的多媒体呈现、海量信息及检索、多种交互方式等技术功能为在线学习提供了开放、灵活和分布式的学习环境，使学习者可以随时随地获取所需内容、交流思想、获得支持。从技术功能的角度而言，网络技术赋予学习的灵活性、交互性、主体性才是其核心。

1. 灵活性

网络的普及使在线学习的灵活性、便利性更为显著，学习者可以通过网络获取多媒体学习资源、随时随地学习各种知识，尤其是现代智能手机的使用为在线学习提供了更为方便的手段，也在某种程度上体现了学习的个性化特征。目前的在线课程平台通常都设计了手机用户界面，在内容设计上也充分考虑了学习者碎片化学习的特征，一般会采用短小而便于分割的信息资源，从而便于学习者获取和观看。技术使用上的灵活性使在线学习的时间、地点、方式等更具有方便易用的特征，也更有可能满足学习者多方面的个性化学习需求。

2. 交互性

在线学习可以提供多种交互方式，这是以前各阶段远程教育系统很难实现的。各类在线学习系统可以通过邮件、讨论区、咨询答疑、作业、同伴互评等方式实现教师和学习者之间的交互、学习者与学习者之间的交互。学习者还可以通过阅读、分析、评论、批注等方式与学习材料进行交互，有些平台还为学习者提供了参与学习材料制作和修改的机会，这些交互可以更好地促进学习者对知识的理解，在交互中实现个人理解的逐步发展。

3. 主体性

从教育功能的角度来看，在线学习可以促进知识建构、个性化学习、协作学习、批判性思维的养成。在线学习将教育从传统的以教师为中心转变为以学生为中心，学生对自己的学习负有更多责任。由于学生能够自己选择学习什么、什么时候学习和与谁一块学习，因此在线课程的成功需要学习者某种程度上的自我规划和指导，与其他传统学习方法不同的是，在线学习的同伴互动非常多，"会存在多种声音或观点，学生会接触到各种可能的解读或解决方案，而不仅仅是'正确的'或'教科书'的答案"。这些特征将学习责任归还给学习者，学习者在学习内容、学习形式方面都具有更多的自主性。

（三）纯在线学习的局限性

在 MOOCs 得到推广的同时，对基于技术学习的深度思考也随之产生，怎么利用新的教育模式开展更为有效的深度学习，加强与学习者更深层次的互动，是需要思考和解决的问题关键。

虽然在线学习的发展为教育改革提供了可能，但随着越来越多高校加入 MOOCs 课程建设，课程的内容设计也成为很多教师开课的瓶颈。如何设计出既能体现专业价值，又能吸引学习者参与互动的学习内容是决定在线学习成败的关键。

参与在线课程设计的教师们往往有着丰富的教学经验和精湛的专业水平，对内容的把握比较准确，但由于以前教学中组织内容的习惯，往往倾向于将原来的课程内容简化后直接做成线上内容。在线学习与课堂学习不同，若只是简单地将课堂内容搬到网上，将对在线学习的效果产生很大影响。将传统优质课程转化为开放在线课程的过程，对学科教师是非常艰难的挑战，其主要问题包括：内容的选择和精练方式不清晰；内容的序列、视频和其他学习内容的不匹配；在线讨论的内容与主题的关系不清等。如何设计出符合在线学习特征并能促进学习者知识和技能掌握的学习任务是目前在线课程设计有待解决的问题。

另外，大多数 MOOCs 平台教学模式相对单一，和网络课程管理平台相比较显得功能更简单，主要教学活动局限于观看视频、资料阅读、讨论交流、提交作业等，且主要是知识的传播，与深度学习相关的教学活动较少，较之传统课堂教学没有大的突破。虽然将"停屏练习""课后作业""线上论坛""作业互评"等多种互动元素融入其中，以此来提高学生的参与度及学习效果，可如果学生仅仅凭观看视频等线上活动而没有深入探究的环节，学生的知识还是很难得到巩固，应用能力和综合素质更是不可能得到提升。

在线学习由远程教育发展而来，延续了教学分离、学习可以发生在任何时间和任何地点、利用某种媒体获得学习资源的特征。早期在线学习倾向于复制原有的远程教育实践，将文本内容以网页的方式呈现，学习者的学习任务主要是浏览网页或者视频，完成在线测试。这些早期的设计产生了一些问题，比如过长的文本类不适合在线学习，学生没有太多机会参与讨论等。这些问题引发了人们对在线学习效果的质疑，从而开始尝试面授教学与在线教学相结合，也就是早期混合式学习的开始。

据研究，只有少部分学生能够在没有成年人的明确指导和面对面的传授下自主学习。据《创新者的课堂》一书透露，美国在家自修和全日制虚拟在线课程不会取代学生在学校上课的形式，在美国中小学各学生中超过90％的学生选择继续去学校上课。有创新意识的学校和教师瞄准了机会，为了让这90％的学生受益于在线学习，他们想方设法把在线学习与传统课堂的体验结合起来，于是混合式教学一词很快取代了在线学习MOOCs，风靡一时。

二、线上线下混合式教学

回顾教学技术的发展轨迹你会发现，能真正在学校课堂中留下痕迹的似乎少之又少；相反，最传统的教学方法和工具总是受到教师们的喜爱和欢迎：黑板、粉笔、直观教具讲授法教学，如今仍然是绝大多数学校中最重要的教学组织形式。即使是那些有幸进入学校课堂的各种新教学技术工具，也几乎都是以讲授法为核心，并为之服务，基本没有哪一种新教学技术能够独立承担起构建一种新教学组织形式的重任。这些或许都在一定程度上证明了学校课堂在方法改革上的传统性和保守性。

研究者认为，对于那些前赴后继地试图进入学校课堂的新教学工具来说，有一个共同的弊端就是过分宣传和强调教学技术相对于原有教学方法的先进性，突出对原有教学工具与方法的替代性和颠覆性，忽略了新技术对传统教学方式中优点的继承和结合。从这个角度来说，一种旨在强调课程面授教学与数字化学习（E-learning）相结合的混合式教学，确有其独到之处。它兼顾了教学组织模式所涉及因素的多个方面，一方面具有理论和应用的先进性和可操作性，另一方面兼顾了人的心理因素——教师的接受度。只有当教师和学生在心理上真正接受了新技术，它才有可能在教学过程中发挥出相应的效能。从这个意义上来说，探索混合式教学模式在教学中的应用，有可能成为传统教学与新教学技术结合的成功案例，值得我们去探索和研究。

（一）混合式教学概述

在科技发达时代，技术创新从各个方面促进了面授教学与基于技术媒介式的学习环境之间的相互融合，混合式教学/学习（Hybrid Teaching/Learning）正是在这样的背景下应运而生，正如计算机辅助教学（Computer-Assisted Instruction，CAI）、技术辅助教学（Technology-Enchanted Learning，TEL）、网络辅助教学（Online-Based Teaching，OBT）等概念一样，混合式教学实际上体现了学校环境下新与旧、传统与创新、技术与人文诸因素之间的结合。

有些人认为混合式学习是2013年左右随着在线学习出现的线上线下学习的全新概念，但专家们对它有更精确的定义。比如格林汉姆把混合式学习定义为"一种将面授教学与基于技术媒介的教学相互结合而构成的学习环境"，它借助这两种学习模式之优势来重新组织和实施学习活动，以达到提高教学效率的目标。麦森和莱恩尼（Mason，Rennie）的定义为："混合式学习是技术、场所、教学方法的多方面融合"，而不仅仅是教学组织形式的结合。辛恩和瑞德（Singh，Reed）的观点是："在'适当的'时间，通过应用'适当的'学习技术与'适当的'学习风格相契合，对'适当的'学习者传递'适当的'能力，从而取得最优化学习效果的学习方式。"在我国教育技术界，何克抗教授的观点比较为大众所接受，他认为混合式学习就是要把传统学习方式的优势和E-learning的优势结合起来，其核心思想是根据不同的问题和要求，采用不同的方式加以解决，教学上就是采用不同的媒体与信息传递方式进行学习，最终达到效果最优化。

虽然不同的学者对于混合式学习有着不同的定义，但综合各种描述与定义，我们可以总结出专家们的观点：混合式教学就是不同学习方式和教学要素的相互结合，它借助面授与网络这两种学习模式的优势来重新组织教学资源、实施学习活动，以达到提高教学效率的目标。混合式学习不是信息技术的简单应用和教学形式的简单改变，而是教学理念、教学模式和教学组织方式的综合性变化。

（二）混合式教学的应用模式

从当前国内外的混合式教学实践来看，各级各类学校的具体实施思路和方式各具特色，但概括来说，仍然可以归纳出混合式教学的基本技术方案或应用模式，即整个教学过程所涉及因素在各个方面和层面的相互混合。例如，常规工具与新技术手段、课内与课外、线下与线上、班级与个别化、集体与小组、自评与他评等。表现在应用模式上，主要是课堂教学与虚拟学习环境（或课程管理系统）的结合、印刷教材阅读与交互式电子课件学习的结合。考虑到当前学校的现实情况，在混合式教学的应用中课堂面授的时间和内容比重要高于网上自学，以后随着各方面条件和环境的改善，在线学习的时间有可能会逐步增加，不过，对于全日制教育机构而言，在线学习模块的比重都不太可能占据优势比例，只能充当辅助或平等的角色。

其中，虚拟学习环境是指以各种新教学技术工具所构成的能够为学习者提供多方面教学资源和反馈的电子化学习环境，通常包括硬件和软件两个部分，前者如计算机、投影仪、多媒体展台等，后者如基于课程管理系统的课程网站、在线交流工具、交互式视频课件等。

（三）国外混合式教学应用效果研究

国外学者从21世纪初就开始关注混合式教学，并把研究成果运用到远程教育和企业培训中，效果显著。国外混合式学习最初的应用研究大多数数据来源于企业，研究者关注点集中于混合学习的解决方案、模型、指导方法、绩效、成本收益分析等方面。在这些相关研究中，汤姆逊（Thomson）公司所进行的混合式学习效果的研究和 IBM 公司所进行的混合式培训最具有代表性。

作为全球最大的企业职业学习方案提供商之一，汤姆逊公司用几年时间研究分析了几百个案例，然后撰写出分析报告——"汤姆逊绩效影响因素研究"报告。这份报告研究结论为，恰当的混合式学习培训方案能够带来更好的生产与工作效率，它证实了"混合式学习"模式对企业学习有重要意义。

1999 年通用电气集团推出精心规划的 Basic Blue for Manager 课程。在这个课程里，他们将以前集中在 5 天的培训课程延伸到一年，增加了大量的学习内容并设计为利用混合式学习的方式完成。虽然增加了大量学习内容，但是由于学习方式是面授和在线学习相结合，并没有增加很多费用。他们将学习过程设计成 3 个阶段：第一阶段为 26 周时间，学习者每周大约需花两小时自学在线教材，小组成员通过学习平台上的讨论区进行互动讨论；第二阶段为 5 天的实体教室训练；第三阶段进行模式与第一阶段相似，但更着重于知识及管理技能的应用。在他们的设计中，混合式培训内容丰富多元，包括网络化教材模块、小组合作、管理情境仿真、网络视频教学、自我测试、绩效反馈及在线导师等。他们的设计目标特别关注在线教学的两大原则：趣味性和互动性，其后的培训结果表明了这种培训方式效果显著。

鉴于混合式学习在企业培训等领域所产生的重大效能，越来越多的研究者投入到对学校教育环境下混合式教学的应用效果研究中来。总体而言，国外的诸多研究者通常倾向于：混合式学习具有一定的转换学习之潜能，例如对于学习成绩和中途退学率的影响。来自美国罗彻斯特理工学院的一个测试性项目报告曾指出在他们的实验中，学生的学业完成率是 95% 左右。在来自中佛罗里达大学的研究报告中，研究者发现在一项有数千学生注册的项目中，在排除院系专业和性别这两个影响变量后，当与面授或完全在线学习的学生进行比较，混合式学习课程的学业完成率相对较好。在来自澳大利亚纽卡斯尔大学的报告中，他们对混合式学习成果输出的研究结果非常具体细致：72 名学生参与实验，在通过对他们进行语言交叉课程和测试后发现，使用更多的教学技术工具不一定对提升学习效能有利，单纯使用技术工具的学习效果相对较低，而结合面授与信息技术工具的方式可取得较好的效果。有关混合式学习的成本效益，罗宾森（Robinson）也做过研究，其结果是通过在教学设计中有效地利用相关技术，可显著提高教学质量，在多数情况下，其成本可能低于面授教学。

同时，也有一些研究探索了关于学生对使用虚拟学习环境的感受问题，在混合式教学中，这通常被认为是一个影响学习效果的重要因素。例如，学生对于使用虚拟学习环境的看法，以及虚拟学习环境对他们学习的帮助程度。研究结果显示，考虑到如今的学生都是在电子和网络环境中长大的，通常对诸如Blackboard这种课程管理系统的技术形式和操作方法比较熟悉，因此学生们并不会认为技术妨碍学习或使学习复杂化，也不认为技术在教育中的使用会使自己感到不适。当然，也不排除在个别情况下，学生对虚拟学习环境产生不适的情况。

也有部分关于学生应用感受方面的文献发现，学生的个人特点对他们使用虚拟学习环境的方法是有影响的。Van Raaji 和 Schepers（2008）发现，个人的创新性及其对计算机的渴望，与学生在使用技术时所体验到的轻松感直接相关。这就意味着，教育管理者不仅要关心他们自己的基本系统设计，也要注重虚拟学习环境中的个性化差异，因为这也是影响学习效果的重要变量。Sun 等人（2008）的一项研究也证明了这一点，对计算机的学习焦虑感会对学生的混合式学习满意度产生消极影响；同时，教师对混合式教学的态度，会正向影响学生对网络学习的满意度。一门灵活多样的高质量混合式教学课程，对学生的满意度及其轻松使用均会产生正面影响。Sivo 等人（2007）的研究则阐明了主观标准和学生对课程管理系统态度之间的因果关系。在一项对某美国大学心理专业一年级学生的调查中发现，学生对教学平台的态度和使用技术的社会压力，会影响学生与技术交互的频率。研究者同时指出，虽然学生对技术的态度会影响其最终成绩，但影响程度较小。此外，MORI（2008）重申了社会压力的影响。在他们的研究中，当学生发现其他人从新技术中获益时，他们会产生某种类似的嫉妒心理，进而也想要参与其中。同样，当学生建立了自己的协作学习机制时，相对教师所构建的相应机制会更愿意参与自己的。

在 Lonn 和 Teasley（2009）的研究中，比起那些仅能改变已有练习方式的交互性工具，学习更加重视由虚拟学习环境中能够提高沟通效率的工具和活动。学生也意识到在学习管理系统中教学工具的重要性。在这项研究中，虽然学生们相信新技术能够促进学习，但并不看好它对教学的影响效果。最被学生认可的信息技术的优势是能够提高效率。这项研究中只有少数学生认为，在课程中使用信息技术后最有价值的益处是学习和教学效果的改善。

在学生对虚拟学习环境的价值判断方面，有研究文献指出，教学中使用信息与通信技术只有在正确应用的前提下才是件好事。Mori（2008）的研究指出，有学生认为，若不能正确地使用技术，或者无效地使用技术，还不如干脆不用。

Sharpe 等人（2006）分析了混合式学习的 300 多篇文献的结论是：对于利用网络课程材料来补充传统教学，学生对使用虚拟学习环境都比较积极。不过，学生在评价混合式学习时有很大区别，学生可能需要对其中的技术角色有更好的理解。Mori（2008）发现，调查中超过 2/3 的学生通过虚拟学习环境来获取教学材料，并且认为很实用。同时，学生在调查中评价了网上论坛的使用，期待教师能够在组织讨论中扮演领导角色。但学生对其他用于合作学习的工具，诸如 wiki 则了解甚少。此外，学生对于和教师一起使用社交网络也会感到不适，主要原因是学生们认为这些网站需要用户之间的平等关系，然而这一点在师生之间是很难做到的。

JISC（2007）发布的研究结果显示，学生通常会有意或无意地将信息技术分为两类：一类是个人工具，如手机、便携式媒体播放器、社交网络；另一类是用于学习的工具，如虚拟学习环境。多数学生希望保持个人专属领域和学习领域的相互分离，并依靠技术来维持这种状态。一个很有意思的现象是：学生通过个性沟通工具进行的社会性交往越多，他们就越不适应在虚拟学习环境中使用讨论板。显然，这个研究结论对于混合式学习的组织来说，确实是一个值得认真思考的问题。

如果学生能够方便地获取课程管理系统中的课程内容材料，将有助于虚拟学习环境效果的发挥。Green 等人（2006）发现，学生对能够获取网上课程资料表示肯定和赞许，尤其是能在上课前从 Blackboard 中看到课程笔记。

Thomas 和 Storr（2005）对一年级的职业治疗专业学生使用讨论板，用于同伴支持和交流。他们的研究证明，学生的参与率虽然较高，但是花费了更多的时间阅读在线论坛中的帖子，而不是参与讨论。研究者认为，这种网络工具似乎更能够支持同伴支持型的学习。Van Gundy（2006）对本科生使用虚拟学习社区学习统计学进行调查，发现学生对数学的焦虑情绪总体水平有所下降。讨论板的使用可能有益于保护学生的自尊心，但对课程内容的掌握程度并无直接的影响。

Bridge 和 Appleyard（2008）针对 Blackboard 中用于评价提交情况和作业反馈的工具进行研究，旨在评估学生对通过平台提交作业和接受反馈的意见。研究发现，88％的学生认为在线提交能够节省时间；93％的学生更倾向于使用网络反馈，而非接收纸质反馈。学生反映，在线提交作业有助于降低学习成本（如节省打印作业的费用）。Lin（2009）进行了一项关于教师培训学生使用课程管理系统的研究，并设计定量和定性调查来测量学生对混合式学习的看法。结果显示，大多数学生持积极观点，但也有一些学生有负面感受，遇到了一些困难。在此研究中，最受欢迎的工具是成绩簿，其次是测验和沟通/合作工具。

以上概述了国外对于虚拟学习环境、课程管理系统在混合式教学中的应用研究，从中可以看出，混合式教学组织形式确实对学生的学习行为产生了多方面的影响，其中既有积极影响，也有消极影响，不可一概而论。但总体来说，积极影响要大于消极影响。但无论如何，这种挑战是技术进步和社会发展的必然产物，教育者将不得不面对它、了解它和接受它。我们相信，只要以这种积极的态度来看待混合式教学，在应用中所出现的各种困难就都是可以克服的。

第三章 案例教学法

在知识经济时代，经济的竞争实质上是人才的竞争，谁拥有高素质的人才，谁就能在经济竞争中立于不败之地。人才素质水平的高低在很大程度上取决于教育体制、教师素质以及教学方法的优劣。在改革教育体制、提升教师素质的同时，革新教学方法也是提高人才素质的有效途径。案例教学法作为一种开放式的教学方法，有助于弥补传统教学方法的缺陷，快速提高学生的综合能力和素质。因此，在我们的沟通课程改革中，首先要介绍案例教学法。

第一节 案例教学概述

一、案例教学定义

案例的定义最早是由哈佛商学院克莱顿·克里斯坦森（Clayton Christensen）教授针对商学院提出的，但到今天人们仍然把它视为权威性的定义。"所谓案例就是对实际行动中的行政管理人员和管理者群体面临的情景所进行的部分的、沟通的、诊断性的分析。这种分析以叙事形式出现，并鼓励学生参与进来，它提供对于分析特定情景至关重要的——实质和过程的——数据，以此来设计替代行动方案，来实现认清现实世界的复杂性与模糊性的目的。"

学术界对教学案例更为精确的定义是：教学案例是一个描述或基于真实事件和情景而创作的故事，它有明确的教学目的，学习者经过认真的研究和分析后会从中有所收获。

根据克里斯坦森的观点，案例教学的目的是"帮助学生培养一种理解问题的方式并且有助于一个组织的问题的解决"。案例"模仿真实生活中的职业情境"，创作"剧情说明书"用来做详细的检查、分析和解释，代表着"可控制的情景"。案例是一种将真实世界引入课堂的方式，学生可以在指导教师的引导下练习处理真实或现实问题，也就是说，他们能够学着像从业人员一样进行思考和行动。如果学习者已经参加工作，这一方法有利于他们掌握新的、更先进的技能，包括从相互之间的经历中学习和运用经验的技能。

案例教学法也是教师在课堂上为帮助学生达到特定的目标而采用的分析和讨论案例的一系列方法。在现实社会中，解决复杂问题的方案不可能全部在教科书中找到，案例方法给学生提供了这样一个小天地：在这个小天地中，要想取得成效，必须运用严格的思维技巧得出有说服力的观点，而且这个过程经常是在时间短促、信息不完全的情况下进行的。

二、案例教学的功能意义

（一）案例教学的功能

案例教学在教学中有其独特的功能，我们总结相关学者对于案例教学的观点来予以说明。

第一，案例教学有助于学生辩证地对待理论与实务。案例内容因蕴含专业理论以及生活知识在情境中的运用情形，巧妙地统整了理论知识与生活实际。

第二，案例教学在协助学生获得专家或有经验学习者所具有的情境知识方面效果明显。学生通过与"以专家知识与技能为题材"的案例互动以及和教师以及同伴的讨论，可以逐渐像专家、教师一样思考问题。

第三，工作案例情景实践能够提高学生分析问题和解决问题的能力。案例可以使学生了解新的事物，并确定明确的行为。

第四，学生透过案例教学能够得到更深层次的现实观点，并在此过程中建构属于个人的理论或知识。

第五，案例教学能够向学生揭示知识情境的复杂性。

第六，工作实践案例能够增进学生从替代性经验中学习的能力。它让学生从个人及学科的角度去思考问题，强化从他人经验中学习的能力。

（二）案例教学的意义

案例教学的主要价值有两点：首先，能够促进学习者的群体思考，增强主动学习的动机。其次，能够提升学习者的反思、批判性思维、科学探究和问题解决能力。

第一，案例教学在帮助学生获得概念性和原理性知识的基础上，帮助学生内化所学知识，有助于学生对复杂与陌生领域的知识进行更好的建构。

第二，学生在学校的学习中缺少真实的教学情境是一大缺陷。案例教学在一定程度上为学生提供了第一手资料和真实的教学情境，这就在某种程度上缩短了教学情境与生活情境之间的差距。

第三，案例教学更多地强调培养学生的创造能力和解决实际问题的能力。当学生在面对工作案例呈现的问题情境时，需要运用相关的理论知识进行处理，这就要求他们掌握处理问题的方法和技能、技巧。

第四，通过工作案例情景实践，学生的表达、交流、讨论能力及面对困难的自信心都能够得到提高。

第五，学生在解决工作案例情景实践中的问题时，必须学习分析问题和解决问题的方法，逐渐形成反思的行为习惯，使他们在工作案例情景实践中深度理解教学中的疑难问题，并深入分析和反思教学过程。

三、传统教学与案例教学的比较

经过多年实践，人们总结出了传统教师讲授教学和案例教学的区别，见表 3-1。

表 3-1　传统讲授教学与案例教学的区别

	传统讲授教学	案例教学
典型特点	以讲课为基础，靠教师的权力或声望来维持	以讨论为基础
教师活动	由教师独自选择教学题目、论点、内容和讨论形式	学生被期望对自己的学识负责
知识流动性	教师享有知识，且知识是单向流动的：从教师到学生	知识和思想在教师与学生之间双向流动，并在学生中间互相交流
教学目标	学生掌握教师传授的真理；学生主要通过考试来展现自己对知识的掌握水平	提高和增强学生的评论性、分析性思维和概括能力、辩论能力以及说服力
关注的中心	教师是注意力集中的中心并且一直控制着课堂	学生是关注的中心，在论题选择和讨论方式上教师与学生共享控制权，教师经常作为辅助人员或者资源提供者处于次要的地位
学生地位	学生处于消极和受支配地位，学生围绕教师的要求做准备，集中注意力，并完全服从于教师	既不会造成教师专制和家长作风，也不会造成学生的无序状态，学生不应该自我放纵或偷懒地迎合别人的观点
方法	传统方法训练学生按照"正确方式"去完成任务和练习技能，学生在教师或辅助人员的监视下学习使用正确的方法或方式，教师会检查出他们的错误并纠正	学生会有自己解决问题的方法，通常教师不会设置"正确"答案和"错误"答案，只有更合适的方法

在案例教学中，学生自主利用所学知识解决工作情景实际问题，案例的教与学包括三方面之间的相互作用，见图 3-1。

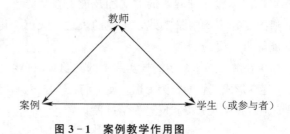

图 3-1　案例教学作用图

在案例教学中，教师不能依赖于原有的课堂经验，因为案例是不固定的，并且易受各方面因素的影响，如准备的情况、性格方面的差异、教师和学生时间上的其他需要等。

对于教师来说，在案例教学中很难衡量进步和成功与否。这种衡量方面的模棱两可在初始阶段使教师和学生都感到窘迫，然而，一旦调整了预期，多数参与者认为基于案例的学习会比传统方式下的学习更具有激发性和高回报率。

四、国外案例教学法的发展

国外的案例教学法可以上溯到 2000 多年前的古希腊时期。古希腊哲学家、教育家苏格拉底开案例教学的先河，他的"问答式"教学法（又称"产婆术"或"精神助产术"），可视作案例教学的雏形。所谓"问答式"教学法，就是教师围绕一定的内容，根据学生所学到的知识，结合他们所了解到的情况进行提问，由学生作出回答。其主要目的是启发学生思考问题，发挥学生的主观能动性，通过学生自己的分析与讨论，找出问题的正确解决办法。教师根据教学内容提出问题，如果学生回答得不正确，教师也不马上纠正，而是针对学生的错误认识提出补充问题，使学生意识到自己的错误，并自觉地加以纠正。这种教学方式善于启发学生的智能，不在于结论，而在于学生是否认真思考过问题和提出问题。

案例教学法在课堂上的真正运用源于 1910 年美国哈佛大学的医学院和法学院。哈佛大学的医学院和法学院的学者发现，很多理工学院为了培养学生解决问题的能力，除了进行实际工程教育外，还在学校的实验室里制造与模拟各种实际的情况，让学生进行锻炼和学习。但是，一般的医学院却做不到这一点，因为他们不可能把病人搬到课堂上去教学，也不可能将病人当作实验品。为了对广大学生进行实质性的教学活动，只能由临床医生把病人的诊断过程记录下来，写成日志，即我们平常所说的"病例"。教师利用这些病例进行教学，学生根据整理好的病例展开讨论并进行相关研究，就如同医生面临真实的病人一样，学习如何去诊断，进而成为一名合格的医生。法学院也大同小异，他们主要利用法院的判例进行教学。判例记录了犯罪分子的犯罪经过、律师的辩护词、公众的反应与舆论等。学生从这些判例中学习审理案件的技能，从而培养他们当法官或律师的能力。

此后，案例教学一直被作为法律、医学和商业领域职业培训的基本教学模式，尤其被广泛地应用于现代工商管理硕士（MBA）的教学当中。可以说，"案例教学"是哈佛大学商学院教学的代名词。对于很多课程而言，经验是最好的老师，而案例教学能有效提升学生的经验基础。这是一种基于学术教育和专业教育之间差异的认识。二者在目标、训练重点、学习成果、思考过程、最佳学习方式等方面都存在明显区别。从目标来看，学术教育是为了帮助学生理解和扩展知识，而专业教育是为了让学生的技能得到发展，实践能力得以提高、伦理标准得以建立；学术教育的训练重点是掌握理论并用于分析，专业教育的训练重点是学会判断并在此基础上执行计划；学术教育的典型学习成果是提交研究报告，专业教育则是拟定行动计划；就思考过程而言，学术教育是抽象演绎，专业教育是务实归纳，学术教育适合采用讲授方式，而课堂讨论则是专业教育最适合的教学方式。

哈佛商学院把管理教育的目标分为三个层次。第一个层次是传授知识，包括理论、概念、分析框架与工具、技术以及描述性的信息。第二个层次是帮助学生获取技能，包括发现机会或问题的能力；想象可替代的解决方案的能力；分析与批判性思考的能力；跨职能整合的能力；制订决策、计划行动与执行的能力；倾听、质疑、演讲、说服，以及写作能力。第三个层次是帮助学生树立正确的态度和世界观，包括培养行动的勇气、接受不明确的状况、承担责任、追求卓越、树立伦理标准、承认不完美，持续学习、理解他人、发展自我意识、认识人性、理解情境对企业决策的影响、关注企业目标与企业责任、明确领导者的责任。

总体来说，在20世纪最初的二三十年里，案例教学发展缓慢，案例选择范围较小，并没有得到比较多的推广。案例教学在20世纪40年代初具规模，形成了包括选题、编写、应用、储存、建档等环节在内的较为完整的案例系统。美国对教师教育中案例方法应用的研究始于20世纪80年代中期。学者舒尔曼首次提出了教学知识基础的概念，并认为案例知识是教学知识基础的一个关键部分。1986年，"卡耐基教育和经济论坛"倡议将案例方法应用到教师教育方案中。

五、国内案例教学法的发展

中国是世界上最早进行案例传播的国家之一，比如我国古代教育思想中的

"前事不忘，后事之师""以史为鉴""举一反三"其实就是最早的案例教学。早在春秋战国时期，诸子百家就大量采用民间事例来阐发事物的内在规律。人们所熟知的"田忌赛马""守株待兔"等蕴含一定哲理的小故事，直到现在还是经常被人们用作阐述哲理的典型例证。《春秋》《战国策》《史记》《资治通鉴》等，都很善于一事一议，以事论理，通过记载有影响的事件和人物，让读者在沟通矛盾和冲突中明晓兴衰成败的原因，从而得到启发和借鉴。在医学方面《黄帝内经》《本草纲目》等医学巨著，都是医学领域中的优秀案例。

但是在后来的悠长岁月里，无论是在中小学还是在大学，案例教学法都没有得到很好的应用、研究和推广。日常教学活动中所采用的教学方法主要是向学生灌输知识的讲授法，究其原因是因为我国教育背景是以应试教育为主，在这种教育背景下，案例教学自然很难立足。

但是时代在发展、社会在变革，教学方法也不例外。20 世纪 80 年代，国外正式的案例教学法被引入我国，开始应用于管理学、法学等专业领域教学中。特别是在 MBA 教育中，更是极为广泛地推行了这一教学模式。例如，1980 年我国与美国在大连联合建立工业科技管理培训中心，积极推广、应用案例教学法，中美专家教授合作编写了大量教材，培养了大批人才。1983 年国务院决定对全国全民所有制企业的经理、厂（矿）长进行国家统考，并组成了经济管理干部国家考试指导委员会，要求在培训时采用案例教学法，在统考题型中要有案例分析题。在随后的统考中，发现接受案例教学培训的人员成绩普遍较高，从而证明了案例教学是成功的。党的十二届三中全会后，中共中央组织部和国家经济委员会联合发出了《关于大中型企业领导干部进行现代化管理知识培训的通知》，通知要求经济管理干部的培训，在教学方法上要注意"通过案例分析，进行启发式教学"。在这种形势下，案例教学为在我国造就一支社会主义经济管理干部队伍，发挥了巨大的作用。但是，案例教学对高校或中小学教育影响还不大。

20 世纪 90 年代以后，案例教学法在国内受到越来越多的关注。许多高校教师和学者在熟悉掌握国外案例教学法的基础上，结合中国国情，对案例的编写和教学方法均进行了颇见成效的改进。一部分商学院开始致力于打造中国本土案例库，我国的案例教学法无论是在理论上还是在实践上都还处于萌芽状态。国内对案例教学法的研究主要集中在理论层面，在具体实践上明显不足，普通大学案例教学的开展比较困难，各门课程能够找到的合适的典型教学案例也比较少。可以说，我国的案例教学法目前仍处于探索发展阶段。

第二节 案例教学法的理论基础

近年来，案例教学法以其独特的优势越来越得到教育界的关注。案例教学不仅仅是一种教学实践的方式或教学模式，更是一种学习方式的变革，一场建构教育实践理论的思想革命，它涉及教学内容、教学观念、教学策略以及师生交往方式等多个层面。作为一种教育思想或教育实践形式，人们虽然对它抱有较高的热情，但其基础理论还在探索中，我们需要对案例教学的理论基础和适用范围进行更加深入的研究，从理论到实践不断加深对案例教学法的理解，更深刻地把握案例教学的本质，为方兴未艾的案例教学实践提供理论指导。

一、建构主义理论基础

建构主义由皮亚杰关于结构的观点发展而来。皮亚杰认为，认知结构可用图式来表示，图式具有整体性并可以发展。人在与环境相互作用的过程中，通过同化和顺应来实现与环境的平衡，从而导致个人内部图式的变化。这里同化和顺应的过程，实际上就是建构的过程。

建构主义学习模式把学习看作一个动态过程，它通过学习者与外部环境相互作用，实现了同化和顺应，来逐步建构有关外部世界知识的内部图式，从而使自身的认知结构得以转换和发展。其中，同化实现了认知结构的量的补充，是把环境因素纳入认知结构。顺应是认知结构质的变化，是对认知结构的调整，使之利于接受新的环境信息。在建构过程中，新的认知冲突出观后，同化和顺应实现了对认知冲突的解决，达成新的平衡，从而促进了认知的发展。社会建构的学习观强调社会、文化、语言等因素对学生建构知识过程的影响。因此，从这个意义上说，案例教学正是以建构主义学习理论作为基础产生和发展起来的。

建构主义的观点把学生学习的过程分为三个阶段，即冲突阶段、建构阶段和应用阶段。在冲突阶段，教师要积极创设问题情境，引发学生的认知冲突，学生应积极搜索原有的认知结构，为认知结构的转换奠定基础；在建构阶段，冲突引发了学生的研究和探索心态，学生对冲突中出现的新问题进行研究和分析、推理，借助有效的学习和思维策略解决冲突，实现冲突过程的同化和顺应，学生特别需要借助归纳、分析、对比等思维方式来建构新的认知结构；在应用阶段，学生通过变式的练习，巩固和完善新的认知结构，顺利实现迁移。在建构主义看来，要取得良好的学习效果，必须重视学生在知识内化过程中自主作用的发挥，重视教学过程中有关问题情境的创设，重视知识结构的更新。

建构主义的基本观点与案例教学中的基本过程与出发点在理念上是非常一致的。一个案例就是一个生动的问题情境，在这个情境中，总是具有一个或几个矛盾冲突，而不同的学生在案例讨论中的不同认识，又会产生新的矛盾冲突。在解决这些矛盾冲突时，学生只有发挥自己的主观能动性，才可以完成个人的理论建构，而其他人是起不到根本作用的。由此我们可以看出，学习案例的过程，其实也就是学生自主建构和完善认知结构的过程。在这个过程中，案例教学十分注重学习共同体，即合作的方式的创建，案例选择十分注意认知冲突的激发，注意让学生在高度仿真的活动情境中进行学习，注重学生具有个性差异的自我建构过程，强调评价要在真实的情境中进行多元评价。可以说，案例教学的这些精神理念与建构主义学习理论不谋而合。

二、认知心理学基础

布鲁纳和奥苏贝尔等是认知心理学的代表人物。布鲁纳的发现学习理论与奥苏贝尔的认知同化学习理论虽然有所不同，但都蕴含着案例教学的理念。

（一）布鲁纳的发现学习理论

在布鲁纳的观点中，学习包括三个几乎同时发生的过程：习得新信息、转换和评价。在习得新信息中，这些新信息常常是与已有信息相悖的，或是已有信息的替代，或是已有信息的提炼。转换是一种处理知识以使其适应新任务的过程。人们可以通过外推、内插或变换等方法，把知识整理成另一种形式，以便超越所给予的信息。评价则检查我们处理信息的方式是否适合于这项任务。布鲁纳也因此认为，学生不是被动的知识接受者，而是积极的信息加工者。人类是有系统地对环境信息加以选择和抽象概括的，知觉过程是把感觉到的东西转换成意识、知识、情感或其他东西的行动。我们在学习知觉时，实际上是在学习我们所遇到的物体和事件的各种特征之间的关系，学习适当的类别与类别系统，学习预测和检索哪些物质之间是合拍的。

布鲁纳又从对归类的分析中引出了他最重要的学习观——超越所给的信息。为了使学生学得好，提供信息是必要的。但是，掌握这些信息本身并不是学习的目的，学习应该超越所给的信息。学生的心智发展主要是遵循自己特有的认知程序，教学是为了帮助或促进学生智慧或认知的生长。由此，布鲁纳提出了发现学习法，其理论基本观点可以概括为以下四点。

1. 强调创设问题情境

学生在教学过程中是一个主动的积极的知识探究者。教师的任务是要创设一种学生能够独立探究的情境，而不是提供现成的知识。教师需要注意的不仅是问题的结论，更要注意通过问题情境的创设，充分发展学生的思维能力，培养其发现问题、解决问题的能力。

2. 注重内在动机的激发

布鲁纳强调内在动机。他认为，学生容易受好奇心的驱使，对探究未知的结果表现出浓厚的兴趣。布鲁纳将学生的这种好奇心称为"学生内部动机的原型"。他认为，与其让学生把同学之间的竞争作为主要动机，还不如让学生向自我能力提出挑战，形成学生的能力动机，使学生有一种寻求才能的内驱力。

3. 注重学生的自我发现

在创设情境的同时，教师不能拘泥于创设情境去探究答案的形式，而要把"发现法"教学的着眼点始终放在学生的自主发现上。教师的作用主要是引导学生深化发现，加深理解。布鲁纳始终强调，与其指示学生如何做，不如让学生自己试着做，边做边想。教师在学生的探究过程中，要帮助学生形成丰富的想象，防止过早语言化。

4. 注意信息的提取

在这个学习理论里，学习成效的好坏关键在于如何组织信息，知道信息贮存在哪里，怎样才能提取到这些信息并加工整合这些信息。虽然提供相对丰富的案例以及相关的信息是必要的，但是，掌握这些与案例相关的信息本身并不是学习的目的，教师应借助这些案例并能超越这些案例所提供的信息，分析出信息背后的教育基础理论，并将其内化为自己的教育智慧。因此，案例教学要遵循教师的心智发展，遵循每个教师特有的认知程序，以促进教师认知的生长。

综合来看，在问题情境的创设、学生主体作用的发挥，内在动机的激发与维持，信息的收集、整合与加工等方面，专家学者认为案例教学是对布鲁纳发现学习理论的继承与发展。同时，布鲁纳的发现学习理论也为案例教学提供了心理学依据。

（二）奥苏贝尔的认知同化学习理论

奥苏贝尔主张应尽可能地使学生的学习成为有意义的学习。奥苏贝尔在仔细区分接受学习与发现学习、机械学习与意义学习之间的关系后，提出了有意义学习。

有意义学习需要具备两个先决条件：一是学生表现出一种在新学内容与已有知识之间建立联系的倾向；二是学习内容能够与学生已有的知识结构联系起来。因此，影响课堂教学中有意义学习的重要因素是学生的认知结构。要促进学生对新知识的学习，首先要增强学生认知结构中与新知识有关的概念。

奥苏贝尔认为人的认识过程往往是先认识事物的一般属性，然后在这种一般属性的基础上，逐步认识其具体细节。据此，奥苏贝尔要求学校的教学顺序也应遵循人的认识自然顺序，即要先呈现概念性，以便在学生认知结构中形成同化新知识的框架。在此基础上，他提出了有意义学习的心理机制是同化。同化理论的核心是，学生能否习得新信息，主要取决于他们认知结构中已有的有关概念；有意义学习通过新信息与学生认知结构中已有的有关概念的相互作用才得以发生；由于这种相互作用的结果，导致了新旧知识的意义的同化。案例教学从问题的选择、深入讨论到得出结论都不是突发奇想的，而是与学生原有知识基础密切相关的。有时。教师为了提高案例教学的实效，在呈现案例、启发讨论之前，会先系统复习讲解有关理论知识，以便为理解案例，展开案例研讨打下基础。因此，学生在进行探究时是遵循奥苏贝尔的认知同化学习理论的。

认知心理学的特点在于运用不同的方式促进学生进行有意义的学习，促进学生认知发展。而在案例教学中，教师不是课堂教学的操纵者和控制者，而是学生学习的促进者和领导者。教师十分注意鼓励学生积极参与课堂讨论，通过汇集众人的观点以最终解决案例教学在案例的选择、案例的呈现、案例的讨论组织形式等问题，充分注意到了方法与手段的多样性，重视了激发学生创造力，丰富了学生个人的教育理论。正是基于这个意义，人们认为认知心理学理论为案例教学打下了坚实的心理学基础。

三、人本主义理论基础

人本主义理论是美国当代心理学主要流派之一，由美国心理学家 A. H. 马斯洛创立，现代的代表人物有 C. R. 罗杰斯。

人本主义心理学家反对把人割裂开去进行研究，反对只把人当作实验的客体在实验室状态下研究，反对把人当作病态人去研究，更反对把人当作动物去研究。人是现实社会中的人、整体的人、具体的人，具有人的价值和尊严，具有人的主动性和独特性，有自我实现的愿望和丰满的人性。这些研究的基本观点和立场是在分析和批判传统的心理学研究的基础上形成的。因此，它更能代表当代心理学研究的追求和方向。

人本主义心理学的杰出代表马斯洛把人的需要看成一个多层次、多水平的系统。他探讨了人的需要的性质、结构、种类、发生和发展的规律，分析了人的各层次需要及其相互关系，特别强调了具有高层次需要的追求和满足才能使人更充实，更幸福。

在人本主义心理学中，对学习理论研究最多的是罗杰斯，他提出了"以人为中心"的理论，这一理论成为人本主义心理学教育观的核心和基础。罗杰斯冲破了传统教育模式和美国现存教育体制的束缚，把尊重人、理解人、相信人提到了教育的首位。他强调突出学生的主体地位与作用，提倡学会使用变化和学习的思想，倡导内在学习与意义学习的理论，弘扬情感等非智力因素的动力功能，注意创造力的培养，在建立和谐与平等的师生关系，创造最佳的教学心理氛围等诸多方面作出了贡献。

罗杰斯强调意义学习，这种意义学习是个人的学习，即所学内容与个人有关。学习要求个人积极主动参与，要从自我发起。在学习的过程中，他强调尝试性的训练。他认为，科学是一个不断变化的领域，而不是存在于封闭的、只包括已发现知识的书籍中的事实原理。因此，对学生来说，拥有相关科学知识体系不是学习的目的，学习的目的是使学生掌握知识并能够运用知识，且不再把科学知识看作绝对的、完全的和永久的东西，即科学知识是随着实践发展而发展的。

人本主义把尊重人、理解人、相信人提到了教育的首要地位。而在传统课堂教学中，教师十分注重知识的传授，师生之间很容易形成命令服从的关系。学生缺乏主动运用知识的机会和情境，久而久之，就会缺乏提出问题和解决问题的兴趣，养成思维的依赖性，失去人格的自主性与独立性。在案例教学中，案例作为活生生的现实情境，它所提出的问题能够激发学生探索的积极性。因此，与传统讲授式、灌输式的教学方式相比，案例教学更强调突出学生的主体地位与作用，提倡学会根据事实情境的变化而采取不同的解决问题的方法。另外，案例教学的成功与充分的案例讨论是无法分离的，营造一个学生主动辩论的案例教学课堂，是案例教学成功的关键。因此，案例教学十分注意弘扬情感等非智力因素的动力功能，强调建立和谐与平等的师生关系，创造最佳的教学心理氛围。从这个方面来看，人本主义心理学为案例教学的实施奠定了深厚的理论基础。

四、迁移理论基础

学习迁移是指一个人在一种情境中的学习影响他在其他情境中的学习。

(一) 莱文的迁移假设理论

莱文在迁移假设理论中指出，一个人在解决问题的过程中，会提出和检验一系列的假设，形成解决问题的思考顺序和假设范围。这种通过假设形成的思考顺序和假设范围会影响以后类似问题的解决，并迁移到以后的问题解决活动中去。在案例教学中，教师布置案例材料后，一般都附有相关的问题，询问学生如果作为当事人该如何处理案例中所面临的问题。学生通过自学案例、分析案例、小组讨论等寻求解决问题的办法，这一过程就是运用原有的原理，方法等理论知识，形成对案例中问题的解决办法的假设的过程。在这一过程中，学生将理论知识与现实的实际问题结合而生成自己的亲身经验，同时在案例教学中逐步形成对问题解决的一般步骤的了解与掌握。这些经验使学生头脑中孤立的、分离的知识转化为一套解决类似问题的思考策略与顺序。由此，案例教学具备了迁移假设理论的条件，从而有效促进了问题解决的迁移。

（二）促进迁移的情境相似原理

迁移理论认为，学习的情境与日后运用所学内容的实际情境类似，有助于学习的迁移。案例教学过程中使用的案例来自现实，其来源具有真实性；在收集与整理过程中，需征得来源处的同意；教学案例又具有时效性，使案例本身更加贴近现代的工作与生活。由以上三点可以看出，案例要素的来源、收集整理过程、时效性三个方面确定了案例教学与学生日常的生活与将来的工作中要面临的情境具有较大的相似性。因此，这种相似性能使学生在案例学习中获得知识与经验，从而有效地发生迁移。

由以上分析可以看出，案例教学促使学生逐步形成对问题解决的假设与顺序，并以案例的形成创设了与日后运用所学内容的情况极相似的情境，有效地促进了迁移的发生。因此，迁移理论是案例教学中一个重要的理论基础。

五、信息加工理论基础

在信息加工理论中，个体的知识分为程序性知识和陈述性知识两种。程序性知识以产生式系统为表征。产生式系统是认知表征中一种比较典型的程序表征系统，其基本原理是一个条件能产生一个活动，即当某个条件出现时就会产生某个活动。产生式系统中涉及某些内部目的、内部认识过程和内部知识，由目标驱动、集中注意、真实记忆和思维调动原有的有关知识结构。产生式系统由多个产生式组成，复杂的事需要产生式系统完成。这些产生式系统经过练习后贮存在人脑中，保存为解决问题的技能。陈述性知识最初以命题网络的形式组成，在多种练习下，再转化为以产生式的方式进行表征，最后形成产生式系统。

在案例教学中，案例作为活生生的现实情境，能激发学生探索的兴趣，同时案例又是涉及各方面知识的一个综合体，需要学生充分调动其原有的各方面知识，在基于案例的情境中练习与运用，获得由产生式系统转化的解决问题的技能。以命题形式保有在学生头脑中的原理、原则等知识（即陈述性知识），通过案例学习转化为解决问题的技能，即形成保存在学生头脑中的产生式系统。

传统教学方法比较突出的弊端是：注重理论知识即陈述性知识的教学与记忆而缺少程序性知识的应用，学生缺乏应用知识的经验，久而久之，就缺乏了对问题和解决问题的兴趣，形成思维的惰性，习惯于对命题的记忆，最终获得的只是一堆孤立的、松散的知识，导致学生解决问题的能力较差。案例教学则在某种程度上革除了这些弊端。案例教学突出形成学生的程序性知识和产生式系统，在面对案例情境时要求学生调动原有的知识结构。案例教学是帮助学生将陈述性知识与程序性知识转化为产生式系统的有效方法。因此，信息加工理论成为案例教学的理论基础。

六、认识性理论基础

（一）认知弹性理论

斯皮诺等人于 1990 年提出关于学习的本质问题理论，即认知弹性理论。它是指以多种方式重建自己的知识，以便对发生根本变化的情境做出适宜的反应。这既是知识表征方式，即超越单一概念维度的多维度表征的功能，又是作用于心理表征的各种加工过程。

认知弹性理论认为，从单一视角提出的每个单独的观点虽不是虚假的或错误的，却是不充分的。该理论的中心是多元认知表征，即要求从多于一个观点的角度检查某个概念，这既能增强对该概念的理解，又能增强这一概念迁移至其他领域的能力。因此，在解决问题的过程中，往往存在不止一个正确的答案，需要在产生一个正确答案以后，有足够的耐心对其他的理解与答案加以验证，这就是认知弹性的基本原理之一：概念与案例构成的多维与非线性的"十"字交叉形状，即每一个个别的事实或案例都可从不同的概念侧面得到合乎理性的介绍，每一个侧面又都补充某些其他方面遗漏的有用信息。当学生对一个变化的概念感到理解有困难时，通过具体的案例能够使其获得的概念更丰富、更全面。认知弹性理论认为教学的目的应是试图构建各种观点的"马赛克"，以及概念与案例构成的多维与非线性的"十字交叉形"，达到对知识尽可能完整的理解，即充分理解概念的丰富内涵和相关案例，从而使学习者获得具有足够弹性与灵活性的知识，以适应多变的真实情境。

（二）认知弹性超文本

斯皮诺等人将学习划分为三大类型：适用于初学者的导论式学习、高级知识的获得和专业知识与技能的学习。其中，导论式学习属于学习的低级阶段，学生通过导论式学习掌握的概念与事实只能在相同的情境中再现；高级的学习类型要求学习者通过知识表征的建构，掌握概念的复杂性与跨越案例的变化性，使认知具有更大的弹性与灵活性，具有非线性特征的超文本是适用于这种学习的最佳媒体。

传统的教学往往混淆了这两种不同类型的学习，这就造成学校传统教学中的一些弱点：将内容从其产生的复杂背景中抽取出来，将整体人为地分割成部分等。这些处理极易导致理解的肤浅甚至概念的误解，使学习停留在知识的再现水平上，影响知识在新情境中的迁移与灵活应用。

案例教学通过向学生提供案例这一认知弹性超文本，激发学生对案例和教师提出的各种问题的探索，获得与案例相关的多种多样的知识点，而这些知识点又被镶嵌在案例的背景之中，从而学习者可以构建一个基于案例和具体情境的知识集群，获得对案例相关概念与问题的深入理解和整合，使获得的知识与经验具有适应新情境的灵活性与弹性。

七、杜威经验主义基础

杜威的经验主义也称为学生中心主义。其认为最好的一种教学就是牢记学校教材和现实生活相互联系的必要性，使学生养成一种态度，习惯于寻找这两方面的接触点和相互关系。案例教学就是连通这两方面的一种绝佳方式。一方面，案例是现实生活的真实反映，它来源于生活当中的实际问题或某个问题情境；另一方面，用文字对问题事件进行描述，对真实发生的问题事件进行收集和整理，形成具有教学意义的案例，成为沟通学校教材与现实生活的桥梁。

（一）经验内涵的深刻把握

在批判传统经验的基础上，杜威对经验进行了创造性改造，赋予了经验深刻而丰富的内涵，力求克服传统哲学中身与心、经验与理性、主观与客观、理论与实践等二元对立思维，建构起经验与教育相互融合的一套经验哲学体系。因此，深刻把握杜威经验的内涵是理解杜威实用主义哲学和教育思想的一把钥匙。

杜威对传统经验的改造主要体现在克服了经验与理性的对立，拓宽了经验的外延，强调了经验中人的主动性。经验是杜威教育理论的核心概念，他非常注重经验的作用和价值，认为一盎司经验之所以胜过一吨理论，正是因为在经验中，人和理论才具有充满活动和可以证实的意义，在我们对事物有所作为，和我们所享的快乐或所受的痛苦这一结果之间，建立前前后后的联结。在这种情况下，行动变成尝试，变成一次寻找世界真相的经验，而承受的结果就变成教训——发现事物的连接。

经验本质上不是认识事情，而估量一个经验的价值标准，是能否认识经验所引起的种种关系或连续性。当经验已经是积累性经验或有价值有意义时，它才含有认识的作用。一切真正的教育都从经验中产生，但并非所有经验都具有价值，判断具有教育价值的经验取决于两个原则：一是经验的连续性原则，即每种经验都是一种动力，判断一种经验的价值要依据它推动的方向和结果。二是经验的交互作用，即任何经验都是客观条件与内在条件的相互作用，即有机体与环境相互作用的结果。这样看来，杜威经验有两个明显特性：第一，统一性，即认识与行为、价值与事实、主体与客体、人与环境、理论与实践等并不是孤立的，它统一于连续性的经验之中；第二，发展性，即经验不是固定不变的，它永远向未来开放，随时准备接受改变和修正，并向特殊的方向生长。

杜威经验的两个原则和两个特性为案例教学指明了方向，提供了解决思路。深刻理解和把握杜威经验的内涵及意义，才能在实施案例教学过程中挣脱因错误认识而导致的各种问题，才能澄清案例教学的理论困惑，更好地推动案例教学的运用和发展。

（二）教学过程的系统优化

案例教学是师生围绕案例中的问题进行探讨，求索解决问题的动态过程，包括课前案例准备、课中案例讨论和课后总结反思等。根据杜威经验，案例教学的每一环节都应为学生获得生长经验提供条件，这就需要对教学过程进行整体的系统优化。教学过程的系统优化首先要辨别经验是否具有教育价值，即学生获得的经验是否符合经验的连续性与交互性。

1. 教学设计的充分准备

考查学生现有的理论知识水平是案例教学的首要任务，因为典型案例的选择应以学生现有经验为基础，这对其能力提升具有一定促进作用，使其经验具有一定的扩展空间。典型案例在编定过程中，文字描述应简明扼要、观点明确、问题清晰，事件应契合学生现有经验和能力水平，具有严整的结构，能引发学生的兴趣，调动其思考问题并解决问题的积极性。教师应做个有心人，留心现实生活中发生的最新事件或典型案例，通过编定与整理建立案例库，为案例教学中案例的选择提供可以直接利用的教学资源。

教师应对案例教学过程进行系统、周全、严密的考虑，如案例中讨论的问题，对其可能出现的相关拓展问题、问题的可深入性和结果的多元性进行充分预测，并进行相关领域知识的储备，提出可以运用的课堂策略，以更好地引导学生进行思考，掌控课堂教学秩序。

案例的呈现方式应该使学生对案例中存在的问题有深入的体验和思考，充分调动学生兴趣，发挥学生参与的能动性。

2. 课中讨论的及时引导

课中讨论是案例教学的重要环节，关系到案例教学的成败。首先，教师呈现案例引入问题后，根据杜威经验连续性原则，应对涉及案例问题的相关理论知识进行解释，以促进学生更好地把握案例问题的关键。其次，在讨论过程中，教师应及时引导学生，避免无意义的讨论或使讨论进入错误的方向，且对问题的讨论形式不应局限在小组讨论和班级讨论，教师应根据教学的需要，选择如个别解决法、智囊团法、角色扮演法等合适的形式，以帮助学生更好地参与案例讨论，推动案例教学的有序进行。最后，教师应对案例问题的各种可能解决方案进行总结与评价，注重解决方案的多元性和最优性，提高问题的讨论层次，开阔问题的讨论视野，提升学生的思维品质，引发学生对相关问题的积极关注。

3. 课后总结的全面反思

课后，教师应带领学生对讨论结果及整个案例教学过程进行反思与总结。这是改进案例教学、提升教学效果和促进学生能力发展的重要环节。学生在案例讨论后，应总结出自己在研读案例、讨论过程中的感受与收获。最后写出案例分析报告。

（三）教学评价的改造创新

案例教学以培养学生解决问题能力和创新能力为目的，而现有评价把能力看作一种固定结果，忽视了案例教学过程中能力、思维和态度变化的发展性评价。要想突破现有评价现状，提升案例教学的未来发展空间，就必须树立以经验生长为评价标准的理念，对教学评价进行创新和改造。要以学生经验生长为目的，强调学生亲身参与自身体认，激发学生经验与环境交互作用的思维能动性，建构学生本身的认知框架和行动能力。评价在本质上是一种通过"协商"而形成的"心理建构"，是一种公平协商、主体参与的过程，而不是评价者对被评价者的控制过程。案例教学应转变传统的评价方式，转向以学生参与、公平协商、经验增长和能力建构为特征的新型教学评价。

八、教学交往理论基础

在教学交往理论中，交往是一切有效教学的必需要素，交往在教学中发挥着经验共享的功能。学生在学习过程中通过与同学、教师以及周围其他环境的交往建构自己的知识结构，发展自身的道德品质。学生在交往过程中学会合作、发现自我、达成共识，组织共同活动及弘扬个体主体性、形成丰富健康的个性。

教学交往理论认为交往的主体是平等的、相互尊重的，在教学过程中，师生之间应是平等交往的主体关系。学生的和谐、全面发展只有通过这种平等的、真正的交往才能实现。教学中的交往应是一种合作式的交往，交往的双方应创造条件，使不带支配性质的交往行为成为可能，放弃权威地位，保持相互平等的态度。

在传统教学中，教师是课堂的主导者，师生之间极易形成命令—服从的关系，从学习目标的确立到教学过程与方法直至最终的成果评价，学生都没有自主权。学生的主动性和积极性受到压抑，难以获得全面发展。同时，教师始终控制着全班学生的活动，多是以教师与全班的整体学生交往为主，学生与教师单独交流的机会较少，阻碍了师生间情感的共鸣与精神的相遇。学生之间的交往过少，学生的个性发展与良好的社会化就难以实现。

案例教学积极鼓励学生参与，教师不是课堂的操纵者、控制者，而是学生学习的促进者、推进者、辅导者。案例的小组讨论可以发展学生与小组的个别同学的沟通能力、综合他人智慧的能力，案例的班级讨论以全班每个学生的积极参与为基础，通过众多的个人观点汇聚成最终解决问题的方法，同时个人在与教师和全班其他学生交往中建构更完整的知识结构。

案例教学充分发展了师生之间的交往、个体之间的交往、团体间的交往、团体与集体间的交往、个体与集体的交往。案例教学是一种鼓励学生参与积极交往的教学，是一种基于交往的教学。

九、顿悟学习理论基础

格式塔心理学家认为，学习是认知重组，是对事物之间关系的顿悟。顿悟不仅可以避免多余的失误，且由于顿悟学习本身具有奖励的性质，还使学生产生积极的愉快体验。因此，概念化、思考及对技能的领悟性学习优于根据重复练习原则对技能、习惯和记忆关系的学习。

格式塔心理学家强调讨论是促进思考和领悟的最有效途径。讨论可以改变人们的思想，增强人们的灵活性。个体在讨论中积极探究问题，得出某种结论，更容易在概念和行动上形成永久性变化。讨论在思维形式变化中也发挥着重要的作用，认为个体思维形成于分析现有信息和用新观点综合这些信息之间轮回交错的过程。个体在这一过程中获得思想的改变，讨论是完成这一过程的主要方式之一。在讨论中，不同的观点得到展现的机会，并被探讨和争论，促进学生更深入地进行思考，形成新的综合，从而形成对事物关系更深刻、更准确的认知。

案例教学也充分重视讨论，教师运用案例中富有启发性的问题，激发学生进行讨论，无论是小组讨论还是班级讨论的形式，都减轻了学生的学习被动性以及对记忆的过分依赖，促使学生积极思考，进行推理，确定各事物之间的关系，寻找问题的答案。在小组讨论中，不同学生原有的认知结构不同，对案例中各种关系的认知也不同，个人可以在发表自己的观点和倾听别人的观点过程中取长补短，从较全面的角度认知问题情境。在班级讨论中，更多的观点碰撞和教师点拨可以超越小组讨论的认识水平，以更深的程度和更高的水平进行理解和认知，找到更好的解决问题的办法。因此，顿悟学习理论尤其是关于讨论的理论是案例教学的理论基础。

案例教学作为一种教学思想，其内涵日益得到充实。可以说，案例教学正是以其独特的课程与教学视角、对教学理论的整合、对教学方法的优化、对现代教学实践中问题的敏锐察觉与积极反映，从而在实践发展中拥有了旺盛的生命力。

案例教学法也存在需要进一步探索和解决的问题，比如如何根据学生不同的认知发展水平选择不同的案例，如何根据课堂教学的实际情况选择呈现案例的最佳时机，如何形成既能激发学生兴趣又能有效建构学生个人理论的问题系统，等等。解决这些问题需要在教育实践中进行探索，但是更需要进一步丰富发展案例教学理论，为深入理解案例教学的本质与内涵、有效解决教学中的实际问题提供理论上的指导。

第三节　案例教学法的应用条件

一、案例教学对各要素的要求

案例教学是教师、学生和案例情境三者之间的互动过程，主要涉及教师的教学与学生的学习两大方面。三者在教学活动中都扮演着重要的角色，教师是教学活动的引导者和协助者，学生是主动者和主导者，案例是教学、学习的情境。

在具体的案例教学实施过程中，教师和学生各自面临不同的但是相互耦合的任务，如表 3 - 2 所示。

表 3 - 2　案例教学过程中的师生任务/责任

	教师（帮促者）	学生（参与者）
课前	1. 准备安排课堂和案例材料 2. 进行教学准备 3. 就案例与同事讨论	1. 接受案例和指南 2. 个别阅读和准备 3. 组织小组的案例讨论
课中	1. 解决学生案例阅读中产生的问题 2. 通过探讨、记录和鼓励学生解释来引导案例讨论 3. 提供数据、原理，以提高班级的思考和学习	1. 提出案例阅读过程中遇到的问题 2. 通过分享案例来洞察和仔细听别人说什么来参与课堂讨论 3. 对案例讨论的问题进行总结
课后	1. 评价学生的参与和记录反应 2. 根据最初的教学目标来评价案例和其他材料	1. 根据准备、讨论和所学的主要概念、原理复习课程 2. 学生进行自我评价或相互评价

实施案例教学对教师与学生来说并不轻松，教师和学生都必须具备相应的素质与能力，才能在案例教学过程中承担起各自的责任。在案例教学过程中，只有案例、教师和学生三个要素相互配合、相互促进，才能取得理想的教学效果。

（一）对案例的要求

好的案例提供足够的信息，能引发多层次的讨论分析和行动，引导学生批判分析，仔细规划行动。一个出色的案例，是教师与学生就某具体事实相互作用的工具，是以实际生活情境中出现的事实为基础所展开的课堂讨论。它是进行学术探讨的支撑点，是关于某种复杂情境的记录。

好的教学案例必须反映真实教育教学情境。一方面让学生加深对原理和概念的理解，另一方面促使学生思考解决其中存在的问题。好的案例必须具备如下特点：

——故事性：事件发生的时间、地点、人物等按一定结构展示出来；

——有趣性：有趣的情节能激发学生兴趣，将注意力集中在有趣的论题上；

——时间性：最近发生的事情才能反映问题的现实性；

——真实性：对现实生活场景的描述，增强问题的真实性；

——问题性：案例需要呈现疑难问题。

（二）对教师的要求

运用案例教学的教师必须考虑应对课堂上的讨论内容与节奏。教师必须具备倾听、回应和沟通的能力，以引导学生进行案例探究，促使学生针对案例发展深入洞察和批判分析的能力。有效地实施案例教学要做到以下几点。

1. 熟悉教材内容

教师必须熟悉教材的内容，才能模写或选择适当的案例，依据主要概念设计相关问题，将内容与过程充分结合，并提出适当的问题来引导学生从案例讨论中探索、发现及应用知识。

2. 引导案例讨论

教师不仅要倾听、思考学生的陈述，更要对学生的讨论进行引导。Wassermann（1994）强调，专心倾听和关注学生的陈述，不仅有助于教师选择适当的交流方式，同时营造畅所欲言的良好气氛，加强师生之间的沟通。Wassermann（1994）将教师的引导讨论方法分为三类：鼓励重新反思个人观点、引导学生分析及挑战学生的思考。教师引导讨论的能力是技巧性很强的艺术，Lang（1986）将引导讨论的技巧分为11种类型：激活讨论、获得信息、澄清观点、确认观点、转移注意力到相关的论点、强化论辩、解决争议、改变讨论方向、提出假设的建议、激发抽象思考、结论，教师可以引导学生针对案例重新反思个人的观点，同时建立师生间的信任互动关系；引导学生分析其利弊得失；挑战学生思考，以认知冲突迫使学生超越目前的想法，以全然不同的方式或另一种角度去思考。

3. 课堂教学管理

只有当教师与学生是学习伙伴的关系，当教师不仅是学习过程的引导者更是参与者的时候，案例教学才倾向于成功。成功的案例教学是教师和学生所共享的，教师必须在学生主导与教师控制之间取得平衡。另外一个很重要的是时间管理，课堂的时间是有限的，教师常常面临时间的危机，教师如果不把握分析、综合、连接和建立结论的教学时机，很难完成一个成功的案例情景实践的教学。

4. 鼓励有效的小组学习活动

有效的小组学习可以发挥团队合作的优势，对学生理解案例、建构意义起着积极的促进作用。运用团体活动让小组自行反思小组的运作，肯定小组的成长和学生的努力，并且定期进行小组重组，以解决小组内部不和谐的问题。为了避免学习小组过分依赖教师的指导，对于小组的行为应以鼓励为主，这并不是说引导学生直接一步正确地解决案例问题。实际上，体验学习过程中所必须经历的挫折感也是学习的一部分，因此，教师不必给予过多的明确指示。

5. 活用多元化评价

案例教学的评价不会像传统评价那样是终结性和单一性的，而是在实践过程中会涉及多方面的评价。比如，帮助学生从教师的评价标准中解放出来，提升学生独立学习的能力，让他们成为自己的指导者和评价者；体现团队协作精神的小组内部，采取互相评价的形式，由他人来进行评价；最终的学习效果评价可以由教师来主持，根据学生的自我与他人评价，进行全面总结性的正面评价。

教师很关心学生是否听得懂，并设法为学生的学习提供便利条件，以此来赢得学生的尊重。一旦教师接受了这种案例教学的职责，那么就要考虑如何从传统教学向案例教学进行转变。案例教学是多方面课程结构的延伸，包括回答学生的问题，保证办公时间，或者进行课后讨论并与学生进行非正式交流。

从传统教学模式到得心应手地运用案例教学，不仅是教师的能力问题，更重要的是态度问题。一名正在计划案例教学的教师必须考虑：我对课堂上的讨论内容与节奏在多大程度上进行控制才能让人感觉到舒适？我采取自己控制课堂而不是与学生共同驾驭课堂的目的是什么？共同控制课堂的益处与我为避免直接给出答案所做出的努力是否相匹配？

我们在实践中也会思考，一些人是不是比另一些人更擅长案例教学呢？答案是肯定的。指导教师的精力、活力、热情以及幽默感都会影响学生。充满活力而又幽默的教师比那些性情平稳、严肃、难以让人记忆深刻的教师更加投入工作并更能使学生记住他们充满智慧的话语。行动能力也同样有帮助。指导教师的自信、沉着以及应对尴尬局面时的从容，都非常有助于课堂的成功。

总之，尽管一些人天生适合领导别人进行讨论，但对大多数人来说，案例教学需要学习新的技巧并采取新的态度对待学生，或者至少要调整对待学生的一些态度。

（三）对学生的要求

案例教学法需要学生积极主动地参与和反思，具备坚持的学习态度及自我调整的技能。如果学生缺乏一定的学习技巧和学习态度，案例教学法就难以发挥预期的效果。因此，对学生主要有以下三个要求，见图 3 - 2。

要求→	主动参与和反思	自我调节	忍受学习的负面反应
原因	案例教学法是强调学生主动学习、积极参与和反思的学习方式。"课前预习"是工作案例情景实践教学的起始点。	案例教学受环境因素影响比较大，讨论过程不稳定，冲击个人原先的学习方式，产生烦躁和痛苦，甚至排斥感。	在解决问题过程中会经历不确定和没有"标准答案"的学习经验，会令其感到畏惧及焦虑，会对学生产生负面压力，甚至排斥感。
具体表现	学生在小组讨论或班级讨论中进行深度思考，在积极参与讨论过程中主动地倾听、思考与讨论。	学生具备自我调节能力，不易受这些不稳定因素影响。运用自我调节能力减轻学习压力，激发求知欲望，提升认识水平。	学生注重学习的过程，即便无法获得"正确"的答案，以不放弃的心态持续努力，享受其中乐趣。

图 3 - 2 案例教学对学生的要求

从图 3 - 2可以看出，学生在案例教学中不能像传统教学中那样消极被动，他们必须主动、积极，这对于他们能否真正学到东西起着至关重要的作用。

（四）其他重要因素的要求

案例教学运用的方式是否成功，取决于教师和学生的共同努力，但仍然有其他一些重要因素影响。

1. 班级大小与学生的多样性

教 10 名学生的经验与教 100 名学生是不同的。教一个来自同一个组织或处于同一个年龄段，来自相同种族、文化、性别或家庭背景相同的班级与教一个学生经历、成熟程度、个性特征、语言能力等方面各不相同的群体，其情况也是不同的。教师应该预料到所教的特定群体会提出的特定问题和需求。

2. 物质条件

在一个没有讲台和固定座位的剧院式的教室里上课与在一个只有可移动的桌椅，而且敞开着的房屋里上课，两种感受是不同的。指导教师越来越多地使用"灵敏教室"技术，即教师和学生可以在教室里自由地移动，这使他们可以靠得更近。指导教师可以将大班分成讨论小组，可以在教室里进行，也可以用附近的小单间。灵活的布置对于自发的"角色扮演"或案例讨论来说是一个先决条件。

现代技术下，很多学校都有智慧教室。如果课堂教学安排在智慧教室，学生根据教学内容可以拼成圆桌或长桌进行大小组案例讨论，墙面四个方向都有显示器方便学生看黑板；还可以录制学生的展示并反馈给他们以使他们更好地提高，保留第一手的教学资料。桌椅移动还可以腾出足够空间对案例进行演示。智慧教室的使用既支持小组或大组案例讨论，也满足学生展示案例的需要，是进行案例教学的理想场地。

所有这些秘诀都要与物质条件的安排相适应。在上课之前，指导教师需要列出各种设备清单，以便决定具体如何做、什么可以做、什么不可以做。

3. 课程结构

参加案例讨论的学生在一堂课前应该预先了解哪些内容呢？该问题的答案取决于这堂课在这门功课中处于什么位置。有些教学目标和特定案例除了要求阅读案例内容和了解布置的问题外，不要求提前的相关知识或做正式的准备，但另外的教学目标和案例则要求被置于非常精确的进度安排中。换句话说，一个案例如何运用取决于这堂课的前后内容。

4. 联合教学/小组教学

在混合教学实施中，教师不是独自对一个班级或一门课程承担教学责任，而是与同事联合教学或者作为一个小组的成员教学，这时就需要做认真的准备和协调工作。联合教学可以是两个或多个指导教师共同对整个学期的教学承担责任，也可以是两个或多个指导教师按日程表分别承担责任。教师了解其课程之前其他人讲过的论题和训练，对教学计划的顺利完成是非常有用的。

二、案例教学的过程

（一）课前的准备

1. 教师的准备

教师课前准备案例教学主要从三个方面入手：熟悉案例内容、确定教学重点与难点、设计教学实施过程。教师可以通过回答以下问题来检测自己对案例的掌握程度。

①仔细通读案例，抓住重要信息，找出关键性问题。

②再次仔细阅读案例，并对案例材料做进一步深入分析。

③确定案例中的主要问题。

④思考在案例教学中案例分析的顺序。

⑤思考案例分析是否有其他序列，比较分析哪一种对学生逻辑思维有益。

⑥预测案例讨论中可能会出现的观点和现象，例如，怎样激发学生思维展开真正的讨论？如何扭转不良的讨论？

教师需要根据学生的水平与特点、教学过程中的计划等因素，来确定教学的重点与难点、教学过程的组织和教学实施的设计。主要包括对学生课前案例分析的检测，以了解学生对案例掌握程度，并思考教学过程中如何提出问题，如何引导学生讨论等问题。

2. 学生的准备

学生课前准备分为两个阶段，即个人准备阶段与小组讨论阶段。

在个人准备阶段，学生需要完成线上知识点的学习，需要对案例进行仔细分析和思考，下面提供可供参考的案例分析方法。

①选择最有效率的时候进行案例分析与阅读。

②先快速阅读案例，了解大意，并以摘要的形式写下解决案例问题需要用到的知识点。

③再仔细地阅读一遍，确定案例中的重要材料，抓住关键性的事实，思考解决案例问题需要用到的方法和策略。

④记下解决案例问题的关键词。

⑤预计商务交流中对手的反应并准备相应的解决方法。

在实践后期，这种准备的时间会越来越短，因为我们最终希望学生做到的就是能快速反应。当然这需要一个练习的过程。

（二）课中的教与学

1. 教师的任务

教师在案例教学过程中起讨论引导等作用，在课堂教学过程中，教师主要任务如下。

首先要了解学生对知识的掌握程度。教师主要是通过对学生提问，了解学生知识点学习的情况。

其次要掌控好课堂案例讨论过程。包括如何使案例讨论有条不紊，引导学生讨论案例中的重点问题，帮助学生厘清讨论的思路。由于案例讨论的时间有限，且问题讨论很难控制，所以教师需要有很强的时间观念，能合理地分配课堂时间。教师应尽量让学生发言与思考，对学生的提问应尽量用引导方式让学生自己思考做出决策，调节课堂讨论的气氛。

最后要随时关注学生的课堂表现情况并做出适当调整。教师需要对学生的学习状况进行观察，学生在学习过程中是否积极参与了课堂讨论，是否学会了相互之间的信赖，是否树立了自己的自信心等。

2. 学生的任务

在教师引导下，全班学生对案例进行讨论，只有学生积极地投入，有效地参与，在听、说、想三个方面进行努力，才能取得良好的效果。要想达到这个效果，学生必须完成的任务有如下三点。

一是有效的倾听。有效倾听不仅指努力精确把握发言者的言语信息，也要注意发言者的非言语信息；不仅指学生积极倾听同伴所讲的内容，也要注意分析对方所讲内容的含义。在案例分析中将这些内容与自己的观念进行对比，从他人身上学习到有用的知识或技能。

二是开展有效的讨论。有效的讨论表现在讨论发言前要将自己所要表达的观点再回顾一下，最好能根据前面同学的发言对自己的观点进行补充、对比，选择恰当的讨论时机进行个人陈述，可以等到讨论的问题与你的观点相关之时，再参与讨论。当学生表达个人观点时，如果能用到刚学过的、新的理论和方法是最好的。

三是要进行有效反思。在讨论过程中，注意对新学的理论与方法的运用，当其他同学讲到不同的观点和表达时，可以记录下来。在案例讨论结束进入总结阶段时，对这些不同表达与问题进行反思、总结。这样，不仅能及时复习，掌握新的知识，还能促进学生相关技能的培养。

（三）课后的反思评价

案例教学十分注重教师与学生的反思与评价，但教师与学生侧重于不同的方面。

1. 教师的反思评价

课堂讨论效果的评价、教师自我评价与对学生行为变化的评价，通常是教师的反思评价内容。针对学生的评价，叶情亨（1999）与 Adam（1991）提出了真实性评价和档案评价。

真实性评价与传统测验的主要差别在于它要求学生自做答案，而非选择答案，所以对某一问题而言答案可能不止一种，且评价不单看成果，也要考查过程。了解学生造成错误的原因、学生对某一问题考查的层面、思路过程以及逻辑方式，而评价问题的取材常与实际生活问题有关，使学生能学以致用。

档案评价是把学生的表现，包括每一次的考试、作业、笔记、作品等，按照学生个人或全班共同的方法，学生自评、教师评语、同学互评等，以展现学生学习的历程与意义。以"学生行为档案"来评价学生的学习成果，评价可分为三方面：

一是心智发展层面。强调学生思考的能力，评价学生在案例教学活动的过程中，思考方式及知识与技能的运作方式是否达到标准。

二是技能层面。评价学生在案例教学进行中，是否在表达意见、分析信息、人际关系及问题解决等方面获得成长。

三是态度层面。聚焦于学生态度的表现，强调个人的眼界、信念与价值及自我评鉴。

2. 学生的反思评价

学生的反思评价与教师的不同，它主要集中于对案例内容的评价与对参与程度的评价。评价方式灵活自由，可以是自我评价、互相评价、他人评价。

比如学生可以通过"学习日记"的方法，以书面形式记录上课心得以及与学习内容有关的所有想法，了解自己上案例课的感觉、对课堂案例教学活动的反应及学习成长历程。

比如做学习成就检测表，依据教师的"学生行为档案"的评价内涵，从学生角度检测学生的学习行为及学习成就。

三、案例教学法的应用原则

应用案例教学法需遵循的原则主要有以下几个方面。

(一) 参与性原则

案例教学的展开要保证学生参与的积极性。

首先，选择的案例要源于现实，这样的案例可能是学生在现实生活或将来走向社会真正面临的实际问题，对学生来说本身就是一种吸引力。

其次，要让学生在课堂中扮演"演员"的角色，教师只能起到"导演"的作用，教师要对自身的角色有明确而清醒的认识，并在课堂中进行扮演。

最后，就案例提出的问题以及针对学生观点的评价都要体现教师对学生参与课堂讨论、交流的鼓励与肯定。可以将学生在课堂上的参与和表现直接作为对其成绩考核的重要组成部分，使学生的参与具有外部的压力机制。与此同时，教师不应以答案为唯一标准，应允许学生有不同见解，营造"心理自由"的课堂气氛，使学生自由参加讨论、学习。学生的参与是案例教学开展必不可少的要素，鼓励学生参与是教师运用案例教学的一个重要原则。

(二) 启发性原则

案例教学必须使教学具有启发性才能发挥培养学生能力的作用。学生要获得解决问题的各方面素质与能力，需要自己对问题进行探索，而不是教师告诉他该怎么办。

贯彻这一原则，首先要求教学案例提供不完全信息，使学生在案例中处于一种真实的情境下，可做出真实的判断与决策。同时引导学生对模糊信息进行分析，借助工具明确案例中的各种关系。其次，针对案例所提出的问题要具有启发性，学生在这类问题的引导下才不会感到毫无兴趣或快速地放弃。最后，教师对学生讨论的引导也应具有启发性，这种启发性的引导能开拓学生的思维视野，激发学生深入探索的兴趣，从而形成各种新颖而有效解决问题的办法与各种独特而又能自圆其说的观点，达到预定的教学目标。

（三）适应性原则

①从教学内容来看，案例教学适用于复杂知识。简单知识及简单的概念与事实，只要求学生能在相同或相似的情境中再现、再认即可。面对复杂知识的学习，通过案例的学习，学生可将复杂的知识嵌入生动的具体情境中，在学生亲自参加的分析、讨论中将新的复杂知识融入原有的知识结构并建构新知识结构。

②从教学目标来看，案例教学适用于以培养学生能力为目的的教学。案例教学模拟真实的问题，可使学生利用所学知识进行综合分析，培养解决问题的能力。学生发展了独立获取信息的能力、与同学竞争与合作的人际沟通能力、消化运用知识与经验的能力、在具体情境中分析决策的能力等。在培养学生解决问题能力的过程中，促进学生各方面能力与素质的发展，进一步提高学生在新情境中解决问题的能力。

③从教学对象来看，案例教学适用于高校学生某些课程的学习。从对案例教学的理论基础分析中可以看出，学生通过案例学习和分析将理论知识运用于实践情境，需要具有一定的知识水平，同时需要拥有抽象思维能力。在案例的讨论中，学生要从各种观点中建构关于案例的新的知识结构。

（四）能力性原则

当代教学强调以学生的发展为中心，教学不仅要向学生传授一定的基本理论和基础知识，也要发掘学生各方面的能力。案例教学首先使学生掌握教学的基本理论和基础知识，在此基础上培养学生各方面的能力，包括语言表达能力、思维能力、分析能力、判断能力以及运用所学知识处理复杂问题的能力等。学生具备这些能力后，才能更加有效率地进行学习，从而掌握学习的方法，提高学习效果。

（五）实践性原则

案例教学中选取的每个案例都应是一个现实事件，有时间、地点、人物等要素，学生从实际情况出发，做出独立的分析与判断，进而提出对问题的看法与解决方案。案例教学的目的并不是给学生一个标准答案，而是通过案例培养学生在实践中处理各种问题的能力。

（六）合作性原则

在案例教学中，学生之间还要学会与他人合作。就管理学而言，其方案的提出、实施和评价决策通常是由集体而不是个人做出的，这就需要每个人相互合作。例如，在情景模拟中，每个学生都要充当一定的角色，担任一定的职责。在讨论法中，教师可能会把学生分为三人或四人一组来准备书面或口头案例分析，由各小组提出解决方案，再进行全班讨论。每个学生要对他人的观点持开放、包容的态度，做一个好的倾听者和策略贡献者。

（七）创新性原则

教师可以选择一些较为普通的案例，先使学生在案例中进行基本知识等方面的学习，当学生掌握这些知识时，进一步引导学生对案例进行相应的改革和创新，使学生认识到哪些地方存在问题，并试着进行修改，从而更好地培养学生的综合素质，提高学生的创新思维和创新能力。

教学案例反映的教学现象，有可能会产生一些深刻的认识与独到的见解，教师可以据此进行去粗取精、去伪存真，由此及彼、由表及里的改造制作。对于学生而言，创新性原则要求学生对案例有自己的看法。无论是对案例的分析评判，还是提出解决问题的方案都要有独到的见解，有一定的创新之处，不能简单地重复案例资料或他人的观点。学生对案例的分析既要注重提出了什么样的解决方案，还要注重如何支持这一方案，以及采取什么样的措施来实现。

对于一个案例，不存在唯一的解决方法，也不存在唯一的正确答案，学生要给自己的解决方案以充足的论证。教师应让学生清楚，学生提出的解决方案应是具体的、可行的，要说明做什么，为什么做，何时做，如何做以及由谁做等问题。要培养学生独立分析问题、解决问题的能力，案例教学就必须有一定的创新性。

第四章　游戏教学法

美国心理学家布鲁纳曾说过："最好的学习动力莫过于学生对所学知识有内在兴趣，而最能激发学生这种内在兴趣的莫过于游戏。"对于倡导寓教于乐的现代教育来说，游戏教学法无疑就是最好的教学方法。

第一节　游戏的概念及其特征

一、游戏的概念

一般认为，游戏伴动物而生，在动物世界里，游戏是各种动物熟悉生存环境、彼此相互了解、习练竞争技能，进而获得"天择"的一种本领活动。随着人类的诞生，游戏也被人类所创造，为了自身发展的需要创造出多种多样的游戏活动。游戏并非为娱乐而生，而是一个严肃的人类自发活动，负有生存技能培训和智力培养的目标。

柏拉图认为游戏满足了儿时的跳跃的需要。亚里士多德则认为游戏是非目的性的消遣和闲暇活动。总而言之，当时的游戏主要被看作一种本能的体验，是人类愉悦身心的最简单、最普遍的活动，是享乐主义的娱乐活动。

一直到康德（Kant）时代，游戏这一最古老、最平常的现象才开始进入理论思维的视野。康德在对"艺术"与"手工艺"比较的过程中提到了游戏，在康德看来，艺术是自由的，是一种令人愉快的事情，仿佛是一种游戏。手工艺是一种劳动，而劳动本身是一件不愉快的事情，只有通过它的报酬才有一些吸引力。尽管康德对游戏的研究是在讨论艺术创作的特征时附带提出来的，但是由于他将游戏与艺术联系在了一起，游戏的地位得到了提升。

受康德启发，人们逐渐对游戏这一现象开始重视，并开始从不同角度研究游戏。其中席勒（Schiller）将游戏分为两种：一种是无理性的生物的"自然的游戏"，另一种是兼具感性与理性的人的"审美的游戏"。前者为一切人和动物共同具有，后者为人所特有。在席勒看来，游戏状态（尤其是审美游戏）是一种自由与解放的真实体现，是感性与理性的和谐统一状态，在这个意义上，席勒提出了自己的名言："只有当人充分是人的时候，他才游戏；只有当人游戏的时候，他才完全是人。"由此可以看出，他把游戏当作一种人类的独特活动，并提高到了和动物相区别的"人之为人"的基本命题判断的层次上了。

除了席勒外，这一时期还有一些比较重要的观点：斯宾塞（Spencer）认为游戏就是要发泄过剩的精力；拉察鲁斯（Lazarus）认为游戏是一种放松，是为了从日常生活的疲倦中重获精力；谷鲁斯（Groos）认为游戏的驱动力来自天性，游戏是一种本能，是用来练习求生所需的技巧；霍尔（Hall）认为游戏是一种经验回溯，反映出人类的文化发展如特定年龄的儿童会呈现狩猫、野蛮、游牧、农耕和部落等不同阶段的行为。可以看出，这些观点主要是从生物学角度研究的，所以这些理论也常被称为游戏的生物理论或古典理论，这一时期也被称为游戏研究的古典时期。

自19世纪70年代以来，游戏理论的研究大约朝三个方向发展。一是心理学与教育学方向。这一方向对儿童游戏研究比较多，比较关注对象在儿童游戏中的使用，如何用游戏来进行心理治疗和如何用游戏来帮助学习，这一方向的代表人物有皮亚杰等人。二是文化学、人类学方向，这一方向的代表人物有Huizinga、Tylor等人。三是现象学、阐释学方向，这一方向的代表人物是Gadamer。

在以上研究中，颇具影响力的当属游戏研究先驱胡伊青加，他在《人，游戏者》（1938）一书中这样写道："人是游戏者，人类文明是在游戏中并作为游戏而产生和发展起来的""游戏是多于自然过程的东西，它是覆盖在自然之上的一朵鲜花、一种装饰、一件彩衣""游戏是存在于道德之外的，游戏本身既非善亦非恶"。Huizinga从文化学角度来研究游戏，这就一反西方在人和人性理解上的理性主义传统，强调人的游戏本质。此外，Huizinga还对游戏给出了一个颇为流行的比较全面的描述："游戏是一种自愿的活动或消遣，这一活动或消遣是在某一固定的时空内进行的，其规则是游戏者自愿接受的，但是又有绝对的约束力，游戏以自身为目的而又伴有一种紧张、愉快的情感以及对它'不同于日常生活'的意识。"

Huizinga更多强调的是一种社会性的有规则的群体游戏，而并不包括普通的玩或个体游戏。对此，图4-1清楚地说明了游戏（Game）和玩（Play）的关系。玩是一个更为宽泛的范围，分为自然的玩（Spontaneous play）和有组织的玩（Organized play）。其中有组织的玩称为游戏（Game），游戏又分为无竞争性（Non-comperitive games）的和有竞争性（Comperitive games）的。竞争性的称为比赛，如体育（Physical）比赛和智力（Intellectual）比赛等。

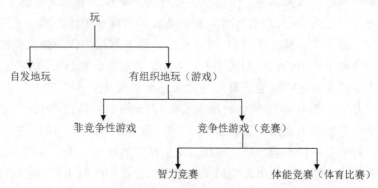

图 4-1　游戏（Game）和玩（Play）的关系

（数据源：http://www.britannica.com.）

对照图 4-1 和 Huizinga 的结论，可以看出他的定义更多是针对有组织的玩（Organized Play）进行的。据辞海定义，"游戏"是指以直接获得快感为主要目的，且必须有主体参与互动的活动。

二、游戏的特征

游戏具备自愿的、以自身为目的等特性。在此基础上，我们结合其他人的游戏理论系统归纳总结游戏的基本特性。

（一）自愿与自由

游戏的参与者通常是自愿参加的，而不是被强迫的。在 Huizinga 看来，"一切游戏都是一种自愿的活动，遵照命令的游戏已不再是游戏，它最多是对游戏的强制性模仿……儿童和动物之所以游戏，是因为它们喜欢玩耍，在这种'喜欢'中就有着它们的自愿，……对于成年人和富有责任感的人来说，游戏同样是一种他可以不予理会的功能，……它绝不是一桩任务"，因此 Huizinga 把游戏的自愿性当作游戏的首要条件。

此外，游戏具有自由的意识，在游戏中，人们不再为外在和社会的日常规矩和法律限制，可以尽情摆脱现实世界的限制，比如在游戏中一个人可以扮演英雄也可以扮演魔鬼；在现实生活中人们必须遵纪守法，而在游戏中却可以随意杀戮。Huizinga 认为游戏是事实上的自由。

（二）非实利性

游戏者并非有外在的奖励才会参与游戏，而是主要由内在动机驱动的，其内在动机源于主体内在的需要与愿望，虽然这种愿望会受到外部刺激、生理因素、社会条件等制约，但其动力却主要来自人们对活动本身的意愿、情感和兴趣。简而言之，游戏本身就是人们参与游戏的目的，而并不是其他什么现实生活中的实际利益。

这一点也就是 Huizinga 提到的无功利性（Disinterestedness），他认为游戏是作为一种在自身中得到满足并止于这种满足的短暂活动而插入生活的插曲。游戏也存在有用性，但是这种有用性和现实生活中的有用性是不同的，它是以别的方式而不是以获得生活必需品的方式做出的。比如在竞争类游戏中可能会导致对物质财富的掠夺，但归根结底是为了追求胜利满足，自我肯定和受到尊敬的心理需要才进行的。

当然，人们主观上的无功利性并不意味着游戏没有任何收益，比如儿童通过"无意"的游戏，促进了身体协调能力的发展，提高了记忆力、培养了创造性，帮助他们形成了勤奋、勇敢和自我牺牲的品质。

（三）佯信性

游戏是虚拟的，用 Huizinga 的话来说，就是游戏不是"日常的"或"真实的"生活，游戏者不需要为游戏中的结果在现实生活中承担什么责任。但这并不意味着游戏是不严肃的，游戏者总是以最大的严肃来从事游戏，即带着一种入迷并至少是暂时完全排除了那种使人困惑的"只是"意识。他们对游戏中的活动和结果都是非常严肃认真的，比如，玩象棋的人常常为了游戏中的一步棋而争执得不可开交，而不会因为它是虚拟的就随便对待。

对于这样的特性，Huizingn 用"假装性"来表述，用以反映游戏者对于自身活动持有的明知虚拟而又信以为真的态度，不过，也有学者提出"假装性"或"虚拟性"并不能很好地表述这种特性，而应该用"佯信性"才能更好地表述这种特性。

正是这种"虚报性"和"真实性"的混合使游戏充满了无穷的魅力，就好比做梦，当人们做了一个美梦的时候，人们宁愿相信这是真的，以便享受美梦的愉悦，但是当人们做了一个噩梦，人们马上会把它当成假的。

（四）规则性

游戏的自由性可以让人们在游戏中尽情摆脱现实世界的限制，但是这并不意味着游戏中没有规则，恰恰相反，一切游戏都是有规则的，只不过是特别为游戏制定的特定规则。比如，在最简单的"躲猫猫"游戏里，要求找人的一方先闭上眼睛，直到躲藏人躲好，喊"开始"才能睁开眼睛进行找寻。

Huizinga 认为，游戏的规则应该具有绝对权威性，不允许有丝毫的怀疑。因为一旦规则遭到破坏，整个游戏世界便会坍塌。生活中也常常可以看到这样的例子，几个人玩扑克牌，如果其中一个人不按规则出牌，这个游戏就无法进行下去了。

需要注意的是，游戏的规则性和自由性并不矛盾。因为如果没有自由，游戏在某种程度上就有可能异化为非游戏，变轻松为沉重，变快乐为枯燥。所以，正确的态度应该是在自由与规则之间保持适当的张力（平衡），使得规则和自由能得到高度的统一。

（五）封闭性

游戏之所以区别于日常的生活，既因为发生的时间，也因为发生的场所。从时间方面来说，游戏在某一时刻开始，然后在某一时刻结束，但是游戏又可以在任何时候被重复。一切游戏都是在一块从物质上或观念上、或有意地或理所当然地预先划出的游戏场地中进行并保持其存在的。简而言之，游戏是在一个封闭的被限定的时空内进行的。

第二节　游戏的动机理论

游戏的动机理论主要有需要动机理论、心流理论和内在动机理论等。

一、游戏的需要动机理论

著名心理学家马斯洛的人类的动机需要层次理论（见图4-2）根据人类需要的迫切程度，将需要分为类似于金字塔般的等级，从下到上依次为：生理需要、安全需要、爱和归属的需要、自尊的需要、自我实现的需要，此后又多次补充完善，增加了"认识和理解的需要、审美的需要"。在马斯洛的人类的动机需要层次理论里，人的需求可以按照先后顺序排成一个阶梯，人只有在满足低层次的需要后才会产生高层次的需要。

图4-2　人类的动机需要层次理论

如果用该理论阐述学生玩游戏的动机，可以看出游戏满足了不同学生的不同层次的需要。以网络游戏为例，在游戏中的攻击行为，在相当程度上满足了学生的生理需要；由于网络的匿名性，当学生在进行各种活动时满足了安全需要；学生通过互相帮助，组队打怪组团抗暴等活动，满足了爱与归属的需要；学生通过不断学习、练习技术，得到很高的分数，或者达到很高的级别，受到其他学生的赞赏和肯定，满足了自尊的需要；学生不断地向难度更高的游戏挑战，透过游戏实现梦想、开拓潜能，在虚拟游戏中满足自我实现的需要；通过在游戏中学习新的知识，满足了认识和理解的需要；在游戏中，学生可以改变自己的外形，使人物更加生动活泼，游戏内容更富情趣，从而满足了审美的需要。陈怡安认为，虽然学生在网络游戏中的需要可以在马斯洛的理论中找到对应和满足，但不一定是按照优先次序排成阶梯关系，需要层级的关系呈现不连续的发展，学生们在不同的窗口得到不同的需要满足。比如在一个窗口和敌人打杀，却和朋友在另一窗口中聊天。

游戏设计师 Richard 也曾结合人的需要和游戏特性来解释学生为什么如此喜欢游戏，他认为正是如下的需要决定了学生喜欢游戏：学生需要挑战、学生需要交流、学生需要炫耀的权利、学生需要情感体验、学生需要幻想，等等。

因此，教师在课程教学中设计游戏时，也不妨多考虑以上学生的需要。当游戏在教学的同时还满足以上的需要时，就能抓住学生的注意力和兴趣点。

二、游戏的心流理论

心理学家米哈里·齐克森米哈里（Mihaly Csikszentmihalyi）提出的"心流（Flow）"理论也被广泛应用在游戏的研究中。在有些文献中，常常将其翻译为"沉浸"。

所谓"心流"，是指一种将个人精神力完全投注在某种活动上的感觉，参与者被从事的活动深深吸引进去，意识被集中在一个非常窄的范围内，所有不相关的知觉和思想都被过滤掉，并且丧失了知觉，只对具体的目标和明确的反馈有感觉，几乎被环境所控制。心流产生时会有高度的兴奋及充实感。简单地说，心流就是一种当个人完全沉浸在一项活动中所产生的心理状态，个人因为自身的兴趣完全融入其中，专注在自身注意的事情上，并且丧失其他不相关的知觉，就好像被活动吸引进去一般，当个人产生这种心理现象时，我们即可称其为"心流"。

美国佛罗里达大学心理学家格雷戈里·韦伯斯特（Gregory Webster）等人的研究证明，心流能够给人带来快乐，并使人希望继续持续该活动。那么什么时候才能产生心流呢？他们认为，目标明确、具有立即回馈、挑战与能力相当的情况下，人的注意力会开始凝聚，逐渐进入心无旁骛的状态，就产生了"心流"。在传统活动中，爱好、运动和看电视等主动式休闲活动比较容易产生"心流"。

在"心流"理论中，技巧和挑战是两个非常重要的因素。如图 4-3 所示，当挑战远远高于技巧水平时，比如游戏者无论如何努力都不能完成某项任务时，游戏者就会开始变得焦虑（Anxiety）；当挑战远远低于游戏者的技巧水平时，游戏者就会觉得枯燥和单调，并进而对游戏产生厌倦情绪；只有当两者平衡的时候，才能进入真正的"心流"状态。因此，在游戏设计时要注意保持技巧和挑战的平衡，使他们互相促进，让参与者不知不觉间完成平时不可能完成的任务，并进一步肯定自我，从而促使参与者学习更新的技巧。

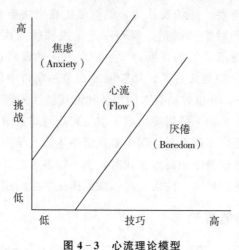

图 4-3　心流理论模型

资料来源：Csikszentmihalyi, M. (1975). *Beyond boredom and anxiety*, San Francisco: Jossey Bassm, p. 49.

由于游戏的技巧性和挑战性都非常强，所以非常容易让游戏者产生"心流"现象。陈怡安分析了学生们容易产生网络游戏上瘾的原因：网络游戏本身的独有特性造成学生们较容易产生心流经验：游戏中的角色扮演、趣味性、远距离感、操纵性、实时多人互动等特性。当学生完全进入游戏活动时，他们容易付出全部的心思，其他的思想完全被忽略。游戏带给学生成就感、满足感，并且产生一种充满乐趣的心理状态。

三、游戏的内在动机理论

在游戏中是什么因素使游戏者更容易满足不同的需要？在这方面，马隆（Malone）曾进行了非常细致和详尽的研究。早在 1980 年，他就提出吸引人们玩游戏的因素主要有幻想、挑战和好奇。随后他进行了一系列的实证研究，提出了一套完整的"内在动机（Intrinsic Motivations）"理论。该理论将内在动机分为个人动机和集体动机两类，个人动机包括挑战、好奇、控制和幻想，集体动机包括合作、竞争和尊重。

1. 挑战

挑战指的是游戏中存在恰当难度的目标和任务，如过关或升级等，能够激发游戏者的好胜心，促使游戏者去应对挑战、克服困难、战胜对手以赢得胜利。要增强挑战性，就要给游戏者明确的目标和不同难度的任务，并积极给予适当的反馈意见。

2. 好奇

好奇指的是应该根据游戏者当前的知识水平提供适当程度的复杂性和矛盾性，使学习者感到好奇。分为感官好奇和认知好奇两类，感官好奇可以通过音乐和图像来增强，认知好奇可以通过利用一些似是而非的不完整的观点或者简化的观点等教学设计技术来增强。

3. 控制

控制指的是游戏能够让游戏者感觉他能够决定和控制游戏中的活动。增强控制感，要求随时响应用户的操作，并给游戏者提供各种可能的选择，并且让游戏者感到有能力来决定操作的结果。

4. 幻想

适当的幻想可以极大增强游戏者的内在动机，这也是魔幻类网络游戏独领风骚的主要原因。要增强幻想性，在设计时就要注意游戏者情感方面的需求，在呈现材料时要适当使用比喻和类推。

5. 合作

合作指的是游戏者联合完成全部或某项任务。和他人的合作将有助于增强游戏者的内在动机，将活动分割成互相有联系的部分，将促进合作动机的产生。

6. 竞争

游戏者彼此之间的竞争有助于增强学习的内在动机。要想促进竞争动机的产生，可以创设一个环境让参与者的操作影响游戏中的其他人。

7. 尊重

尊重指的是游戏者的成就得到其他人的赞赏和认可，这也将大大增强学习的内在动机。

Malone认为，正是因为内在动机的存在，而非明显的外在报酬和鼓励，才使得人们对游戏乐此不疲。Amory等人认为，好奇是促使游戏者继续游戏的重要原因，游戏者总是希望知道什么样的行动会导致什么结果。因为游戏者总是希望能导致更好的结果，所以会乐此不疲地持续下去。

　　尚俊杰等人曾经做过一个关于网络游戏学生参与动机的实证研究。该研究以新浪网发布的 30 篇学生为"健康学生，健康游戏"大型有奖征文活动撰写的文章为例，采用量化研究中的词频分析方法和质化研究中的内容分析方法进行了深入分析，并参考了美国哈佛大学教授戴维·麦克利兰（David C. McClelland）等人提出的成就动机等理论，最后归纳出了一套完整的网络游戏的动机理论（见表 4-1）。

表 4-1　网络游戏学生参与动机

动机	说明
休闲娱乐动机	满足人们身心放松、休闲娱乐的需要，可细分为如下几种： 放松：满足身心放松、休闲的需要 快乐：满足人们追求快乐的本能需要
社会交往动机	满足人与人交往的需要，可分为如下几种： 交流：与其他学生进行语言、动作和情感的交流 情感：满足友情、爱情等感情的需要 结交朋友：满足结识更多的朋友，扩大社交面的需要 群体归属：加入行会等团体，满足归属感的需要 合作：与朋友或己方合作完成任务 竞争：与敌人或对手进行竞争 利他：满足帮助他人、助人为乐的需要 自尊：满足被人注意和尊重的需要
成就动机	满足人们争取成功，实现自我的需要
权力动机	满足人们希望影响或控制他人且不受他人控制的需要，可细分为如下几种： 影响：满足影响他人的需要 控制：满足控制他人的需要
逃避与刺激动机	满足人们逃避现实、发泄压力、追求刺激的需要，可细分为如下几种： 逃避：满足逃避学习、工作和生活压力的需要 发泄：满足发泄压力的需要 刺激：满足寻求冒险，追求心理刺激的需要
角色扮演动机	满足人们希望扮演另一个角色，以便体验另一种人生，更好地认识自我、想象自我的需要
深层动机	满足人们的好奇心、迎接挑战、战胜自我的深层需要，可细分为如下几种： 幻想：满足人们幻想的需要 好奇：满足人们对事物的感官好奇和认知好奇的需要 控制：满足人们能够决定或者控制游戏中的活动的需要 挑战：满足人们希望克服困难，战胜挑战的需要
其他动机	满足人们认知、赢利等其他方面的需要，可细分为如下几种： 认知：满足人们学习知识、开阔视野、提高能力的需要 赢利：满足人们获取外在经济报酬的需要

由于网络游戏一方面覆盖了多方面的动机，另一方面网络游戏的虚拟性、相对真实性、安全性、便捷性、相对廉价性与互动性等特点，比较容易激发以上动机，所以网络游戏相对于其他活动来说更容易吸引人。

在动机理论中，值得特别关注的是社会交往动机中的结交朋友。有关调查显示，纯粹娱乐、交朋友是网络游戏用户的主要目的，其所占比例依次为34.26％、28.88％，远远高于消遣时间、锻炼智力等其他目的。

在传统社会中，青少年渴望和其他人交往，而且倾向于和比自己年龄大的孩子一起玩，这样就可以从他们身上学到新的知识。但是由于学校采取班级的集体教学方式，使得青少年形成的团体受到地理情境的限制，一般只能和本班或附近的孩子形成团体。而网络游戏却给青少年提供了一个新的突破地理限制、年龄限制、性别限制的交友方式，在其中可以结交来自世界各地、来自不同领域、不同年龄、不同身份的朋友。网络游戏使交友更加容易，但是与朋友的互动也容易使学生成瘾现象上升，即使想离开游戏也由于受团体的约束而不是很容易。

这些都给教师设计游戏以启示，使教师在设计游戏时尽量激发学习者的学习动机。

第三节　游戏的教育应用价值

人们曾经长期对游戏抱着并不完全正确的态度，但是游戏与教育的联系从来就没有中断过。

一、教育游戏的定义

20世纪80年代出现了教育游戏这个名词，美国一些学者开始研究电视游戏教育价值。随后，一些学者对游戏的教育功能以及游戏在教育中的应用进行了研究。随着电脑游戏的普及，我国对教育游戏的认识和研究逐渐起步并呈现蓬勃发展之势。

关于教育游戏的定义并没有统一明确的说法，但在教育游戏这个名词出现之前，有几个表达了跟教育游戏类似内涵的名词，比如：

①严肃游戏。严肃游戏是视频和计算机游戏的一种，其目的并非普通游戏的娱乐，而是训练与教育。严肃游戏通常具有游戏的外观与感觉，是对现实事件或过程的模拟。

②寓教于乐。即把教育融于娱乐的活动当中，这种活动不只是游戏，它存在多种形式，如寓教于旅游观光、体育运动、文化生活等。寓教于乐的目的是让人们在享受娱乐活动的过程中，伴有知识学习或情感升华，知识学习只是娱

乐活动的附属产品。

③轻游戏。相当于教育软件和主流游戏的内在动机的联合。"严肃游戏"和"轻游戏"的定义范畴非常明确，即专门用于教育而不是普通的娱乐目的所开发的游戏产品或软件。

近几年来，国内外一些学者都尝试对教育游戏进行定义。比如有学者把它定义为：教育游戏是把游戏中有利于引起学习者兴趣、增加学习者关注的因素引入教育软件中，是一种带有趣味性的学习软件。有专家把它定义为：教育游戏是专门为教育开发的计算机游戏。还有专家认为：教育游戏是带有教育意义的游戏，是教育与游戏的合成物，能够引起学习动机并且能够产生学习效果。

尽管对"教育游戏"的定义存在不同的理解，但这些游戏都可以用于教育或者学习当中。本书基于作者对教育游戏的如下理解：教育游戏具有教育和娱乐目的，是为游戏者提供一定教育内容的游戏，游戏者可在游戏中学习。教育游戏可以是专门为教育设计、开发的游戏，也可以是具有教育应用价值的商业游戏。

二、教育游戏的特征

教育游戏是将教育性和游戏性融合在一起的混合物，其属性可以从目标性、规则性、策略性、自由性和娱乐性五个方面来归纳。具体来说，教育游戏应该具备如下几个特征。

第一，带有教育目的或学习目标。

第二，兼有虚拟性和真实性。教育游戏作为一种游戏也具有虚拟性，它的情景是虚拟的，学生在游戏中获得的奖励和惩罚常常也是不真实的，然而它所包含的知识和原理却是真实的，如果教育游戏包含的知识和原理与现实世界相违背，就不具有教育的特性。

第三，规则性。这些规则创造了教育游戏世界中的秩序，教育游戏中的规则可以是现实中的知识原理，也可以是对游戏操作的描述，学生在游戏中要遵守明确的规则，并通过对规则的学习和掌握更好地进行游戏化学习。

第四，竞争性与挑战性。这种竞争和挑战可以激发学习者的内部需要，转化为游戏过程中促使学生产生学习动机。

第五，娱乐性。教育游戏利用游戏的娱乐性来提高学习兴趣，并使游戏者在游戏过程中达到特定的学习目的。

三、游戏的教育价值

亚里士多德认为游戏是 7 岁半以前儿童教育的一种方法；夸美纽斯指出游戏可以使儿童自寻其乐，并可锻炼其身体的健康、精神的活泼和各种肢体的敏捷。Piaget 认为游戏具有发展智力的功能，儿童在游戏中可以通过同化和顺应过程来与外界达到情感和智慧的平衡。他认为，儿童的游戏发展阶段和智力发展阶段是一致的，并将儿童的游戏发展分为三个阶段，即感知运动游戏阶段、象征性游戏阶段、规则性游戏阶段。儿童通过游戏满足对外界的好奇心和探索欲望，因此可以说：认知产生了游戏，游戏促进了认知。

游戏化学习指利用游戏或游戏元素、游戏理念来帮助学习者学习。教育游戏指具有教育意义的游戏。总体来说，当游戏用于教育时，游戏具有如下教育应用价值。

（一）激发学习兴趣与动机

兴趣是影响孩子学习动力的主要因素，孩子的天性就是喜欢玩闹，容易好奇，心性活跃。有些知识的学习容易让学生感到枯燥或者晦涩难懂，所以寓教于乐是提高教学趣味性的有效办法。游戏能够将学生从枯燥的课本学习转到虚拟的生活情境当中来，并且加入了很多激发学生动机的因素，通过画面、故事情节的有效整合，能够激发学习者的学习动机，提高学习兴趣。

在游戏教学法中，教师在课堂上通过设计游戏环节使学生积极主动地参与到课堂教学游戏中来，让学生最大限度地获得知识和学习能力，从而有效地提高课堂效率。

（二）促进知识的学习

青年学生正处于探索知识的阶段，他们的思想并不是那么成熟，而且由于经历有限，导致他们在学习一些知识的时候比较难以理解和掌握，因此许多学生的学习效果并不理想，学习提升度不高，这也打击了学生对学习的自信心。

通过寓教于乐的方式展现知识可以产生肌肉记忆，更有益于学生的理解。将游戏融入知识教学可以加深学生对知识的理解能力。首先，游戏是学生喜欢的形式，在游戏中表达知识是学生乐于接受的一种教学形式。学生通过一系列的研究方案来讨论如何在游戏中更好地表现自己，在讨论方案或者预演的过程中，学生对知识的应用能力也得到了提高。

（三）培养问题解决能力

与知识相比，游戏中的能力是人们更为关注的。游戏往往充满了挑战性，每种游戏都需要大家综合各种信息，千方百计地解决问题、完成任务。许多专家认为游戏可以提高学生的逻辑性思维和解决问题能力。而教师也认为游戏可以发展学生的解决问题能力、自主学习能力、演绎能力和记忆能力，另外在游戏化的学习环境中，分组协作学习和任务驱动学习可以很容易地实施。

通过实验研究发现，随着游戏经验不断积累，学生逐渐开始使用目标策略来解决问题，游戏化的学习环境有助于问题解决能力的训练。然而并不是所有的游戏都适合所有的学习情境和知识类型，一些冒险类游戏给学习者提供了开放的结局，这对验证问题、假设和提高问题解决能力很有帮助。

同时，游戏还有助于培养学生合作学习的能力。游戏提供了一种和别人交往的机会，如果让学习者参与到教育游戏的设计与开发当中，无疑给了学生提高解决问题能力和培养合作学习能力的机会。

（四）促进情感态度价值观的培养

从某种程度上说，培养一个人对社会、对他人的责任感，对事物的正确态度和正确的人生观比培养知识和能力更为重要，这也是为什么当今我国教育界大力提倡"思政教育"的原因。"思政教育"把生命教育、价值教育和公民教育等当作重要内容，希望帮助学生建立个人的价值观，并且加以反思，使他们能够做出正确的决策和判断，最终成为对社会、国家和世界有用和负责的人。

在这一个目标上，游戏展示了得天独厚的优势，因为它可以将一些教育理念融入故事中，使同学在不知不觉中接受教育。事实上，游戏创作无论从主题、形式到表现手法都脱离不开时代背景，而且源于现实世界，折射了某个时代的生活。

其次，它能激发学生的竞争意识。有些教学游戏具有很强的竞争性，比如淘汰游戏和知识竞赛。在比赛中，每个学生都急速地开动脑筋，尽力做到最好，以求自己或者本组能得到好成绩。这种竞争意识可以培养学生不服输、敢于向困难挑战的精神。

另外，学生在积极参与游戏的过程中，会不自觉地加强组织和纪律观念，培养合作意识和集体荣誉感。

（五）提供体验学习的机会

体验学习是综合实践活动课程当中非常推崇的一种学习方式，倡导学生的亲身经历，要求学生积极参与探究、实践、考察、服务、反思等一系列活动，参与到问题探究、社区服务中，获得丰富的生活体验，以增长社会经验。

然而由于时间和地理条件的限制和考试的压力，在学习过程中，学生很少有机会参与到体验学习中来。尤其是出于安全的考虑，很多体验活动都被限制在较小的范围内。而利用教育游戏可以创设出很多近似真实的情境，并可以任意去除添加因素，还可以替代很多危险场景。在游戏中，学生从自己的经验和个性出发，通过扮演不同的角色，体验到不同的经历，并运用智慧不停地解决问题，或者与同伴合作完成某个任务。

我们可以得出结论：在一些课程中，我们可以大胆地把课堂游戏引入教学课堂，提高学生上课的积极性和趣味性，让学生在游戏中学习知识、体会知识、消化知识，这样能取得非常好的教学效果。但是在游戏教学中一定要设置好游戏教学目标。明确教学目标，是选择合适的课堂教学游戏的第一步，是确定游戏规则、评价和改进教学效果的前提。同时，教学目标的设置还必须与教学大纲相符合，与人才培养方案相符合，与教学内容高度相关，只有符合以上要求，才能形成体验学习的有机整体。

第四节　游戏教学法的原则

结合游戏与教育游戏的概念，我们认为游戏教学法是以游戏的形式教学，使学生在轻松的氛围中，在欢快的活动中，甚至在激烈的竞争中，不知不觉地学到知识的教学方法。简单地说，游戏教学法就是将"游戏"与"教学"两者巧妙地结合在一起，从而引起学生学习兴趣的教学方法。

有些课程具有较强的理论性和实践性，传统教学法会使学生很难理解该门课程的知识点，从而造成学习积极性下降。游戏教学由于具有趣味性和竞争性，能够有效提升学生学习积极性，增强学习效果。教师在进行游戏法教学的时候要记住一些运用原则才能充分发挥这种教学法的真正功能。

一、根据学生的特征和喜好选择游戏

要求学生在游戏中体会到课程中相关理论知识的内涵和运用方式，需要对游戏进行慎重的选择。学生对较高难度的沟通学习兴趣本身就较低，加之基础又相对薄弱，所以在选择游戏时，要考虑该游戏是否有趣味并能成功调动学生的学习积极性，同时还要考虑到游戏的竞争性。最好选择趣味性和竞争性很好相结合的游戏，单一的竞争性会使一些学生望而生畏，单一的趣味性会使一些学生觉得没有挑战性，此外，不要重复选择同一种游戏，经常变换游戏方式有利于调动学生们的积极性和参与热情，激发学生们的学习兴趣。

二、游戏的开展应有目的性

游戏是为教学服务的，必须与教学内容密切相关。在设计游戏时，要充分考虑本课的教学重难点和其他教学要求，围绕教学目的来设计游戏。

比如撕纸游戏，操作程序如下：

1. 给每位学生发一张纸。

2. 老师发出指令：大家闭上眼睛，全过程不许提问；把纸对折，再对折，继续对折；把右下部分撕下来；把纸旋转180°，把左上部分撕下来；睁开眼睛，把纸打开。

结束后要求大家与周围的同学对比各自手中纸的形状，并讨论为什么会有不同的结果。

这个游戏是要大家深刻体会沟通效果。

首先是沟通过程的影响：编码与译码的不一致，还有噪声的影响等都能影响沟通的效果。

其次是沟通类型的影响：单向的沟通方式，听者总是见仁见智，每个人按照自己的理解来行事，通常会出现很大的差异。

这种游戏参与的学生多，可以很好地理解以上知识，同时，轻松的游戏替代了枯燥的讲解，大脑皮层的兴奋区得到了调整，比单纯的讲解效果好得多。这种游戏的目的性很强，学生参与面也很广，练习也比较充分。

三、游戏的开展要有一定启发性

在教学中使用游戏既是为了学习，巩固所学知识、活跃课堂气氛，同时也应在游戏中开发学生智力、培养能力。教师可以设计一些富有创造性、挑战性的游戏，如发散性思维游戏就是培养学生想象力和创造力。学生可以围绕森林、电视机甚至数字 0 等展开想象，大胆发挥自己的想象力来猜，运用自己所学知识来表达。

启发性还体现在教师对游戏难度的把握，特别是对那些学习较后进的学生，可以通过游戏来激发他们的学习兴趣，让他们参与到游戏中来。在游戏中教师可以适当地给他们一些提示，鼓励他们在游戏中获胜，培养他们的自信心和参与意识。对于先进步的学生，则要让游戏有一定的难度，要让他们跳起来"摘桃子"。这样因材施教，面向全体学生，使每一个学生都有所收获，都能进步，得到发展。

四、游戏的准备务必考虑周全

在正式进行游戏前，教师要把游戏进行的场地确定好，并把游戏的说明资料、需要的道具等准备好。另外，教师需要对游戏过程非常熟悉，考虑好在游戏中有可能出现的突发事件，以便及时应对。

五、需要严格遵循规范的实施程序

规范的实施程序、严谨的实施步骤以及阶段化的实施重点能保证学生们在游戏过程中兴趣盎然又不失纪律性。游戏过程中，要求各小组严格按照游戏规则操作，公平竞争，一旦出现违反游戏规则的行为，就需要淘汰或重新开始。游戏过程中，教师要营造出良好的游戏环境和积极向上的游戏氛围，比如可以播放一些具有激励作用的歌曲，或是利用言语进行鼓励。游戏结束时，教师应抛砖引玉，引导学生分享游戏的收获。此外，要及时公布游戏结果，并给予获胜者物质或者其他奖励。

竞争性游戏尤其要严格遵守时间限制，时间一到就要结束游戏，收集结果。一轮游戏结束后，马上计算每组总得分并评出胜负。首先让小组成员分析成败原因并分享感悟，教师再根据观察到的现场表现和得分结果进行分析、提炼和总结。

六、游戏设置应多样性

随着我国科技的不断进步，在多媒体互联网极速发达的背景下，学生在日常生活中接触到丰富多彩、有趣诙谐的游戏，并在不同类型的游戏中体会到了高度的刺激和乐趣，因此，也有部分学生对老师设计的游戏不太感兴趣。另外，尽管学生对玩游戏都有很高的兴趣，但每个人的喜好都是存在差异性的，教师设计的游戏不可能尽善尽美地让每个学生都喜欢。

为了达到提高课堂效率的目标，教师要在设计游戏时充分学习，发散自己的思维，将游戏设置得丰富且多样化，以争取提高学生的参与度。同时在游戏的基础上分小组进行比赛，设立有奖机制，促进学生的参与动力和学习动力。

七、游戏的使用度要合理

游戏虽然在一定程度上能激发学生的学习积极性并让学生从中受到启发，但是并不是所有的知识点都适合用游戏法教学。教师在进行课程设计时，要考虑哪些知识点适合用游戏教学，要充分考虑游戏的各个环节以保证其在整个课堂的比例不会太高，因为游戏教学只是辅助传统教学的一种教学方法，它的存在是为了提高学生听课的积极性和深入理解知识点，游戏结束后的问题与思考，或者教师引导大家说出的游戏目标和游戏总评才是更重要的，只有这样才能将游戏与教学真正完美地融合在一起，从而确保游戏教学法的作用。

同时不能让游戏偏离教学目标，那样会影响课堂设立游戏的教学初衷。同时也不能因为畏惧而把游戏时间设计得太短，这样会使学生还没进入状态游戏就结束了，起不到激发学生学习兴趣的作用。因此教师在设置游戏教学过程中，需要正确地把握课堂游戏时间，最好用 1/3 的时间来进行游戏环节。所以，教师在课堂教学中如何把握游戏的时间与节奏是值得重视的问题，只有正确的游戏才能让学生有效地提升学习效率。总之，要根据教材内容合理安排游戏法教学，并且让每个学生积极参与到游戏中，在游戏中获得快乐的同时，提升对学习的兴趣并取得良好的学习效果。

第五章 沟通课程"全微案例＋游戏"教学设计

单纯地从教学和设计的角度来看，教学设计可以被看作为了使学生实现有效的学习而预先对教学所进行的决策活动。为促进学习和绩效提高，分析、计划、实施、评价、修改教学系统中诸要素的系统过程称为教学设计。教学设计是实现教学目标的计划性和决策性活动，具有很强的导向和指导作用。教学设计具有理论性、科学性、系统性和可操作性的特点，是一种计划过程和操作过程，运用已知的教学规律去创造性地解决教学中的问题，具有很强的实用价值和深远的应用意义。教学改革的基础是进行教学设计，只有充分做好教学设计，教学改革才有可能成功。我们的沟通课程想要提升教学魅力、提高教学效果，也毫无例外地要先从教学设计开始。

第一节 教学设计与理论基础

如何进行成功的教学设计？梅瑞尔认为教学是一门科学，而教学设计是建立在科学基础上的技术，因而教学设计也可以被认为是科学型的技术。专家学者比较认同的是：以科学的理论为基础，以科学的方法为手段是教学设计成功的关键。

那么，什么是教学设计的理论基础，怎样依据这些理论进行科学的教学设计呢？教学设计是对教和学的双边活动进行设计，以人类学习的心理机制为依据探索教学机制，建立教学理论与程序，以便能合理规划和安排教学全过程。所以教学设计以有关人的心理机制的科学和教学科学为理论基础。教学设计是一个复杂的过程，要想获得成功的教学设计，需要以系统科学为行为指导，系统科学是进行成功的教学设计不可缺少的条件。

一、学习心理学与教学设计

心理学是以科学的方法研究人和动物心理和行为的科学。了解和探索人类自身心理和行为发生、发展的规律，是心理学最重要的任务之一。心理学研究的主要内容包括意识、认知、情绪以及智力、能力、人格和社会行为等心理现象。

19世纪末，心理学从哲学中脱离出来成为一门独立的学科。心理学经历了几个发展阶段，形成了许多从不同角度研究心理学和行为的分支学科。基础学科有实验心理学、发展心理学、认知心理学、生物（生理、生物化学、神经学）心理学、社会心理学等。应用学科较为广泛，有教育心理学、医学心理学、工程心理学、人工智能、管理心理学等。当代学习心理学存在三大学派，分别是行为主义学派、认知主义学派、人本主义学派，它们对学习的实质、过程、规律及其与心理发展的关系有着侧重点不同的影响。

其中，学习心理学对教学设计的影响比较大，被认为是教学设计理论基础的主流。心理学广阔的研究领域对教学设计有借鉴和支持作用，比如情绪、焦虑水平等都是教学设计中必须考虑的因素，因此把心理学作为教学设计的理论基础。

学习心理学是探究人类学习的本质及其形成机制的心理学理论，而教学设计是为学习创造环境，根据学习者的需要设计不同的教学计划，在充分发挥人类潜力的基础上促进人类潜力进一步发展。所以教学设计必须以学习理论作为理论基础，广泛了解人类学习及其他行为。

二、教学理论与教学设计

教学理论是为解决教学问题而研究教学一般规律的科学。教学设计是科学地解决教学问题、提出解决方法的过程。为解决好教学问题就必须遵循和应用教学客观规律，因此，教学设计离不开教学理论。

（一）教学理论的发展过程

在我国，以古代孔孟为代表的儒家教学思想中对教学的方法以及教和学的关系的论述影响至今。如孔子的"循循善诱""因材施教"的教学法，"多闻""多见""学而不思则罔，思而不学则殆""举一反三"的学习法；孟子的"自得""循序渐进""专心有恒"；宋朝朱熹的立志、自学以及学、问、思、辨、行相结合的学习方法；《学记》中提出的"教学相长"的教与学的关系，"及时施教""启发诱导""长善救失"等教学原则和"问答法""练习法""讲解法"等教学方法。近现代时期，一些进步思想家和教育家如梁启超、蔡元培、徐特立、陈鹤琴等，提出了发挥儿童的主观能动性，培养儿童独立学习能力的主张，对今天我们强调从学生出发和进行学习者分析很有启迪。

在国外，苏格拉底、柏拉图、西塞罗和昆体良就提出并使用了问答法、对话法、练习法等教学方法，从而出现了教学理论的萌芽。夸美纽斯在总结和发展前人的教学理论基础上，提出了"自然适应性原则"，认为教学要按照教学的法则来进行，他把教学原理划分为直观原理、活动原理、兴趣与自发原理，强调教学要建立在这些原理之上。赫尔巴特把教学建立在实践哲学和心理学基础上，提出：教育学是一门科学，是以实践哲学和心理学为基础的，前者指明了教育、教学的目的，后者说明了教育的途径、手段与方法。赫尔巴特的理论经过他的学生的整理最终形成了早期的五段教学论，影响了世界的教学进程。在赫尔巴特之后教学理论开始以两种取向发展，一种是以哲学取向的教学理论，另一种是以心理学取向的教学科学理论。

这两种理论并不是对立的，而是各有侧重点，它们共同统合于教学理论。只有统合的教学理论才能为教学设计的发展指明方向（哲学层面的教学理论），促使教学设计更有效（科学层面的教学理论）。

学习心理学揭示了人类学习的本质和心理机制，揭示了教学这个双边活动中学习的主要机制。但是，仅仅是学习心理学的应用是不能对教学产生很好效果的，行为主义心理学曾经试图直接以理论为基础论述改善教学，最终遭遇了失败。

教学设计在行为主义学习心理学及其应用中产生，就目前来说，所形成的教学设计模式依然带有大量的行为主义色彩。行为主义学习心理学是教学设计理论的重点；认知学习心理学揭示了学习的内部过程（信息加工过程、认知结构发展过程等），强调了学习者内部认知的作用，为教学设计提供了新的参考因素。

（二）教学理论与教学设计的关系

通过对国内外大量资料的研究和实践，人们发现和揭示了许多教学过程具有稳定性和普适性的内在关系和客观规律。但传统教学理论研究不能完全反映教学的整个过程，甚至心理取向的教学理论也难以避开这个问题，这些理论的推广和应用实践的观点很容易落入局部应用，忽视整个教学过程的平衡。为了克服教学理论研究和应用中的这种不良倾向，促进学生个性的全面发展，提高教学效果，巴班斯在 20 世纪 60 年代初将一般系统论引入教学领域，开始了一项新的研究，教学设计应运而生，将教学理论研究的重要范畴，即教师、学生、教学目的、教学任务、教学内容、教学形式、教学方法和教学原则等纳入系统的形式进行考察、研究和应用。

教学设计必须有教学理论作为基础，否则就像无水之鱼。在系统科学的指导下，教学系统被划分为若干个子系统，即教学系统的要素。教学理论揭示了各个子系统的相关原理，使教学设计者能够对各个子系统有深刻的认识，做出科学的判断。教学设计对教学系统各子系统的整合，也是教学理论揭示的教学系统的结构和运动规律。

有些学者认为："教学理论与教学设计二者讨论的是同一个对象，即二者的研究对象相同，是性质上的低层次重复和名词概念上的混同与歧义"，实际上教学设计和教学理论是两个不同的研究领域。

教学设计和教学理论的本质不同。教学理论是研究教学的本质和教学规律的理论性学科，同时它通过教学本质与规律的认识确定优化学习的教学条件与方法，是一种描述性理论体系。教学设计本身并不研究教学的本质和教学的一般规律，它只是在教学理论和教学设计学习心理科学的指导下，运用系统方法对教学的各个环节进行设计与计划，是一种规定性理论。

教学设计理论是在教学理论研究的基础上，借鉴教学理论关于"教学是什么"，在教学的本质、规律的基础上，把教学理论合理地整合在一起，使教学有效进行的理论体系。如果没有教学理论揭示的教学规律、教学原理，教学设计就不能有效进行。

三、系统科学与教学设计

系统科学出现于第二次世界大战前后，系统及其机制为其研究对象，它是研究系统工程类型，一般系统的性质和运动规律的科学，包括系统理论、信息理论、控制论等基本理论，系统工程等应用学科以及最近发展自组织理论。它具有交叉科学的性质，不同于以往的结构科学（以研究"事物"为中心）和进化科学（以研究"过程"为中心）。系统科学是现代科学向系统多样化、复杂发展的必然产物，它对现代科学技术、哲学和社会科学的发展具有重要意义，为人们认识世界和改造世界提供了一种富有成效的现代化新工具。

（一）教学设计是系统科学在教学领域的应用

教学设计是一种涉及人的因素的活动，最终目标是改变人。也就是说，教学设计中最重要的因素是人。然而，人是最复杂的系统，对人的研究还处于探索的过程中，这使得人际交往教学过程的研究因教学设计而变得复杂。心理科学和教学科学作为教学设计的理论基础，已经取得了大量的研究成果，如何协调这些原则并将其整合在一起，成为人们研究的对象。

系统科学认为系统是一个具有特定功能的有机整体，是由若干相互作用、相互依存的部分组成的。世界上一切事物、现象、过程都是有机的整体，它们形成自己的系统，并相互作用。一个系统及其周围环境构成一个更大的系统，系统的各个组成部分可以看作子系统。系统科学为复杂性研究提供了科学基础。

在 20 世纪五六十年代，系统科学方法被广泛应用到美国军事、工业、商业和空间技术等诸多领域。在这些成功应用的推动下，系统方法在教育中也得到了重视。教育技术研究者致力于系统方法在教学实践中的应用研究，形成了教学系统方法，并将其应用到各级教学系统的设计中，建立了教学设计的理论和方法。

教学设计就是把教育和教学本身作为一个整体来审视。在这一系统思想的指导下，教育教学组织被看作为了达到一定的教育教学目的，体现一定的教育教学功能的教育系统或教学系统。例如，学校既是教育系统，又是社会系统的一个子系统。社会需要学校进行人才教育，提供教育资源（如师资、教材、设备、设施等），学校系统则通过各种教育工作把学生培养成社会所需的人才。学校系统通过反馈信息进行调整，保持社会系统的动态稳定。教学系统是教育系统的一个子系统，它可以指一个学校的整体教学工作，也可以指一门课程、一个单元或一节课的教学，也可以指为达到教学目的而组织的机构和方法。教学系统作为在执行控制下的教学信息传递过程，由教师、学生（人员要素）、课程（教学信息要素）和教学条件（物质要素）四个基本要素构成了系统的空间结构。教学目标、教学内容、教学方法、教学媒介、教学组织形式、学习成果等过程要素构成了一个系统的时间结构。这些要素相互作用、相互依存、相互制约，构成了系统输入与输出之间复杂的运行过程，也称为教学过程。

对于包含各要素的复杂教学系统，如何对各要素进行全面调查、协调和控制，使系统顺利运行并完成系统功能？其有效方法是掌握系统方法。系统方法是运用系统论的观点和方法来研究和处理各种系统问题而形成的方法，即根据事物的系统性，以系统的形式考察对象的方法。它注重对系统的整体分析，从系统各要素之间的关系和相互作用中找出系统的规律，为解决复杂系统问题提供步骤、程序和方法。系统方法的方法体系和结构由解决问题方案的优化选择技术、问题解决策略优化技术以及评价调控技术等组成。

教学设计是将教学系统作为一个整体进行设计、实施和评价，使其成为一个功能最优的教学系统。在系统科学指导下的教学设计以学习需要开始，在确定学习的需要、分析学生的基础、学习内容和各种教学策略的基础上，通过系统来确定教学策略，在实施的过程中形成总结性评价后，通过教学系统的设计来满足学习者的学习需要，促进学习者的发展。

在教学设计实施的过程中，各种分析技术是教学设计成功的保证。在系统科学的指导下，教学设计将教学系统的要素划分为整个教学系统的各个子系统，通过对各个子系统的分析和研究，得出教学设计成功的条件。通过系统和科学的方法对这些子系统进行综合分析，以获得"1+1>2"的效果。

根据以往教学设计的经验，人们对应用系统方法的设计过程进行了建模，并给出了实施系统方法的具体操作步骤和技巧。通过人们的实践研究，系统科学在教学领域的应用取得了成功。当今，几乎所有的教学设计模式都是采用系统科学方法构建，教学设计和教学系统设计被视为同义词。

（二）系统科学的发展带动了教学设计的发展

随着系统科学的发展，教学设计有了诸多新的发展空间。可以说系统科学的完善和发展直接影响了教学设计的完善和发展。

教学设计大量地借用了系统论、信息论、控制论这三种理论，在形成的教学设计模式中关注各种信息（学习者的信息、学习需要的信息、教学信息等）的流程、教学的控制功能，以及强调线性流程和外部控制作用。

耗散结构理论、协同理论和混沌理论作为系统科学的新发展，给教学设计带来了新的发展空间。新系统理论，强调非线性、不可预测性，这一理论有助于改善长期存在于教学设计领域的线性控制，提高教学设计的线性思维，扩展了教学设计理论。然而，当前教学设计理论还没有把系统科学的新进展有效地渗透到教学设计中，教学设计的非线性研究仍在探索中。

四、信息加工理论与教学设计

有学者把信息加工看作抽象的集合概念，比如美国哥伦比亚大学的两位学者乔伊斯和威尔将信息加工描述为"……人们接受来自环境的刺激，组织材料、发现问题、形成概念和解决问题，以及运用言语和非言语符号的方式"。信息加工就是以通过分析周围世界的信息面获得知识为中心，以智力发展为目的，知识的获得和智力的发展都是通过学生积极介入他们的环境来实现的。由此可见，运用信息加工理论指导教学设计，既是为了帮助学生获得大量有用的信息，又是为了帮助学生发展思维技能。

现代认知心理学认为，学习是通过一系列内在的心理活动，对外来信息或已有信息进行持续加工的过程，包括信息的输入、加工、输出和反馈等环节。其中，信息的"输入—输出"环节的基本功能是实现信息的变换，使外来信息得以接收、加工、储存和提取，这一环节的基本心理活动是各种形式或层次的编码与译码活动。反馈环节的作用是控制学习，通过将输出信息的结果与原始目标进行比较，可以检验学习效果，或者对信息进行重新输入、再加工或再输出，使学习达到预期的效果。

学习信息加工理论把学习者看作环境的主体，学习者不是被动地接受刺激或奖罚。学习的信息处理观强调，学习很少是偶发性的，相反，它直接指向一个有意识的或未意识到的目的；学习是一个人主动完成的，学生通常会主动参与，试图使他更好地了解环境。正如皮亚杰所指出的，认知发展是环境和学生认知结构相互作用的结果。前者是特定时空条件下影响个体的激励之和。后者是个体在一定时期内的有组织认知的总和。当学生能够理解和应对环境时，就会在不改变认知结构的情况下进行信息加工。相反，信息加工会改变他的认知结构，使其适应新的环境。

加涅的学习信息加工模型已被心理学领域广泛接受。它从宏观的角度描述了学习的一般过程，但没有讨论每个阶段的具体细节。上述信息加工理论为教学设计提供了依据和方向。学习过程和教学过程毕竟是复杂的，人们在各自的实践中积累的经验不尽相同，这些不同的经验通过总结和提炼，又形成了多种多样的信息加工的教学设计模式。

第二节　信息化环境下的教学设计

一、信息化环境下的教学设计含义

随着信息技术与课程的整合不断深入，教学方式和学习方式都已发生变革，教学设计的重点也随之转向了信息化环境下的教学设计。南国农教授提出，信息化环境下的教学设计又称为信息化教学设计，是充分利用现代信息技术和信息资源，科学安排教学过程的各个环节和要素，为学生提供良好的信息化学习条件，实现教学过程最优化的系统方法，其目的在于培养学生的信息素养、创新精神和综合能力，从而增强学生的学习能力，提高学生的学业成就，并使他们最终成为具有信息处理能力的、主动的终身学生。

信息化环境下的教学设计需要改变传统以教师为主导的讲授型教学、单一学科和脱离情境的封闭型教学、学习环境单一等缺陷，使得教学活动更为多样化，教学内容更为丰富。

二、信息化环境下的教学设计新要求

基于人本主义、认知主义而发展起来的现代教学理论，以及基于建构主义、联通主义而发展起来的现代学习理论，对信息化环境下的教学设计提出了新要求。

（一）要求以学生为中心组织教学活动

人本主义学习理论强调以学生为本，注重信息技术运用过程中自主学习的设计，注重激发学生的学习动机和学习主动性，促进学生之间的协作。

在传统的教学设计里，教师常常处于主体位置，学生作为学习主体的能动性往往不被重视。而信息化教学设计引导学生参与教学目标的拟定、学习过程的设计、学习过程和学习结果的评价，强调学生的情感体现与学习的自主性。在信息化教学中，教师通过帮助学生获得、解释、组织和转换大量的信息，以促进学生的知识内化并解决实际生活中的问题。

总之，在信息化教学设计的各个元素（包括教师学生、媒体、内容等）中，学生是处于教学中心地位的，其他各元素的存在都要为这一中心服务。

（二）强调学生的主体地位

只有关注培养学生的知识和能力，重视学生的情感与态度，实现教学中的学生主体地位。

认知学习理论强调，学生认知结构的形成和发展是通过积极主动的内部信息加工活动来实现的，信息技术的应用则可以促进这一过程的实现。在信息化教学设计中，最能体现这一思想的就是问题驱动教学法。该教学法提倡在学习情境中设置问题或者任务，确定学生活动的主题。这样，学习活动就有了明确的任务与目的，学生知道为什么学或做。这些问题或者任务要隐含所要学习的新知识，贯穿学习活动的始末，数量可以是一个或者多个。学生在教师的指导和帮助下，围绕共同的任务活动，通过对问题的分析、与他人讨论，找出新旧知识的联系，并找出解决问题的方法，最后实现对所学知识的建构。

（三）以提升学习兴趣为目标

建构主义学习理论认为，学习不是被动地接受，而是主动地建构。因此，教学设计应注重创设学习情境，采用教师起主导作用与学生居主体地位相结合的方式，强调协作、会话和知识的意义建构。建构主义学习理论的四要素包括情境、协作、会话、意义建构。其中，情境是教学设计的新要求，协作发生在学习过程的始终，会话是协作过程中不可缺少的环节，意义建构是整个学习过程的最终目标。

通过现代信息技术获取的学习资源和学习工具可以让现实中的情境打破时空的限制，移植到课堂中，为学生创设与当前学习主题相关的情境，适当地抛给学生具有驱动性的问题或者任务，更好地激发学生的学习动机。同时在整个学习过程中，引导学生们相互协作，通过会话的方式商讨如何完成规定的学习任务。最后，帮助学生理解当前学习内容所反映的事物的性质、规律以及该事物与其他事物之间的内在联系，以达到意义建构的目标。

（四）引导学生掌握创建个人知识网络的能力

联通主义学习理论认为学习是一个连续的知识网络形成的过程，强调人与外部关系的建立和知识网络的建立。它的核心要点是：学习是一种学生通过对知识的选择来构建个人内部知识网络和外部知识网络的生态网络过程；通过不断地优化学生自身的内外知识网络，达到不断学习、保持与时俱进的目的；知识基础的迅速改变导致决策的改变，使得发现新信息的能力也发生了改变，此时区分重要信息、真实信息等信息鉴别能力至关重要。

在信息化教学设计中，教学重心不仅是传授知识内容本身，还包括帮助学生掌握创建个人知识网络的能力，从而提高学生对知识的鉴别、理解、加工、运用的能力。借助于各种信息技术中介，可以有效地帮助学生创建和形成有意义的知识网络，使得学习不仅是一个人的活动，也可以是多人协作的活动。这样，个人的知识组成了一个网络，这种网络被编入各种组织与机构，又反过来回馈给个人网络，从而优化学生的内外网络结构，最终使学生不断进步。

今天的互联网发展使得人与人、知识与知识、人与知识之间都建立了连接与关系，因此引导学生掌握创建个人知识网络的能力成为信息化教学的要求。其中，保持知识的流通是构建和不断完善个人知识网络的关键一步，因为持续学习的能力和获取知识的通道比掌握当前的知识更重要。可见，引导学生掌握创建个人知识网络的能力，是当今知识型社会发展的需求。

三、信息化环境下的教学设计步骤

教学设计要求教师依据课程标准的要求和教学对象的特点，有序安排教学的各相关元素，确定合适的教学方案、设想和计划。学生、教学目标、教学策略和教学评价是其中最基本的教学元素。教师在信息化环境下的教学设计过程中，可以根据各个地区、各个学校的实际教学情境和所教学生的特点确定合理的教学目标，选择适当的教学策略、教学方法，制作相应的信息化教学资源并创设良好的信息化教学环境，然后依据合理的教学评价方案，制定实施系列教学活动的方案。

（一）学习需要分析

学习需要是指学生的学习期望值与学生实际状况之间的差距。学习需要分析的实质就是找出学生的预期学习需求，一般来说有如下两种方法。

其一，内部参照需要分析法，即将学生所在的组织机构确定的目标与学生的现状相比较，找出两者的差距，从而鉴别学习需要的一种方法。

其二，外部参照需要分析法，指将学生的学习现状与外界社会提出的要求相比较，找出两者差距，从而了解学习需要的一种分析方法。

教学活动归根结底是为学生的学习服务的，因此合理的学习需要分析能提高学生的学习兴趣，促进他们对知识的理解消化和吸收，从而实现知识的长时记忆。

（二）学生分析

教学内容的选择和教学策略的制定都是为了满足学生的学习需求。因此，教学内容的安排还应当考虑学生的实际状况，从而进行合理的安排和选择，包括目标人群的学习需求，对该领域已有的知识储备、对教学内容的态度、学习动机、能力水平和学习风格偏好等各方面。

（三）学习内容分析

学习内容分析是根据总的教学目标，规定学习内容的范围和深度，并揭示出学习内容中各个组成部分之间的联系，以实现教学效果的最优化。主要着力分析解决 "学什么" 和 "怎样学" 两方面。

1. 分析 "教什么" 或让学生 "学什么"

教学的目的是消除学生的学习期望值与学生的实际状况之间的差距。学生的实际状况是学习新的知识的起点，使起点水平向期望水平转变，这就涉及 "教什么" 或者 "学什么" 的问题。

应先根据学习需要分析得出总的教学目标，然后进行教学设计，这时应认真考虑好应向学生传输哪些知识单元，知识单元中有哪些具体的知识结构等。假如教学者计划通过多媒体教学课件来表现教学内容，"教什么" 就是课件所要解决的问题。

2. 分析 "怎么教" 或让学生 "怎么学"

在确定了教学知识单元后，如何将这些内容传递给学生，哪些应该先教，哪些应该后教，各知识单元之间的相互关联程度如何等，都涉及 "怎么教" 或者让学生 "怎么学" 的问题。

在知识的传递过程中，由于学生是通过教学设计者融入的 "教" 的思想来学习的，因而，在 "怎么教" 的分析中应该考虑到不同的学习对象之间或同一学习对象在不同的年龄发展阶段接受知识的能力方面存在的差异。

总之，学习内容设计的好坏，主要体现在学生经历了该设计之后的效果如何，即能否消除其知识水平与期望之间的差距。

（四）教学目标的阐明

教学目标分为知识与技能、过程与方法、情感态度与价值观三个方面，从而构建出课程的 "三维目标" 体系，即认知目标、能力目标和情感目标，是结果与教育过程的统一、认知与情感的统一。

以认知目标的编写为例，可采用马杰（Rober Mager）提出的 ABCD 模式，具体加下。

A 指代对象（audience），即教学对象。

B 指代行为（behavior），即通过教学学生能做什么（行为的变化），可使用"知道""了解""理解""掌握""应用"等动词来描述学习过程目标的不同程序。

C 指代条件（condition），即说明上述行为在什么条件下产生。

D 指代标准（degree），规定达到上述行为的最低标准。

不论是哪种教学能力目标，其编写都要满足社会发展的需要，信息化环境下的教学模式是以学生为中心的学习模式，学生必须熟练掌握如批判性思维、创造性思维、构建性思维等，具备解决问题、开展合作、运用技术、自主交流等能力。

（五）教学策略的制定

作为实现某一教学目标而制定的、付诸教学过程实施的整体方案，教学策略包括合理组织教学过程，选择具体的教学方法，制定教师与学生遵守的教学行为程序等。教师在调节、控制教学活动时要注意以下几点，才能保证顺利达到教学目标。

①教学策略包括教学活动的元认知过程、教学活动的调节过程和教学方法的执行过程。

②教学策略不同于教学设计，也不同于教学方法，是教师在现实教学活动中整体性把握和推进教学过程的措施。

③教师在教学策略的制定、选择与运用中，要从教学活动的全过程入手，要兼顾教学的目的、任务、内容，学生的现状和现有的教学资源等因素，灵活采取相应措施，以保证教学的有效进行。

（六）信息化教学资源的制作和平台的部署

信息化教学资源的制作和平台的部署是信息化教学设计过程的重要环节之一，是教学者开展教学任务的基础要素。信息化教学资源不同于传统的教学资源，其往往基于特定的平台，如交互式电子白板、课程网站、协同学习平台、微信平台、虚拟实验平台等。

1. 信息化教学资源的制作

信息化教学资源充足而丰富，有文本教学资源、音频教学资源、视频教学资源，但对于教学者某个特定的教学活动来说，绝大部分教学资源并非可以直接利用，需要经过简单的二次开发完善，或者并没有满足需求的信息化教学资源。所以，具备对教学资源的设计与制作能力是必要的，这样教学者可以基于特定的教学模式，开发、制作、整合、扩展相关学习资源以满足不同层次学生的学习需求。

2. 平台部署

教学平台是指有助于教学者查找、获取和处理信息，以及交流协作、建构知识、评价学习效果的软件系统及其运行的硬件环境。教学平台是支持信息化教学过程的必要手段，教学者基于特定的教学平台可以进行信息与教学资源的获取、处理和编辑等工作，还可以通过平台实施教学交流、评价等教学环节。

教学平台一般能提供各种可促进教学过程的工具，例如信息处理工具（如文字及数据处理软件，作图软件等）、信息搜索工具、情境工具（如模拟仿真、游戏等）、交流工具（如 QQ、微信、E-mail、BBS 等）、认知工具（概念图、超媒体、电子报表等）以及评价工具（电子绩效评估系统、电子评价量规、电子档案袋、日志等）。

基于教学平台，可以实施如基于交互式电子白板的教学模式、基于课程网站的教学模式、基于 QQ 群的移动教学模式、基于微课平台的翻转教学模式、面向协同平台的协同学习教学模式和基于社会性软件的教学模式等。

（七）信息化环境下的教学评价

教学评价是教学和教学设计里一个非常关键的环节，在信息化环境下也不例外。教学评价指以教学目标为依据，制定科学的标准，运用科学的方法和手段，对教学活动的过程及结果进行测定衡量，并给予价值判断。教学评价的最终目的是评定学生通过学习是否达到预期的目标，并通过反馈信息发现教学中存在的问题，为今后的教学活动做出决策。在教学评价的过程中应遵循客观性、整体性、可行性和科学性四个基本原则。

信息化环境下的教学评价与传统教学评价的区别如表 5-1 所示。

表 5-1　信息化环境下的教学评价与传统教学评价的区别

类别	传统教学评价	信息化环境下的教学评价
评价内容	教学结果与教学目标期望之间的符合程度	以学生为中心，满足不同能力偏向以及不同风格的学习需求
评价结果应用	选择适合教学的学生	创造适合学生的教学
评价工具	作业、测试等方式方法	量规、电子文件夹、概念图、评价软件等方式方法
评价场景	面授课堂为主	面授课堂、网络课堂、混合式课堂等
评价方法	诊断性评价、形成性评价、总结性评价	真实性评价、表现性评价、发展性评价

随着云计算、大数据分析、人工智能等技术的发展，基于数据挖掘的教学评价将是大势所趋。未来，可以在大数据环境下将多种来源、结构不同的数据汇总，并确立各类参数和模型，从而为信息化教学提供更精准的服务。例如，可以根

据学生的基本信息、绩效信息、学习历史、学习偏好、知识结构等已有信息挖掘学生的特征，从而帮助学生发现并提升自己的优势，诊断和补救自己的劣势。

四、教学模式

教学模式指在一定的教学理论或学习理论指导下，在某种学习环境中建立起来的较为稳定的教学活动结构框架和活动程序。也就是说，教学模式是开展教学活动的一套方法论体系，它具有要素关系的结构化、理论和实践的结合性、功能目标的针对性、可操作性和灵活性四个基本特点。

依据不同的分类标准可以有不同的教学模式，具体见表5-2。

表5-2 依据不同分类标准划分的教学模式

分类标准	按教学系统的结构分	按教学组织形式分	按课堂教学模式分	按教学目标分	按学习形态分	按学习理论分	按教学环境分
教学模式	"以教师为中心"教学模式	班级教学模式	赫尔巴特的四段（或五段）教学模式	基于"做"的教学模式	自主学习模式	行为修正模式	课堂教学模式
	"以学生为中心"教学模式	小组教学模式	凯洛夫的课堂教学模式	基于"思维"的教学模式	协作学习模式	社会互动模式	网络教学模式
	"双主型"教学模式	个别化教学模式	加涅的课堂教学模式	基于"事实"的教学模式	人格发展的个人模式	混合教学模式
			"五段"课堂教学模式			信息加工模式	
			"六步三段两分支"课堂教学模式			建构主义模式	

不同的教学模式有各自不同的侧重点，包含着自己所看重的教学思想，以及在此教学思想指导下的课程设计、教学原则，以及帅生活动结构、方式、手段等。这些教学模式可以为表达教学活动的基本程序或框架，易学易用。需要指出的是，在一种教育模式中可以集成多种教学方法。因此，教师应该从教学的整体出发，根据教学的规律采纳与实际需求相符合的教学模式，不可生搬硬套。换而言之，任何教学模式都不是僵死的教条，而是既稳定又有发展变化的教学活动程序框架，是以满足学生的学习需求为目标的。

第三节　沟通课程基于慕课的"全微案例＋游戏"教学设计

随着时代和社会的发展，在互联网＋背景下，沟通课程需要改革以调动学生学习积极性，提升学生综合运用能力和素质，提高教学效果，最终满足社会对商务人才的需求。本书的改革是基于对本校实际情况的分析，本书的设计也是在本校实施和开展的。总体而言，本书根据信息化时代的特征进行了线上线下混合教学设计以提升课堂教学的时效，满足学生的学习需求，达到教学目的。本书设计以商务沟通课程为例。

一、学情分析

本校学生来自各省，沟通水平一般，有些学生不愿、不敢开口和他人沟通。

科技高速发展使沟通形式越来越多样、越来越高效和重要，而据大学生沟通能力现状调研显示：大学生的沟通能力不尽如人意，网络环境对沟通能力的弱化趋势更是雪上加霜。

沟通的传统课堂与其他课程的教学大致无二：教师讲，学生听。本项目教师热爱教学，对教学研究投入较多，在知识点的讲解之后有意识地增加学生练习的环节，但往往讲完知识点后时间所剩无几，只是匆匆走个形式。

沟通课程是理论与实践高度结合的一门专业课程，传统讲授式教学中学生学习兴趣低，学生虽然知晓和识记了知识点，但他们没有能力针对不同的交际情景进行有效的沟通。实际沟通、思辨能力和综合素养等都没有得到提升。

另外，大学生思维活跃、创新意识强，但情感与价值观尚不稳定，可塑性极强；教育部在 2020 年 5 月印发的《高等学校课程思政建设指导纲要》中明确指出，所有课程与教师必须担起育人责任，全面推进课程思政建设是落实立德树人根本任务的战略举措。

二、课程目标

本课程的目标为培养和提高学生实际沟通能力与综合素质。

(一) 教学目的

知识目标：通过对本课程的学习，学生能够认识到沟通在商务活动中的重要性，能了解常见商务环境中的各种沟通形式，掌握沟通中常用的理论、技巧和策略。

能力目标：能运用沟通理论、技巧和策略比较圆满地、创造性地完成各种商务沟通任务。

素质目标：立德树人，培养有正确三观的商务人才。

这个三阶目标是通过很多个主题目标来实现的，即在每个主题里面教师通过案例与游戏教学形式，让学生获得知识、掌握技能、提高素养。

明确教学目标，是选择合适的课堂教学案例与游戏的第一步，是确定案例与游戏规则、评价和改进教学效果的前提。同时，教学目标的设置还必须与教学大纲相符合，与人才培养方案相符合，与教学内容高度相关，只有符合了以上要求，才能形成一个有机整体。

（二）教学任务

本课程具体内容包括沟通概述、商务沟通概述、倾听、口头表达、书面沟通、非语言沟通、技术与沟通、商务礼仪与沟通、基本商务沟通（如会议沟通、面谈等）、谈判、求职沟通、冲突沟通、危机沟通以及跨文化沟通等。

本课程要求学生在掌握有关沟通的各种概念、理论基础上，重点掌握各种沟通形式和技巧，能够在将来的商务工作中，运用所学知识娴熟地进行沟通，成为具有较高沟通技能的商务工作者。

本课程重点支持以下毕业要求指标点：

拥有良好的学习能力、交流协作能力、思辨能力、基本创新能力；

拥有优秀的商务策划与运作能力、国际商务交流能力；

具有较强的文字表达、人际沟通、信息获取能力及分析和解决国际商务问题的基本能力。

本改革旨在解决传统教学痛点，提升沟通课程教学的魅力，并把知识点的学习改变为能力的提高，达到本课程上述能力要求。本改革线上线下相结合的教学主要包括：线上慕课：学生主要完成新知识点的学习。线下课堂：学生通过案例研讨与游戏实际操练，把线上所学知识变成自己的技能，在实践中提高自己的实际应用能力和综合素质。

三、"全微案例＋游戏"教学设计

本课程拟从育人视角设计"全微案例＋游戏"，即坚持沟通能力培养与思想品德教育并重，融大学生德育、沟通能力教育、综合素质提升为一体。在沟通知识讲授中阐释有效沟通要遵循的自信、主动、平等、尊重、理解等重要原则，潜移默化地帮助学生确立科学世界观、人生观、价值观，教育学生内外兼修，学会友善对待他人，乐观看待世界，微笑面对人生。同时，又针对大学生沟通方面存在的实际问题，分析沟通内涵，讲授沟通规范，并针对大学生就业创业的职业需求，有针对性地介绍会议组织、公文写作、招聘面试、演讲、着装、通信、网络沟通、跨文化沟通等实用性很强的沟通技能，对大学生综合素质提升起到积极的帮助作用。

（一）"全微案例＋游戏"课程教学基本思路

本改革模式以建构主义理论和人本主义理论为指导，以学生的发展为中心，在课程思政的教学理念下，在商务沟通教学中创立育人视域下的"全微案例＋游戏"教学模式，即利用线上慕课辅助教学知识点，面授课堂的教学全部以微型案例与游戏的形式开展。教师根据教学计划的要求,将需要教的知识点,即学生面授课前线上自学的知识点和思政点埋藏于案例与游戏之中,通过结构化"点对点"的教学引导,在案例与游戏中进行互动学习,提高学生沟通、思辨能力,实现价值引领,增强综合素养。

在实践中建设案例库与游戏库,探索持续改进机制完善该教学模式的实践范式以对"课程思政"教学与"案例教学"等提供实践指导,同时归纳总结,上升至理论(见图5-1)。

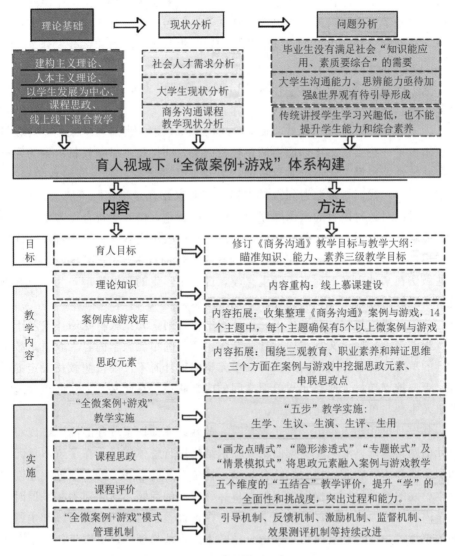

图 5-1 教学思路图

需要指出的是，本课程线下课堂教学全部采用微案例与游戏，是因为有的商务案例太长，一个案例往往需要至少 2 个小时才能分析完，这显然不能覆盖一门课程那么多知识点的学习。因此，本课程全部采用微案例与游戏，一般 90 分钟的课程可以完成三四个案例或游戏，甚至更多。

（二）"全微案例＋游戏"教学主要内容

（1）基于慕课的"全微案例＋游戏"教学设计与实践

借鉴国内外最先进的"以学生的发展为中心"的教学理念和线上线下教学实践经验，根据本课程三阶教学目标，设计基于慕课的"全微案例＋游戏"教学模式提升学生学习兴趣、积极性与教学效果，探索思政元素与课程内容如何有机无缝融合，使学生最大限度地掌握知识、提升实践能力和综合素养。

①重构课程内容

线上内容：以典型的工作任务为分类组织课程主题，以"大主题和小话题"为模式建设《商务沟通》线上慕课。

为了能够更好地使用教材、提高学生的学习兴趣、提高教学效果，对教材的重组做了一些尝试。比如适当调整教材内容，前提是不影响教材内容的完整性和系统性，根据实际情况对教材的内容作适量的增减，适当调整教学顺序。教学过程中，我们常常会遇到教材内容与课时安排或学生实际不吻合的情况。所以，教师对教材内容的授课顺序进行适当的调整，使其更符合受教学生的兴趣和需求，以取得更有效的教学效果。适当扩展教学内容。为了切合单元或模块知识，教师可以选择一些较为贴切的视频、歌曲或者文本给学生作为补充。这些做法在某种程度上提高了学生兴趣，提高了学生的学习效率，为了更好地进行沟通教材的重组，我们设计以下几个步骤。

首先是研读教材。在进行单元整体教学设计前，先把教材吃透，要基于工作过程的需求，通过文本再构设计适合学生学习的单元教学内容。教材是教学设计的重要内容与标准，因此教师在单元整体设计时不仅要按照教材设定的内容，更要挖掘教材内部单元与单课之间的内在联系，在此基础上才能更好地梳理单元主题与单课话题间的联系。

其次是单元知识重组。单元教学时，教师站在知识系统性的高度，以每个单元话题为基础，对单元出现的重要知识结构进行整体安排。在了解本单元的知识话题和语言功能后把它们结合起来，构建单元的主题，然后依据主题制定出本单元的教学目标，根据单元教学目标确定小的话题。话题即为每一课时的教学内容，进而再确定每课的教学目标。在设计教学活动时注意话题和主题之间的整体统一性，并且做到合理地分散知识点，从易到难、以旧带新、学以致用、螺旋式上升。通过有效的单元主题活动引导学生积极参与、深入思考，内容循序渐进，使学生能在每堂课有阶梯式的收获。

再次是针对学生特点。教材重组是为了让学生能够更好地学习，虽然大学生的自我意识、评价和学习能力得到充分发展，但意志力不坚强，分析问题能力还在发展中，遇到困难和挫折容易放弃，所以教师应密切关注学生的心理变化，在促使他们好学的同时，有健康的心理发展。充分了解学生这一阶段的特点，有利于教师重组教材、更好地为学生服务。

最后是依据学科素养。学习课程不仅要考虑学生应该学习哪些沟通知识和技能，将来能够用沟通做哪些事情，还要考虑学生通过课程可以学习其他哪些方面的知识，形成哪些关键技能和必备品格。为了提高学生的思维品质，在沟通教学上体现"全面的发展"，为学生"终身发展"奠基，教师可以从学生学习的教材上做起，重整教材，选择切合学生实际生活的单元，厘清脉络，以"大主题和小话题"为模式，开展教材重组。

总之，教材是我们实现教学目标的重要资料和手段，在教学中，教师要善于根据所学创造性地使用教材。教师选择合适的教材、筛选合适的知识点重组教材时，一定是在一定的指导思想下进行，绝对不是简单、盲目地打乱次序和随意构建。

线下内容：拓展教学内容，收集整理 14 个主题中的案例与游戏，确保每个主题有 5 个以上案例和游戏，以深化和灵活运用线上知识。围绕三观教育、职业素养和辩证思维三个方面挖掘思政元素、串联思政点。

明确了教学目标与教学内容后，选择合适的课堂案例与游戏，确定教学内容的插入位置，避免与教学内容前不巴村后不着店，出现与教学内容相脱节的现象。本沟通课堂案例与游戏在选择与设计时要把握以下几个原则。

第一，适用性。选择与设计的课堂案例与游戏必须与沟通教学内容紧密相连，使学生通过案例与游戏体会并消化所学习的知识，不然就成了为了案例而案例，为了游戏而游戏。第二，趣味性。沟通课程的理论是相对枯燥的，选择或者设计富有趣味性的游戏能让学生眼前一亮，给人耳目一新的感觉，增强课程学习的效果。第三，可操作性。选择或设计的案例与游戏是在课堂里开展，受到很多客观条件的限制，因而应选择那些易于在课堂操作的案例与游戏，否则就是花架子，从而失去了课堂案例与游戏本身的意义和作用。

课堂案例情景展示与游戏前期准备非常重要。具体包括准备游戏道具、布置场地，既包括教师的相关准备，也包含学生的前期准备。教师必须对所选和设计的情景展示与游戏了如指掌，吃透整个展示与游戏的过程和精髓。有时选择和设计的游戏道具和场地要求很简单，一条绳子、几张 A4 纸、几副黑色眼罩或者几个一次性纸杯就可以在教室里进行；有些游戏甚至不需要任何道具就可以进行，比如锻炼思维能力的"摆一个菱形"、训练发散性思维的"坐标画图"、锻炼团队协作能力的"解手链"等游戏。但有的课堂案例与游戏开展起来却比较复杂，对场地和道具都有严格的要求，比如锻炼相互信任感的"背摔"游戏，只有配备了相应的道具或者在特定的场所才可以进行。如果需要提前对组长进行培训的，教师应提前分好组，并对组长培训相关游戏规则。同时，教师应在前一次课程结束之后明确告知学生下一次课将要开展的课堂案例与游戏，让学生提前预习相关内容，并从心理上做好准备。

②"全微案例＋游戏""五步"教学实施

"全微案例＋游戏"教学通过"五步"实施：生学、生议、生演、生评、生用，彰显以学生为中心（见图5－2）。

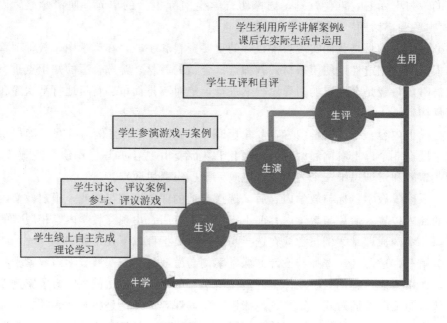

图5－2 "全微案例＋游戏""五步"教学实施

生学指学生线上自主完成理论学习与知识点测试等。

生议指学生在线下课堂讨论、评议案例与游戏，教师引导和补充。

生演一指学生参演游戏，二指学生用理论知识充分评议案例之后，情景展示原案例或者改编后的案例，从而进一步建构知识。案例和游戏在每个主题交叉表演。游戏在某种程度上也是一种情景展示。

生评指案例和游戏中引入学生互评和自评。教师参照国际标准编写口头沟通评价量表、书面沟通评价量表、团队合作互评量表等指导他们评价并做补充。

生用主要指课后学生自己查阅资料、寻找案例，准备 PPT ，面授课堂中结合所学理论知识进行演示，这时学生实际上又会把生学、生议、生演、生评都重走一遍。

生用指学生课后在实际生活中的灵活运用。

"五步"教学中，思政贯穿始终。最突出为运用"画龙点睛式""隐形渗透式""专题嵌入式"以及"情景模拟式"等方式将课程思政元素融入案例与游戏中。

必须要强调课堂案例与游戏的组织与实施中教师的作用。在课堂案例与游戏实践环节，教师担任教练和培训员的角色，首先给学生讲解案例与游戏规则，对案例与游戏的顺利进行发挥引导作用。虽然课堂案例与游戏教学给学生提供了非常广阔的空间，但并不是天马行空、没有任何规则。正所谓没有规矩，不成方圆，合理的规则是保证游戏顺利进行的重要条件，是为了实现教学目标，对每个案例与游戏参与者的权利和责任明确化，对案例与游戏开展的流程和内容以及对参与者表现的评分规则及奖惩措施。在课堂案例与游戏教学中，教师要引导学生参与游戏，尽量调动每一个学生的积极性，主要把握全局，控制场面，不能让课堂案例与游戏成为一部分活跃分子展现自我的舞台，而另一部分同学只有袖手旁观的份儿。教师更不能对案例研讨与游戏放手不管，导致教学偏离了正确方向，从而变成纯粹只是为了玩耍的游戏。在课堂案例与游戏进行中，教师要亲自观察每个同学的表现并做好记录，在进行了多次课堂案例与游戏后，教师可以在班上培训几名机灵的观察员，由观察员来给每位学生评分，并填写《课堂案例与游戏学生表现观察记录表》，为后一环节的反馈评价和评分提供依据。

③课程评价

本课程的特点是强调实践性，可操作性，采用较为灵活的考察形式检验教学效果。考核主要依据课堂参与、平时作业与期末考查成绩。

期末考核方式：期末考试和线上作业评价及平常课堂参与讨论表现等相结合。

成绩评定方法：线上 20％，线下 80％。

线上部分：线上测验 40％，线上作业 15％，线上讨论 25％，线上考试 20％。

线下部分：线下期末考试占 60％，线下听课出勤率、课堂参与等平时表现占 40％。

因此，课程评价实践了五个维度的"五结合"，评价提升学生"学"的全面性和挑战度（见图 5－3）：

线上与线下相结合：线上 20％，线下 80％；

过程与结果相结合：平时过程考核 48％，期末考试 52％；

师评与生评相结合：比传统教学多了学生互评与自评；

标准化与非标准化相结合：线上多标准化评价；线下多综合的非标准化评价，期末考试设置新案例、新问题让学生分析和解决；

诊断性、形成性与总结性评价相结合：教学每一个项目的前、中、后分别进行。

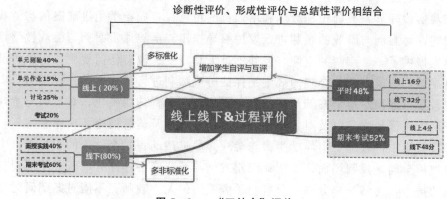

图 5－3　　"五结合"评价

（2）"全微案例＋游戏"模式管理机制构建

"全微案例＋游戏"的管理主要包括实施前的准备、实施中的任务与实施后的评价三个模块（见图 5－4）。在此管理模块中构建引导、反馈、监督、激励、效果检测等机制，最终目的在于持续改进。

①引导机制

"全微案例＋游戏"的引导机制紧密围绕案例与游戏的知识性和思想性的无缝融合而开展（见图 5－5）。

②反馈机制

反馈机制涵盖学生、教师以及用人单位三方面的反馈。利用问卷调查获得基础数据，建立 SPSS 数据库。借助 SPSS、MATLAB 等管理学及运筹软件分析调查问卷及调研数据，定量研究此模式在应用型人才培养中的绩效评价问题以及需要改进之处。

③监督机制

构建线上线下混合教学的监督体系，包括对师、生两个主体，有助于教学改革的顺利实施，保障教学改革效果。

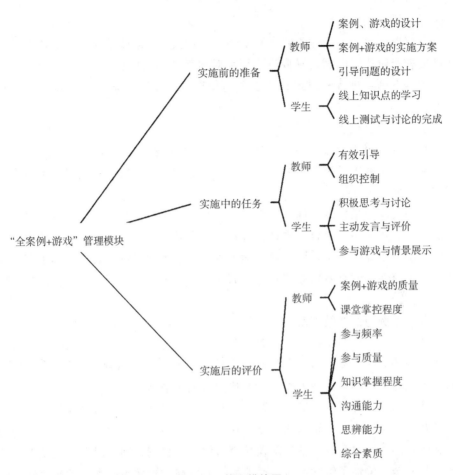

图 5－4　管理模块图

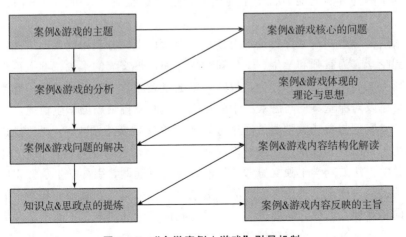

图 5－5　"全微案例＋游戏"引导机制

④激励机制

不仅对学生实施全过程的多元激励，也对教师教学改革成效实施激励。在实施的初级阶段，激励机制将消除师生对本教学模式的怀疑和犹豫，在后期，有助于提升师生进行新模式教学改革的积极性，保障教学新模式发展的可持续性。

⑤效果检测机制

教师结合口头沟通、书面沟通与团队合作等评价量表检测学生的学习效果；在教学实践中通过问卷调查与统计分析等方法和工具对模式和关系假设进行实证检验。

考核机制包括设定目标、过程考核、结果考核等环节，重点考核学生的沟通能力、思辨能力和综合素质是否得到真正提升，是否能够胜任将来的商务工作的要求。主要从学生上课态度、学生成绩、学生沟通行为表现、学生自我评价、学生反馈、同行专家测评几个方面对实践效果进行检测，以检验其先进性和科学性。

课堂案例与游戏结束后，教学效果的评价可以从以下几个方面进行。

首先是学生撰写心得体会。教师要求学生在每一次课堂案例与游戏结束后撰写心得体会并上交，写出自己的真实感受，写出参与游戏的感悟以及建议，通过此次课堂案例与游戏哪些方面的技能得到了锻炼和提高等。

其次是教师开展学生满意度调查问卷或个别访谈。教师可以在每次课堂案例与游戏结束后进行个别访谈，比如在课间或课后了解学生对课堂案例与游戏的想法和感悟，也可以在整个课程结束后设计一份调查问卷对全体同学展开调查，从而全方位地了解学生对沟通课程中开展课堂案例与游戏教学必要性、学生提高了哪些方面的能力、学生的满意程度等进行调查，并撰写书面的调查报告。

最后是学生在沟通课程论坛上发帖。教师可以充分利用现代网络技术，开通课程论坛，为教师和学生、学生和学生之间提供交流的平台。学生可以自由在论坛上发表学习心得和体会，教师可以通过查看学生的发帖及时了解学生的学习动态及对课堂案例与游戏教学的反馈，及时掌握最新的学生情况。

课堂案例与游戏教学法是通过选择或者设计现实生活中的一些沟通场景，让学生把自己纳入场景，通过讨论或者亲自参与来进行学习的一种教学方法，这种教学方法鼓励学生独立思考分析问题及解决问题，引导学生从知识向技能等次的提高，体现了理论与实践的完美结合，越来越受到教师们和学生们的普遍赞同和欢迎。因此，需要进一步加强对它的探索和研究，不断丰富和完善并实践这种教学方法，为培养创新型人才贡献一份力量。

（3）"两库"的创建与完善

建立商务沟通案例库与游戏库，每年新增和改进案例与游戏，尤其关注拓展与加深思政元素的挖掘，使之成为与时俱进、历久弥新的案例库与游戏库。

（三）"全微案例＋游戏"教学模式的重点与难点

（1）重点

①案例和游戏的编定。案例和游戏的选择需有益于学生的身心发展，能很好地应用到学习的理论中，并能恰到好处地挖掘出思政点。

②教师担任引导者、教练员、主持人、知识集成者多重角色。教师需遵循"引导而非代替"的宗旨，激发学生的思维，引导学生陈述自己的见解、评论他人的观点并引导学生归纳总结案例中所呈现的理论知识与教师精心设计的思政点。

（2）难点

层层递进的案例与游戏的精心准备。首先拓展教学案例与游戏，充分挖掘其中的思政点，再设计好引导性问题。

只有解决这一系列难点，才能使学术与思想两方面无缝融合且做到教学生动有趣，从而顺利完成知识传授、能力提升与价值引领的教学目标。

第四节　沟通课程"全微案例＋游戏"教学解析

我们既要改变当今传统沟通课程的弊端，又要避免重落传统案例与游戏教学失败的陷阱，为此设计了全新的"全微案例＋游戏"教学模式。

一、"全微案例＋游戏"设计解析

（一）案例与游戏教学法在沟通课堂应用的必要性

1. 适应课程改革的结果

我国课程改革最初是讨论"怎么教"，即开始关注教学方法和教学模式；探究"教什么"，即对课程体系进行了重建；探究"谁来教"，重视教师的作用。当今的改革开始思考"教成什么样的人"，也就是重视核心素养的培养。核心素养的提出，具体回答了"培养什么人"的问题，基于核心素养的教育改革，从关注知识、技能转向了综合素质，从灌输式学习转向了探究式学习。

课程改革不断推进的过程是将课程回归学生的过程，以学生为本的课堂要求把课堂还给学生，开放式的课程观要求突破教材的限制，现代的学习方式要求学生主动、独立地学习，这些变化都需要教师的教学做出相对应的调整。

促进每一个学生的健康成长是深化课程改革的基本要求，也是为学生的生存和终身发展、创新精神和实践能力打好基础。当代课程改革更加注重学生的能力发展。

案例与游戏教学在有效培养学生能力以及促进知识转化为能力方面更胜一筹。课程改革发现过去课堂教学中存在重知识、轻能力的问题，案例与游戏教学鼓励学生观察、思考，注重能力的培养。在案例与游戏教学中，学生首先要思考案例与游戏中的现象可以用哪些知识解释，在潜移默化中促使学生进一步加工所学知识。学生在加工这些知识后，还能就案例与游戏本身提出相关的问题，以便增加动手、动脑、动口的机会，使观察能力、表达能力等一系列素质能力得到相应的发展。案例与游戏教学的最后一步是提出问题的解决方案，这需要学生经过缜密的思考，探究能力、分析能力、解决问题能力得到更好的发展。

2. 改变沟通课程教学现状的要求

传统沟通课程教学现状是：沟通概念的讲解、沟通现象的分析、事物发展规律的发现等都是由教师"领导"学生完成的。学生在课堂上基本没有主动思考的行为，更多的是机械听教师的讲述，教师在课堂中的领导权很大，学生只需要按照教师的要求做，最后在课本上画几条横线，就可以轻松完成沟通课。

如何改变这种课堂上学生只需听从教师的指挥，不需要独立思考，也不需要讨论，更不需要分享探索成果的现状？

不少教师也尝试教改，希望突破困境，但实际运用起来却是换汤不换药。一些教师只是将几种传统的教学方法刻意地混合起来使用，没有调动学生学习的主动性。案例与游戏教学是在现代教学理念指导下形成的现代型教学方法，在教学内容上突破了教材的限定；在课程实施上，采用讨论案例与游戏的形式；在师生关系上，提倡把主动权留给学生。案例与游戏教学法具有很强的调动学生学习主动性的功能，因此案例与游戏教学适应教育界对改变沟通课教学现状的要求。

3. 师生共同的诉求

教师是教育活动的实践者，教育承载着社会期望，这些期望通过教学转嫁到教师身上，转化为对教师的素质要求。社会的发展需要教师不断地提升自身素养。

就教师个人层面讲，依据马斯洛的需要层次理论，不管是最低层次的生存需要，还是最高层次职业生涯的自我实现的需要，都需要教师不断提升自身的专业发展。教学相长是教育活动的突出特点，通过教学来完善和促进教师自身的发展是不错的选择。在案例与游戏教学中，教师是指导者，为了对学生进行有效的教学指导，教师必须丰富自身的知识储备，完善自身的教学技巧，从而快速对学生进行答疑解惑。在案例与游戏教学课堂中，教师的主导作用被弱化，学生的主体作用被放大，这要求教师在上课前需要做更多的预设，并在课堂结束后进行更多的教学反思，在潜移默化中发展教师的能力。除此之外，案例与游戏教学的课堂氛围是轻松的，学生喜欢参加这样的课程，这对教师来说也是一种鼓励。

对于大学阶段的学生来讲，他们渴望获取更多的知识，求知欲强烈，愿意通过自己的努力去发现和探索新知识。大学阶段的学生已经有了一定的抽象逻辑思维，他们喜欢探究，敢于发表自己的看法，渴望有一个展示自己的平台。与传统教学相比，案例与游戏教学中师生关系更和谐，学生的参与意愿较强。再加上案例与游戏提出的问题需要学生合作探讨，为学生展示自己提供了足够的机会，学生利用这个机会可以畅所欲言，积极发表自己的观点，消除自身惰性，同时采纳他人的观点，完善自己对问题的思考，在获得知识的同时获得认同感和归属感，学习效果更好。总而言之，案例与游戏教学符合学生对课程学习和自身发展的要求。

4. 学生核心素养的内在要求

沟通学科涉及心理学、社会学、逻辑学、行为科学、语言学、公共关系学等学科，有其独特的学科性和人文性，且其核心素养具有整体性和复合性。沟通学科核心素养的具体落实需要借助案例与游戏教学法来实现。

在传统的课堂中，教师主导的"教"关闭了理论落实的"通道"。案例与游戏教学打破了教师的垄断地位，倡导使学生主动学习，围绕案例与游戏自由讨论，"通道"由此被重新打开。

在案例与游戏教学课堂中，掌握知识并不是学习的最终目标，最终目标是形成沟通思维，发展学习的能力。而沟通思维的形成和能力的培养需要学生接触实际情况，需要构建"沟通故事"，案例与游戏就是这两者的结合体，好的案例与游戏可以帮助学生做有意义的沟通思考，在体验沟通、理解沟通中形成沟通思维，学会用沟通的眼光看待现实生活中的问题。

沟通课程还包括在沟通中陶冶学生的心灵。培养他们的人文精神就离不开对沟通切身的感悟和感受。案例与游戏教学能帮助学生打开沟通与现实之间的大门，通过这扇大门，学生看到的不再是充满距离感和陌生的沟通，而是在案例与游戏情境中深刻地感受沟通，体会沟通人物的情感，沿着沟通发展的脉络，辨析沟通发展的规律，实现思想、观念、情感和态度上对沟通的认同。

（二）运用微案例与游戏教学的关键：教学过程的系统优化

案例与游戏教学是师生围绕案例与游戏中的问题进行探讨，求索解决问题的动态过程，包括课前案例与游戏准备、课中案例与游戏讨论、课后总结反思等。根据杜威经验哲学，案例与游戏教学每一环节都应为学生获得生长的经验提供条件，能够促进经验向特殊方向的生长，这就需要对教学过程进行整体的系统优化。教学过程的系统优化首先要辨别经验是否具有教育价值，即学生获得的经验应符合经验的连续性与交互性。可见，运用案例与游戏教学的关键在于以杜威经验哲学为理论基础对教学过程进行系统优化。

1. 教学设计的充分准备

首先，考查学生现有理论知识水平，典型案例与游戏的选择应以学生现有经验为基础，对其能力提升具有一定促进作用，对其经验生长具有一定扩展空间。典型案例与游戏的编定，文字描述应简明扼要、观点明确、问题清晰，事件契合学生现有经验和能力水平，具有严整的结构，能够调动起学生的兴趣，引发其思考问题并解决问题的积极性。教师应做个有心人，留心现实生活中发生的最新事件或典型案例与游戏，通过编定与整理，建立起案例与游戏库，为案例与游戏教学中案例与游戏的选择提供可以直接利用的教学资源。

其次，对案例与游戏教学过程进行系统、周全、严密的考虑，如案例与游戏中讨论的问题，对其可能出现的相关拓展问题、问题的可深入性和结果的多元性进行充分预测，并进行相关领域知识的储备，提出可以运用的课堂策略，以更好地引导学生进行思考，掌控课堂教学秩序。

最后，案例与游戏可以选择如视频、多媒体动画等呈现方式，让学生对案例与游戏中存在的问题有深入的体验和思考，充分调动学生兴趣，发挥学生参与的能动性。

2. 课中讨论的及时引导

课中讨论是案例与游戏教学的重要环节，关系案例与游戏教学的成败。

首先，教师呈现案例与游戏引入问题后，根据杜威经验连续性原则，应对涉及案例与游戏问题的相关理论知识进行解释，以促进学生更好地把握案例与游戏问题的关键。

其次，教师在讨论过程中应该对学生及时引导，避免无意义的讨论或使讨论进入错误的方向，且对问题的讨论形式不应局限在小组讨论和班级讨论，教师应根据教学的需要，选择如个别解决法、智囊团法、角色扮演法等适合的形式，使学生更好地参与案例与游戏讨论，推动案例与游戏教学的有序进行。

最后，教师对案例与游戏问题的各种解决方案进行总结与评价，应注重解决方案的多元性和最优性，拔高问题的讨论层次，开阔问题解决的讨论视野，提升学生的思维品质，引发学生对相关问题的积极关注。

3. 课后总结的全面反思

课后，教师应带领学生对讨论结果及整个案例与游戏教学过程进行反思与总结。这是改进案例与游戏教学、提升教学效果和促进学生能力发展的重要环节。学生在案例与游戏讨论后应总结出自己在研读案例与游戏、讨论过程中的感受与收获，最后写出案例与游戏分析报告。教师反思案例与游戏教学各个环节出现的问题与不足，总结经验教训，为更好地改善案例与游戏教学、提升教学效果服务。

（三）案例与游戏教学的结果指向：教学评价的改造创新

案例与游戏教学以培养学生解决问题能力和创新能力为目的，而现有评价把能力看作一种固定结果，忽视在案例与游戏教学过程中能力、思维和态度变化的发展性评价，这种对案例与游戏教学的评价现状没有看到经验的连续性和交互作用的重要性，将案例与游戏教学评价导向没有出路的死胡同。

案例与游戏教学要想突破现评价现状，提升案例与游戏教学的未来发展空间，就必须以经验的生长为评价标准，对教学评价进行创新和改造。

对案例与游戏教学评价的创新和改造要以学生经验生长为目的，这也是第四代评价观所倡导的评价思想，强调学生亲身参与自身体认，激发出学生经验与环境交互作用的思维能动性，建构起学生本身的认知框架和行动能力。这种教学评价认为评价在本质上是一种通过"协商"而形成的"心理建构"，它是一种民主协商、主体参与的过程，而不是评价者对被评价者的控制过程。案例与游戏教学应该转变传统的评价方式，转向以学生参与、民主协商、经验增长和能力建构为特征的新型教学评价。

（四）案例与游戏教学深化的关键：案例与游戏教学与情境模拟的融合

学生对案例进行思考、讨论与分析，但这种依靠听、看和思考的情景模式离直接的真实情景体验还有很大差距。因此，将案例与游戏进行适当加工，形成模拟情境，让学生身处其中进行讨论并动手操作，将大大超越传统的"举例教学""案例与游戏分析"，学生在真实的任务导向的情境空间中能获得情感交融，在互动讨论中能激发灵感和观点，在任务驱动下会积极主动思考，在动手过程中会产生立体式切身体验，从而最大限度地激发学生的积极性与创造性。

情境学习理论认为，真正的、完整的知识是在真实的学习情境中获得的，知识只有通过使用才能完全被理解。在教学中依据案例与游戏创设真实的实践情境，通过预设的问题与任务进行任务分工，引导学生灵活运用所学知识解决实际问题，培养学生的动手能力、创造能力、交流能力、协作能力和综合分析处理问题的能力，形成实战体验式的案例与游戏情境模拟教学模式，可谓案例与游戏教学的"升华版"，它能够极大地加深学生对知识的理解，帮助学生将理论知识迁移和运用到实践情境中，实现理论与实践相结合。

推动案例与游戏教学和情境模拟融合的关键在于"案例与游戏＋情境＋体验＋点评"四大要素的科学设计：一是案例与游戏，选择经典的案例与游戏并对案例与游戏进行深入剖析，提纯理论、观点、方法和技能，是实施案例与游戏教学的基础；二是情境，对案例与游戏进行适当加工，创设案例与游戏情境，供学生进行实战演练，是充分发挥案例与游戏价值的前提；三是体验，科学合理划分学生任务小组，设定情境任务目标，学生分组讨论研究和动手完成任务，教师观察、指导与控制全过程，这是实现案例与游戏教学目标的关键；四是点评，教师根据实施过程中的观察和记录，点评学生表现，演示最佳实践流程和方法技术，并深入剖析完成案例与游戏情境中的任务所需要的理论、方法、技术知识，这是实现案例与游戏教学目标的重要环节。

（五）案例与游戏教学完善：总结与反馈

在整个课堂案例与游戏完成以后，所有同学都要分享游戏的心得体会并提出建议。分享游戏的体会是课堂案例与游戏教学中教师必须重视和实践的环节。因为有时受到客观条件的限制，不可能保证每个同学都参与到游戏中来，也不能保证每个同学都扮演的是自己喜欢的角色，更不能保证每个同学都在游戏中获得成功或愉悦的体验，因此在课堂案例与游戏中，要允许有些同学以参与者的身份观赏游戏，并让课堂案例与游戏的参与者和旁观者都来谈谈他们的切身体会。

参与游戏的同学可以说说自己在游戏中成功的经验或者失败的教训，谈谈扮演从未体验过的角色的心得体会，没有参与游戏的同学可以以旁观者的身份分享自己的感悟以及畅谈自己如果参与将会怎样表现，教师根据每个同学的表现给予及时的评价和反馈，让学生了解到自己的优缺点，明确自己努力的方向，加深对自己和他人的了解，也可以从更高的理论高度来总结游戏的进行效果，从而使学生对游戏与课程内容之间的衔接有更深的理解和感悟认识。

二、传统案例与游戏教学未处理好的问题

在传统教学中也有用到案例与游戏教学的，但是教学效果并不是很突出，那么我们如何避免此类情况呢？首先需要看清楚传统案例与游戏教学中尚未处理好的问题，才可能在新时期进行有效的改革与创新。总体来看，传统的案例与游戏教学在以下四个方面尚未处理好。

（一）案例与游戏的编排与选择问题

对案例与游戏的误解和对经验的肤浅理解是造成案例与游戏教学实施过程中各种乱象的根源。有教师认为案例就是事例，将案例与游戏教学与事例教学

等同；有教师认为案例与游戏就是讲故事，把案例与游戏当作调节课堂气氛和吸引学生眼球的一种工具；还有教师不对案例与游戏中反映的问题和教学目的进行分析，没有对案例与游戏进行整理与编定，拿来就用，随意性较强。这些对案例与游戏的认识与理解使案例与游戏教学遭遇阻碍。案例与游戏是案例与游戏教学的核心，案例与游戏的编写与选择是实施案例与游戏教学的首要条件。案例与游戏编写的质量和案例与游戏的选择直接影响着案例与游戏教学的目的与效果，实践中案例与游戏的编排与选择存在以下三方面问题。

1. 案例与游戏编写不够周全

实施案例与游戏教学必须对收集的案例与游戏进行整理和重新编定。首先，案例与游戏的描述蕴含个人观点和价值取向，主观成分较多，容易给学生思考造成错误的导向。其次，案例与游戏对问题的归纳不够清晰，问题表述不够简洁，容易使学生注意力转移到文字阅读中而难以理出头绪。最后，案例与游戏中事件发生时间久远，事件发生的现实针对性和时效性不强，容易影响问题讨论的积极性。

2. 选择不够适恰

在案例与游戏教学实施过程中，教师对案例与游戏的选择较为随意，对案例与游戏的适切性缺少周密的考虑。首先，所选案例与游戏脱离学生能力水平，学生对案例与游戏中问题的思考与讨论较难持续而深入地进行，直接影响案例与游戏教学的效果。其次，忽视教学目的的要求或教学目的不够明确，所选案例与游戏对实现教学目的的作用不大，有为案例与游戏教学而进行案例与游戏教学的嫌疑。最后，缺乏对教学内容的把握，所选案例与游戏与教学内容联系不是很紧密，案例与游戏中的问题与教学内容缺乏针对性，不能很好地完成教学任务。

3. 案例与游戏类型不够丰富

经验来源于生活，案例与游戏是生活的直接反映，现实生活中发生的案例与游戏是多种多样、丰富多彩的。忽视生活经验在案例与游戏教学中的重要作用，对案例与游戏中经验的肤浅理解成为案例与游戏教学出现各种问题的根源，且案例与游戏准备不太充分，存在案例与游戏类型不够丰富，没有关注生活经验连续性和统一性，未形成完整备用的案例与游戏教学库等问题。

（二）案例与游戏教学本身的缺陷

案例与游戏教学虽存在较多优点，但并不是万能的，其本身也存在一些需多加注意才能克服的缺陷。

1. 学科知识传授的削弱

案例与游戏教学是能力培养取向而非知识传授取向，以案例与游戏中呈现的实际问题为探讨对象，思考解决实际问题的方法，鼓励全员参与，以促进学生解决问题的能力为目标，如果教师操作不当的话，很容易削弱甚至忽视理论知识的传授。

2. 理论基础驳杂的困惑

从迁移理论到后现代主义理论，案例与游戏教学的理论基础众多且驳杂，甚至有些相互冲突，每一种理论表明案例与游戏教学的一个方向，所提倡的教学理念与实际操作并不相同，是厚此薄彼还是面面俱到，这会给教师使用案例与游戏教学带来许多困惑，甚至感到无所适从。

3. 教学适用条件的限制

案例与游戏教学具有特殊的适用范围和要求，须满足一定的使用条件，它的选用须根据教学内容、教学目标和教学对象来确定。并非所有课程都可使用案例与游戏教学，随着教学目标和教学对象的改变，教学方法亦应做出相应改变。

（三）案例与游戏教学运用的问题

在教学过程中表现出开放式、互动式和合作式特征的案例与游戏教学，不可避免地使课堂教学秩序受到威胁，教学控制和课堂管理无疑对教师提出更高要求。学生对案例与游戏的理解与思考、分析与讨论又对学生自身知识与能力提出要求。总之，教师与学生的现有能力都有可能不符合案例与游戏教学的要求，使案例与游戏教学难以进行下去或某些环节出现问题而导致教学效果不佳。

1. 案例与游戏呈现方式较为单一

教师没有根据案例与游戏内容自身的特点对呈现方式进行筛选，对案例与游戏的呈现局限于文字，方式较为单一，且对案例与游戏的讲解和描述不够细致，不利于学生对案例与游戏的理解和对问题的把握，从而对学生的思考与讨论造成影响。

2. 教师缺乏系统的教学设计

从案例与游戏的准备与呈现到案例与游戏的分析与讨论，再到案例与游戏的总结与评价，这本身就是环环相扣、紧密相连的过程。首先，教师缺乏从系统论视角看待整个案例与游戏教学过程，用机械思维将它们割裂开来，对可能出现的问题缺少预测和相关准备，一旦出现突发事件，难以对教学进行掌控、引导和过渡，导致课堂秩序的紊乱。其次，讨论方式局限在小组讨论和班级讨论，没有情境再现、角色扮演等模拟环节，学生对于案例与游戏中的矛盾冲突及问题体验不深，影响对问题理解的深度和广度。

3. 学生已有知识基础不够扎实

学生在案例与游戏教学过程中处于主动地位，对参与并推动整个案例与游戏教学的开展起着重要作用。首先，学生相关专业知识缺乏和理论储备不足会直接影响案例与游戏教学的顺利推进。其次，学生原有能力基础、参与主动性和积极性会影响对案例与游戏中问题的思考与讨论，从而致使教学难以继续。最后，学生的沟通与互动能力也会对案例与游戏教学有序而有效地开展产生重要影响。

（四）案例与游戏教学评价的问题

案例与游戏教学是以培养学生问题解决能力为目的，对学生能力的评价是检验案例与游戏教学是否达到教学目的的手段。然而，教学实践中能力培养往往被视为案例与游戏教学的一种恒定不变的结果，对能力测定与评价难有统一的标准，这种评价导向使得案例与游戏教学难有较大突破，从而限制了案例与游戏教学的应用、推广及发展。

1. 重视终结性评价而忽视发展性评价

确定案例与游戏教学效果的优劣，对学生能力直接进行评定，就是终结性评价；评判案例与游戏教学的整个过程，对教师与学生在案例与游戏教学相关环节中表现的鉴定是发展性评价。对学生能力提升的教学目的及对确定性结果的崇拜，一定程度上导致过分重视终结性评价而忽视发展性评价。

2. 重视分析评价而忽视综合评价

在案例与游戏教学评价过程中，侧重于使用量表测定学生解决问题能力的分析评价，忽视了能力背后的认知、情感、意志等方面综合评价，且解决问题能力本身是在某个具体情境下，依靠的是综合素质，而不是单方面素质。此外，还存在重视学生评价而忽视教师评价、缺少对学生和教师综合评价的问题。显然，案例与游戏教学评价滞后于案例与游戏教学现有发展水平。

三、"全微案例＋游戏"教学设计注意事项

（一）案例与游戏的精心挑选标准

案例与游戏教学的第一步是选择典型案例与游戏，案例与游戏选择至少应遵循三个标准。

第一，案例与游戏应紧扣教学内容。案例与游戏教学的目的是通过案例与游戏分析和情境模拟，使学生能够深刻理解所学的理论知识与技能，并能够灵活运用到解决问题的实践工作中去。案例与游戏本身不是目的，而是实现教学目标的载体。

第二，案例与游戏应源自实践或贴近实际。案例与游戏不能主观臆造、凭空想象，而应从实践工作来，确保创设的情境贴近实际工作情况，这样的案例与游戏情境模拟才有实战价值。

第三，案例与游戏要有典型性和可操作性。典型性体现为案例与游戏能够涵盖所教授的知识与技能；可操作性是指案例与游戏所呈现的问题难度适当，并且要考虑案例与游戏教学实施所需的条件，如互联网、数据库、机房、分析软件等硬软设备。

（二）情境创设要点

情境创设又称情景模拟，是指在教学过程中，教师围绕特定的教学内容，对选定的实际案例与游戏进行加工，模拟具体的实践情境，让学生通过角色扮演、互动、参与和体验，切实感受实战，提高学习兴趣，促进学生对知识和技能的掌握。之所以要对实际案例与游戏进行适当加工与情境创设，是因为授课教师所采集的案例与游戏常常面临诸多问题，例如案例与游戏难以覆盖要讲授的知识点，案例与游戏细节缺失，等等。这就需要教师对案例与游戏缺失部分进行适当的加工改造，使案例与游戏具有完整性和可操作性，并且能够尽可能多地体现要传授的理念、知识与技能。需要强调的是：

第一，尽管可以根据教学的需要适当加工案例与游戏，但情境创设应根据实际工作中的情境来设计，而不能凭空捏造、脱离实际。笔者常常运用"情境移植"的方法来创设情境，即从其他案件中移植特定的情境补充本案细节的缺失与不足。

第二，情境创设应该充分考虑教学条件，离开现实的教学条件进行情境创设没有可操作性。

第三，在训练过程中，授课教师应适时向学生提供各种案情细节，帮助其尽快融入角色，并使其感受临战状态的紧张气氛。

第四，为了确保该情景具有可行性，授课教师应在教学前自己操作一遍。

（三）任务设定准则

案例与游戏情景创设完成后，进入任务设定环节。任务设定是案例与游戏教学实施的第一步，应遵循以下几个准则：

第一，目标任务要明确具体，避免模糊设定。

第二，任务设定必须围绕要讲授的核心知识与技能进行。

第三，任务必须要真实，要通过真实的任务获得临战效果，驱动学生了解背景知识并深入思考解决问题的办法。需要确保任务明确、具体且可操作性强，通过该任务驱动学生思考如何依据各类线索资料分析案例，效果甚佳。但如果授课教师将任务设定为"请分析上述材料，撰写分析报告"之类的模糊任务，那么学生在演练过程中会迷失方向，各小组完成的结果也会千差万别，案例与游戏教学主题与方向因此改变，难以实现案例与游戏教学目标，教学效果也会因此大打折扣。

（四）角色扮演细则

教师给出案例与游戏情境并提出任务后，进入具体实施环节——角色扮演。角色扮演环节可分为以下三个相对独立的阶段。

一是角色分工阶段，即根据案例与游戏情境和执行任务的需要，把学生分成若干任务小组，并确定每个学生所扮演的角色，角色分工既可以由学生自主确定，也可以由教师指定。

二是制订计划阶段，即各小组进行交流讨论、分析研判，形成详细的行动计划和方案，并做好行动准备。

三是任务执行阶段，小组成员根据行动计划分工协作，完成情境任务。在小组讨论后，各小组根据教师提供的案例与游戏情境和任务，讨论并研究制定情报收集与情报分析方案，最终成果由小组长口头汇报，小组成员自由补充。

必须强调的是，在目标任务、角色分工设定后，执行任务环节不是由教师直接给出思路或答案，而是让学生独立或分组讨论，设计方案与计划，并付诸行动。通过角色扮演，能极大激发学生的兴趣与创造力，培养学生动手解决问题的能力，养成独立思考与主动学习的习惯和能力。

任务执行有两种类型：一是复习知识型，即相关知识与技能已经讲授过，通过案例与游戏情境模拟让学生进行实战演练，帮助学生加深对知识的理解与记忆，提高知识运用与动手能力；二是新增知识型，即案例与游戏所需的知识与技能尚未讲授，属于新的知识点。无论哪种类型，教师在提出任务目标后均应引导学生探索解决问题的方案。

（五）过程控制设计

案例与游戏情境模拟训练的关键就是要让学生亲自动手和体验，避免眼高手低。学生可以独立完成任务，也可以团队合作完成。在该过程中若遇到困境或问题，教师不应着急给出答案，而应鼓励学生尽力通过互联网或其他途径寻求解决问题的办法。如果是团队作战，教师应注意考察团队成员的分工、讨论、交流与合作情况，对于"搭便车"的情况（即个别学生不参与工作任务）要及时进行干预。在学生确实无法完成任务时，授课教师应适时予以指导，避免耽误时间，提高教学的知识含量。在整个引导控制过程中，必须遵循以下规则。

第一，学生是主体，教师只是进行引导和启发，不能直接帮助学生解决问题。

第二，案例与游戏情境演练过程中，学生团队所有成员应该参与和动手操作，授课教师应给予每位同学上台展示和获得点评的机会。

第三，案例与游戏情境演练过程中，教师应扮演好控制者的角色，即当学生出现大的分歧、冷场、跑题、秩序混乱等情况时，及时纠正。笔者在组织实施情报分析团队作战的案例与游戏教学过程中，通常采取以下手段确保学生积极参与任务。

一是主答与辅答制，即小组长负责汇报小组工作方案，小组成员自由补充，从而每个学生都有发言机会。

二是小组 PK 与相互点评制，对于同一个案例与游戏分多个小组进行演练的情况，各小组相互点评，分析对方的优缺点，通过相互点评激发学生参与的主观能动性，并建构临战压力环境。例如，在一次案例与游戏教学中，笔者将班级分为 3 个组，1 号组负责案情分析，提出解决思路，给予 100 分的基准分；2 号组负责批判补充，每提出 1 条补充得 10 分；3 号组继续批判补充，每提出一条得 15 分。在整个过程中由授课教师负责汇总各小组提出的方案，并在黑板上绘制思维导图，效果甚佳。

三是答案积分制，即对积极参与讨论并上台展示的同学给予一定的积分，作为课程平时成绩的重要参考。

四是实时提醒与提问制，例如在一次案例与游戏情境模拟课中，个别学生不参与任务，也有个别学生不参与讨论独自看书。授课教师要适时提醒，而提醒要掌握技巧，例如，笔者如此提醒："根据我的观察和分析，咱班的同学大体有四类：一是主导讨论型，二是参与讨论型，三是漠不关心型，四是独自High 玩型，待案例与游戏讨论结束后，我想专门请后两类同学畅谈读书和玩游戏的感想。"通过这种控制课堂的方法，能够有效督促所有同学参与讨论或动手操作，并活跃课堂气氛。

（六）点评讲解三步设计

在学生完成案例与游戏研讨、角色扮演并汇报完成果后，进入教师点评和讲解环节，这个环节至关重要，点评是否精准到位，讲解是否全面系统，决定了整个案例与游戏教学的质量，能起到画龙点睛的作用。

在点评环节，可以设计三步走：一是由各小组自行进行交流、讨论和总结，分析情境模拟过程中任务完成的得与失，分析存在的问题，总结经验，提出改进建议。二是在小组讨论总结的基础上，各小组之间进行交流讨论，开阔分析和解决问题的思路，探讨疑难问题。三是在全班讨论研究的基础上，授课教师总结和评价学生在本次练习中的表现，对每一小组的模拟进行点评，帮助学生认识模拟过程中的问题。

评价的内容包括模拟主题的把握度、情景设计的完整度和逻辑性、小组成员的团队配合度、行为举止的得体度、语言表达能力、灵活度、创新度、方法技术运用情况，以及分析问题和解决问题过程中存在的问题、经验、教训和改进策略等。

点评结束后，对于知识含量丰富的案例与游戏教学模块，授课教师还应该结合该案例与游戏及演练过程，对相关知识与技术进行系统的梳理和深入的讲解。若条件允许，在讲解完后，授课教师可根据讲授的理论知识与操作流程，演示一遍问题解决的全过程。为了强化学生对知识的掌握以及运用知识解决实际问题的能力，还可以留下新的任务供学生课后再进行练习，以巩固所学知识与技能。至此，一堂完整的案例与游戏教学课程才算完成。

经过案例与游戏情境模拟训练后再总结梳理关键成功要素（即核心知识点），不仅能够大大提升课堂的知识含量与理论深度，而且能够让学生真切感受到理论知识的价值和学习的重要性，不仅有助于课堂教学目标的实现，对于提升学生学习理论知识的兴趣和积极性也大有裨益。

本章介绍的案例与游戏教学与情境模拟相融合所形成的"全微案例＋游戏"教学法是我们平常所听到的案例与游戏教学的"升华版"，这是一种理论与实战相结合的教学方法。它根据教学目的，紧紧围绕要传授的知识与技术，整个课堂都以微案例与游戏为基本教学素材，通过创设情境，让学生运用科学的理论方法知识对具体事件或问题进行分析讨论、规划决策甚至采取行动，它集启发式、参与式、互动式教学于一体，着眼于开发学生的创造能力以及解决实际问题的能力，致力于将学生培养成解决实际问题的"实战高手"，而不是培养成解释问题的"理论高手"。

"全微案例＋游戏"教学模式通过案例与游戏以及精心创设生动的情境，变传统的"填鸭式"为主动探索式教学，对于激发学生的积极主动性、培育学生的创新精神与职业素质、提高学生的实践动手能力，有着传统教学法无法比拟的优势，是培养高素质的创新性应用人才，将理论知识转化为实际工作能力的有效途径。教师不仅要具有扎实的理论基础，还要熟悉实际业务流程、紧跟实践发展，不断更新知识；不仅要广泛收集并精选典型案例与游戏，还要对案例与游戏进行深度解剖，并根据教学需要对案例与游戏进行适当加工，创设合适的案例与游戏情境；不仅要在案例与游戏实施过程中把握全局，全面细致观察学生表现，适时给予指导或控制，还要对所讲授的案例与游戏、解决思路以及涉及的理论和知识了然于胸；此外，整个案例与游戏教学的课堂设计需要精心准备，需要教师具有较强的创造力并付出更为艰辛的劳动。

总之，"全微案例＋游戏"教学以有趣的方式多层次完成知识建构，培养学生分析问题与解决问题的能力。

第六章 沟通微案例与游戏

第一节 沟通方式与说服的微案例与游戏

案例一

免费试用

一个女孩在宠物店逗玩一条宠物狗好一阵儿后，说："唉，买还是不买，我总是下不了决心……我有'选择困难综合征'。"宠物店老板和蔼地说："小姑娘，你不用现在做决定，你把小 Tony（宠物狗的名字）带回家养几天。如果你感觉好，就留下；感觉不好，就送回来。"小姑娘听了欣喜地问："真的吗?"老板认真地说："当然是真的。"小姑娘欢天喜地地牵走了那条宠物狗。

人一旦养了宠物，总是与之有如亲人般的情感，一般是舍不得与其分开的，因此，这桩交易的结果很可能是乐观的。一般的营业员看见女孩逗玩小狗，报以微笑就已是难能可贵了。这位老板却成功地说服了顾客。

思考与讨论：

此次沟通中老板的免费试用策略为什么具有很强的说服力？

参考分析：

如何使自己的沟通具有说服力？

1. 诱之以利，让对方感到满足

没有利益的诱惑，是难以说服对方的。例如，对方是你的顾客，为了使对方获得利益，你必须确保你的产品品质优良；要对自己的产品有十足的信心，要善于发现顾客的意图，使之感到满足和快乐，绝不漠视对顾客的购买欲望，或者只顾自己获取利润。

2. 投其所好，让对方感到亲切

当对方处于警觉状态时，是很难被说服的。面对顾客，你需要付出努力来赢得对方的信任。人们在决定接受某个产品或某项服务时，会事先确定其中不存在风险，所以必须耐心地说明产品或服务的安全性，使对方打消疑虑。

3. 动之以情，让对方消除心理障碍

情感是说服活动的媒介。当对方处于不信任的状态时，你的话是不可能产生说服力的。对待顾客，必须展示友好的态度。当他拿不定主意时，你要表现得善解人意，要以诚相待。

案例二

陈经理的尴尬

财务部陈经理结算上个月部门招待费时发现有 1000 多元没有用完。按照惯例他会用这笔钱请手下员工吃一顿，于是他走到休息室想叫员工小马通知其他人晚上吃饭。快到休息室时，陈经理听到休息室里有人在交谈，他从门缝看过去，原来是小马和销售部员工小李在里面。"呃，"小李对小马说，"陈经理对你们很关心嘛，我看见他经常用招待费请你们吃饭。""得了吧，"小马不屑地说，"他就这么点本事来笼络人心，遇到我们真正需要他关心、帮助的事情，他没一件办成的。拿上次公司办培训班的事来说吧，谁都知道如果能上这个培训班，工作能力会得到很大提高，升职的机会也会大大增加。我们部几个人都很想去，但是陈经理却一点都没有察觉到，也没有积极为我们争取，结果让别的部门抢了先。我真的怀疑他有没有真的关心我们。"

思考与讨论：

此案例中的沟通问题出在哪里？

参考分析：

从这个案例中我们可以看出是上级和下级沟通出现了问题。首先是上级和下属沟通不充分。上级要尊重下属，让下属感到自身工作的重要性，调动他们工作的积极性，表明沟通的诚意。要让下属感到双方都是为了把工作做得更好，双方有共同的利益与追求。小马抱怨陈经理没有给他们争取培训机会，这也是由于陈经理没有跟自己的下属很好地沟通。如果尽量多聆听下属的观点和意见，就能了解下属需要什么，要求什么。专心聆听是双方沟通的关键，不听下属的发言就妄下结论往往给下属留下不负责任、敷衍的形象。要耐心倾听问题所在，并说明自己不这样办的理由。从案例中来看，陈经理应该在公司办培训班时征求一下下属的意见，问问有多少人想去，虽然不能保证每个人都可以去，但是会为下属努力争取机会，这样员工就不会抱怨。

其次，这个案例中一样存在下属和上级之间的沟通问题。与上级很好地沟通可以让人的能力和努力得到高度肯定，赢得更快的发展速度和更大的发展空间。可以消除上级对你的误解，以免给自己和他人带来不必要的麻烦，还可以增加下属对上级的理解，能够更愉快和更顺利地开展工作。此案例中小马只会私下抱怨，没有和陈经理很好地沟通，如果他和上级明确表明部门中有很多人想去参加这次培训，希望经理去争取，也许他们现在已经在培训人员的行列了。对领导的做法不认同的时候，应该及时和领导沟通，说出自己的建议和想法，这是解决问题的关键。在组织中，下级需要理解上级的做法，也许他一样有自己的不得已。如果双方只会抱怨，都把自己的想法埋在心里，以后的工作怎么开展呢？在组织中，上下级的及时沟通是特别必要的。上级需要下级的理解、支持和尊重，同时也要尽自己最大努力为下属办好事情，尽量聆听下属的意见和建议。下级要理解自己的上级，并及时反馈自己的想法，及时地和上级领导沟通。

案例三

夫妻吵架

一对夫妻吵完架后互不理睬，谁也不愿意先说一句话。丈夫有睡懒觉的习惯，平时早晨都是妻子喊他起床，这次他怕误事，因为第二天有个重要的会议，但又不好意思张嘴去求妻子，于是就写了张纸条："明天 7 点钟别忘了叫醒我！"放在妻子的梳妆台上。妻子看了没吭气。丈夫第二天一觉醒来发现已经 8 点了，就大声质问妻子："你怎么不叫醒我！"而妻子回答道："7 点钟的时候我给你写了纸条，你没看见？"丈夫一看枕边，果真有个纸条："已经 7 点了，快起来！"丈夫说："你喊我呀，写纸条有什么用！"妻子反问道："你不也是给我写的纸条吗？"

思考与讨论：

这个故事给我们哪些沟通方面的启示？

参考分析：

从上述案例可以看出，信息的传递要通过沟通渠道，不同的沟通渠道适用于传递不同的信息。无声的书面语言不可能唤醒一个熟睡的人，只有口头发出的声音才可以。

案例四

幸存者的呼救

一条船在海上遇难了，有三个幸存者被冲到三个相距很远的孤岛上。

第一个人大声呼救，但周围什么也没有，自然没有任何反馈。第二个人也高声呼救，恰好一架飞机飞过天空，但飞机上的人听不到他的声音。第三个人在呼救的同时点燃了一堆篝火，飞机上的人发现了孤岛上的浓烟，通知海上救援队把他救了出来。

思考与讨论：

（1）这三人中哪个人的沟通是最成功的？为什么？

（2）如果你遇到这种事情，会选择上述哪种沟通方式？你还有其他什么沟通方式吗？

参考分析：

选择合适的沟通方式主要应考虑两个问题：一是确定通过哪种沟通渠道来进行沟通；二是确定表达方式、风格和语言。

沟通渠道要合适，沟通渠道的选择要能最有效地进行信息传递、理解和处理。为了保证沟通的及时性和有效性，有时也需要考虑沟通对象的习惯和偏好。

案例五

小芳的建议

小芳是一个典型的北方姑娘，在她身上可以明显地感受到北方人的热情与直率，她喜欢坦诚，有什么说什么，总是愿意把自己的想法说出来与大家一起讨论。正是因为这个特点，她在上学期间很受老师与同学的欢迎。小芳从西安某大学的人力资源管理专业毕业，她觉得自己不但掌握了扎实的人力资源管理专业知识，而且具备了较强的人际沟通技能，因此对自己的未来期望很高。

为了实现自己的梦想，小芳毅然只身到广州求职。经过将近一个月的反复投简历与面试，小芳最终选定了一家研究生产食品添加剂的公司。她选择这家公司是因为该公司规模适中、发展速度很快，她认为自己施展能力的空间很大。但到公司实习一个星期后，小芳就陷入了困境。原来该公司是一个典型的小型家族企业，企业中的关键职位基本上都由老板的亲属担任，充满了各种裙带关系。尤其是老板安排了他的大儿子王经理做小芳的临时上级，主要负责公司的研发工作，在他的眼里，只有技术最重要，公司只要能赚钱，其他一切都无所谓。

一天，小芳拿着自己的建议书走向上级的办公室，提出了职责界定不清、雇员的自主权力太小致使员工觉得公司对他们缺乏信任、员工薪酬的公平性与激励性较低等问题。王经理认为，公司在赢利就说明公司目前实行的体制有它的合理性。小芳感受到了不被认可的失落，后来小芳的建议书石沉大海，王经理好像完全不记得建议书的事，小芳陷入了困惑之中……

思考与讨论：

请分析小芳沟通失败的原因。

参考分析：

此案例属于上行沟通，即下属和上级之间的沟通问题。

小芳作为下属，第一，犯了角色错误，只顾表达自己的意志和愿望，忽视上司的表象及心理反应。第二，在沟通方式上犯了说话太直接的错误，不懂得人都有爱被肯定的特性，领导也大都喜欢听到赞美的话，因此小芳应该学会上行沟通的技巧。第三，小芳没有选择好的时机。总之，如果小芳换种沟通方式，让上级感觉到自己被追随，下级是在帮助上级提高声誉，肯定有不一样的效果。

案例六

职场冤家

小贾是公司销售部一名员工，为人比较随和，不喜争执，和同事的关系处得都比较好。但是，前一段时间，同一部门的小李总是处处和他过不去，有时候还故意在别人面前指桑骂槐，对跟他合作的工作任务也有意让小贾做得多，甚至还抢了小贾的好几个老客户。起初，小贾觉得都是同事，没什么大不了的，忍一忍就算了。但是，看到小李如此嚣张，小贾一赌气告到了经理那里。经理把小李批评了一通，从此，小贾和小李成了绝对的冤家。

思考与讨论：

在这个案例中，小贾、小李和经理的做法合适吗？

参考分析：

在这个案例中，小贾、小李和经理的做法都不合适。

首先，小李如果对小贾有什么意见，应该主动去找他交流，看看是不是自己误解了，或者真诚地向小贾提出建议，而不是处处针对他，在背后说他的坏话，这样不仅不满的地方不会得到改善，甚至还会直接导致两人关系恶化。

其次，小贾在察觉到小李的恶意针对后，不应该一直隐忍，而是应该主动找小李去交流是不是自己哪些行为引起了误解或是哪里做得不好，并主动表示做得不好的地方会改进，这样，在感受到小贾的真诚后，小李想必也不会继续如此了。

最后，经理在收到小贾的举报后，应该找两人或者公司里的其他同事了解事情的始末，有了客观的判断后再分别找两人指出他们的问题，而不是听了小贾的话之后直接把小李骂了一顿，这样不仅不能解决问题，还会让两人结怨，甚至让其他员工也心生不满，不利于公司团结，同事和睦相处。

在与人的相处中，沟通是一件特别重要的事情，在商务中更是如此。为了更好地与同事相处，我们应时时谨记沟通交流的重要性，在合适的地方恰当地使用，这样不仅可以避免很多不必要的麻烦，还可以给人留下一个好的印象，也能让商务的进行顺利许多。

案例七

谁的错？

一家纤维厂的产品很畅销，企业效益也很好。厂领导通过国内外考察，意识到该产品两年后必然会因为加入 WTO 而面临国外产品冲击的危险，于是决定立即引进新的生产线，生产新产品。可是厂里的资金严重不足，厂领导想了一个办法，要求全厂员工集资，并且规定不愿集资者就要下岗。职工对此怨声载道，产生强烈的抵抗情绪，认为是领导好大喜功，结果酿成大规模上访事件。无奈之下，厂里只好取消了这个集资计划。两年后该厂受到市场冲击，厂里的经济效益一落千丈，全厂领导和员工都在私底下埋怨对方，认为是对方做错了才导致现在这样的后果。

思考与讨论：

该纤维厂为何会出现这样的困境？

参考分析：

1. 纤维厂出现这种困境的原因是上级领导没有事先和下级员工做好积极深入的沟通所致。

2. 沟通是双向的，双方面的事情，如果一方积极主动，另一方消极应对，那么沟通是不会成功的。实际生活中，许多管理者喜欢高高在上，缺乏主动与员工沟通的意识，凡事喜欢下命令，忽视沟通管理。试想一下，如果纤维厂的领导，将自己在国外考察所意识到的事情跟员工深入沟通分析一下，将会是另一个结果。作为一名管理者要尽可能与员工进行交流，使员工能够积极了解管理者的所思所想，领会上级意图，避免推卸责任，让员工融入企业中，员工越积极，对企业的关心也就越多，当出现困难的时候也会积极应对，这正是积极沟通的原因。

游戏一

如何沟通

形式：全体人员，14～16 人一组。

主题：问题解决方法及沟通。

材料：眼罩及贴纸。

场地：空地。

操作程序：所有人都戴上眼罩；给每人一个编号，这个编号只有本人知道；让小组成员按编号从小到大的顺序排成一列；任何人都不能讲话，只要有人讲话或摘下眼罩则游戏结束。

思考与讨论：

（1）你是用什么方法通知小组其他成员你的位置及编号的？

（2）你在沟通中遇到了什么问题？你是怎么解决这些问题的？

（3）你认为还有更好的方法吗？

目的：

理解沟通方式的多样性，以及妥当沟通方式根据实际情况的灵活选择。

游戏二

看病排队

假设你去一家医院看专家门诊，看病的人很多，你等了一个多小时，前面还有一个人就轮到你了，然而，该医院一位护士的熟人没有排队就被直接领进去了。此时你会选择以下哪种处理方式？

1. 气愤地找护士和医生理论，扬言要找医院领导反映此事，要求有一个公正的答复。

2. 大声嚷嚷："熟人就可以不排队吗？这家医院的职工素质太差了，再不到这家医院来看病了！"随即生气地转身就走，骂骂咧咧地离开这家医院。

3. 自我沟通："现在的社会就是这样，忍忍算了，何必自找麻烦？"或者："多待会儿也好，一来练练毅力，二来锻炼筋骨。想开点！"

思考与讨论：

如果你遇到这种事情，会选择上述哪种沟通方式？你还有其他沟通方式吗？

目的：

如何根据实际情况灵活选择有效沟通方式。

游戏三

撕纸游戏

操作程序如下：

1. 给每位学生发一张纸。

2. 老师发出指令：大家闭上眼睛，全过程不许提问；把纸对折，再对折，继续对折；把右下部分撕下来；把纸旋转180°，把左上部分撕下来；睁开眼睛，把纸打开。

思考与讨论：

与周围的同学对比各自手中纸的形状，并讨论为什么会出现不同的结果。

参考分析：

1. 沟通过程

沟通的过程是信息发送者通过选定
的信息传播渠道将信息传递给信息接收
者的过程。图6-1所示的沟通过程包括
信息发送者、编码、信息传播渠道、信
息接收者、译码、反馈等要素。此外，
在这个过程中还可能存在妨碍沟通的因
素，即噪声。

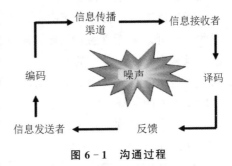

图 6-1　沟通过程

（1）信息发送者

信息发送者是沟通过程的主要要素。信息发送者是利用生理或机械手段向
预定对象发送信息的一方。信息发送者可以是个人，也可以是组织。信息发送
者的主要任务是对信息的收集、加工及传播。

（2）编码与译码

编码是指信息发送者将信息的意义符号化，编成一定的文字等语言符号及
其他形式的符号的过程。译码则恰恰与之相反，是指信息接收者在接收信息
后，将符号化的信息还原成思想，并理解其意义的过程。

完美的沟通应该是：信息发送者的思想1，经过编码和译码后，与信息接
收者形成的思想2完全吻合，即编码和译码完全"对称"。对称的前提条件是
收发双方拥有共同的经验；如果双方对信息符号及信息内容缺乏共同的经验，
即缺乏共同语言，编码、译码过程就不可避免地会出现偏差。

（3）信息传播渠道

不同的信息内容要求使用不同的渠道传播。例如，工作总结报告多采用
正式文件的形式而很少采用口头形式。有时根据需要也可以使用两种或两种
以上的渠道传递信息。在各种沟通方式中，影响力最大的是面对面的沟通
方式。

（4）信息接收者

信息接收者是信息发送者的信息传递对象。人们通过沟通分享信息、交流
思想和感情，这种分享和交流是可以双向进行的。在大多数情况下，信息发送
者与信息接收者在同一时间既发送信息又接收信息。因此，信息接收者的主要
任务是接收信息发送者的信息、思想和情感，并及时地把自己的信息、思想和
情感反馈给对方。

（5）反馈

反馈是指信息接收者接收信息发送者所发出的信息，经过消化吸收后，将自己的理解传达给信息发送者的过程。沟通实质上不是行为而是过程，这意味着在沟通的每一个阶段都要寻求受众的支持，更重要的是给予他们回应的机会。通过反馈，双方才能正确把握沟通的过程。在沟通过程中，反馈可以是有意的，也可以是无意的。例如，演讲者在演讲时就存在与观众的沟通，观众可能会以喝倒彩表示他们的不满，也可能会显得疲惫或精力不集中，观众这种无意间的情绪流露，反映出他们对演讲的内容或方式不感兴趣。在沟通中，反馈是非常重要的一环，它可以让信息发送者得知对方是否接收与理解自己发出的信息，并了解对方的真实感受。

（6）噪声

噪声是沟通过程中的干扰因素。它是准确解释和理解信息的障碍，可以说妨碍沟通的任何因素都是噪声。噪声存在于信息发送者和信息接收者之间，分为外部噪声、内部噪声和语义噪声等。

2. 单向沟通的弊端

根据是否进行反馈，沟通可分为单向沟通和双向沟通。单向沟通是指在沟通过程中，信息发送者负责发送信息，信息接收者负责接收信息，信息在沟通全过程中单向传递。单向沟通没有反馈，如做报告、发指示、下命令等。双向沟通是指信息发送者和信息接收者之间进行双向的信息传递与交流，在沟通过程中双方角色不断变换，沟通双方既是发送者又是接收者。双向沟通中的信息发送者以协商和讨论的方式与信息接收者交流，信息发出以后还须及时听取反馈意见，必要时双方可进行多次商谈，直到达成共识为止。双向沟通与单向沟通的比较如表 6-1 所示。

表 6-1　双向沟通与单向沟通的比较

项目	比较
时间	双向沟通比单向沟通耗费的时间更多
信息准确度	双向沟通中信息发送与接收的准确性比单向沟通更高
沟通者的自信度	双向沟通的信息接收者会产生平等感和参与感，自信心和责任心较强；双方都比较相信自己对信息的理解
满意度	双向沟通中双方对沟通的满意度一般更高
噪声	双向沟通中与主题无关的信息较易混入沟通过程，双向沟通的噪声比单向沟通要大得多

单向沟通与双向沟通各有优缺点，我们应学会在不同的情况下选择合适的沟通方式。一个组织如果只重视工作效率与管理秩序，宜用单向沟通；例行公事、上对下的命令传达，可用单向沟通。如果要求工作准确性高、重视成员间的人际关系，则宜采用双向沟通；如果是处理新的复杂问题，上层组织需要做出重大决策，双向沟通的效果更好。从领导者个人来讲，如果经验不足，或者想树立权威，则单向沟通较为有利。

游戏四

说服游戏

操作程序如下：

（1）2人一组，先询问对方最不喜欢做的一件事是什么，然后尝试说服对方去做那件事或者相似的事情。

（2）时间足够的话，再换一个同伴。

思考与讨论：

你采用了哪些说服技巧？

目的：

能够根据实际情况说服别人。

说服不同于威胁压服，也不同于欺骗，成功的说服必须要体现双方的真实意见。采取胁迫或欺诈的方法使对方接受己方的意见，会给谈判埋下危机，切忌用胁迫或欺诈的手法进行说服。

谈判中说服对方的基本原则是要做到有理、有力、有节。有理是指在说服时要以理服人，而不是以力压人；有力是指说服的证据、材料等有较强的力量，不是轻描淡写；有节是指在说服对方时应适可而止，不能得理不饶人。说服对方，不仅要有高超的说服技巧，还必须运用自己的态度、理智、情怀来征服对方，这就需要掌握说服对方的基本条件。

1. 要有良好的动机

说服对方的前提是不损害对方的利益。这就要求说服者的动机端正，既要考虑双方的共同利益，更要考虑被说服者的利益要求，以使被说服者认识到服从说服者的观点和利益不会给自己带来什么损失，从而在心理上接受对方的观点。否则，即使暂时迫于环境或对方的压力接受了说服者的观点，也会"口服心不服"。

2. 要有真诚的态度

真诚的态度是指在说服对方时尊重对方的人格和观点，站在朋友的角度与对方进行坦诚的交谈。要说服对方，必须从与对方建立信任做起。

3. 要有友善的开端

谈判者要说服对方，首先必须给人以良好的第一印象，才能使双方在一致的基础上探讨问题。友善的开端：一是要善意地提出问题，使对方认识到这是在为他自己解决困难，这就要求说服者不是随心所欲地谈自己的看法，而要经过周密思考，提出成熟的建议。二是要有友善的行为，即在说服中礼貌待人，晓之以理，动之以情，使对方自愿接受说服。

4. 要有灵活的方式

要说服对方，方式是重要的条件，只有针对不同的人采用不同的方式，才能取得理想的效果。

第二节　口头沟通微案例与游戏

案例一

一次失败的沟通

张芳在某公司担任市场部经理，年底公司为了奖励市场部的员工，制订了赴海南旅游的计划，名额限定为 10 人。可是市场部有 13 名员工，张芳向上级申请再加 3 个名额。她对领导说："朱总，我们市场部的 13 个人都想去海南旅游，可只有 10 个名额，剩余的 3 个人会有意见。能不能再给 3 个名额？"朱总说："筛选一下不就完了吗？公司提供 10 个名额的花费已经不少了，你怎么不为公司考虑呢？你们呀，就是得寸进尺，不让你们去旅游就好了，谁也没意见。我看这样吧，你们做领导的姿态高一点，明年再去。这不就解决了吗？"

思考与讨论：

（1）张芳这次的沟通失败了，可她却不知道自己错在哪里。请你帮她分析一下。

（2）如果你是张芳，你会如何争取旅游名额呢？

参考分析：

1. 沟通要讲究策略和方法。张芳的沟通犯了角色错误，只顾表达自己的意志和愿望而忽视上司的表象及心理反应。在沟通态度上以自我为中心，在沟通方式上说话太直接，不懂得迂回。

2. 如何使这次沟通"达标"？应使用情境分析法、换位思考法，树立一个沟通低姿态，站在公司的角度考虑一下公司的缘由，遵守沟通规则，为解决此问题做好心理准备。

下面是这段对话的开头示范：

张芳：朱总，大家今天听说去旅游，非常高兴，非常感兴趣。觉得公司越来越重视员工了。领导不忘员工，真是让员工感动。朱总，这事是公司突然给大家的惊喜，怎么想到这个策划的？

朱总：真的是想给大家一个惊喜，这一年公司效益不错，是大家的功劳，考虑到大家辛苦一年。年终了，第一，是该轻松轻松了；第二，放松后才能更好地工作；第三是增加公司人员的凝聚力……

案例二

"周日来加班吗？"

小王是一家公司的员工，一段时间内单位经常加班。一次周五下班时，老板问小王说："周日来加班吗？"小王说："我周六来。"领导又问："周日来吗？"小王说道："我周六就来。"老板又说："我在问你周日来不来？"小王说："我周六都来了，周日肯定来。"

小王觉得自己很委屈，领导不能理解他的辛苦。

后来一次无意中和领导谈起此事时，领导说："我问你周日来不来，你回答说周六来，你答非所问。"小王说："我周六都来了，周日肯定来。"领导又说："那不一定，周六来周日不一定来，要是你周日有事，在时间上有自己的安排呢？如果你回答周六周日都加班，回答不要绕弯子，就不会产生误解，我也会理解你了。"

思考与讨论：

这个案例给你什么启发？

参考分析：

原来小王的话带有不被察觉的情绪，不明确的回答造成了沟通的不顺畅。

游戏一

"苹果"与"菠萝"

1. 游戏步骤

（1）10个左右学生为一组，每组设组长一名。每组全体学生围成一圈。

（2）组长先和相邻的人（甲）进行演示。

组长：这是苹果。

甲：什么？

组长：苹果。

甲：谢谢！

（3）进行完这一对话程序，由甲开始问他的下一个同伴（乙）相同的问题。

甲：这是苹果。

乙：什么？

甲（对组长说）：什么？

组长：苹果。

甲：苹果。

乙：谢谢！

（4）将此对话一直持续下去，最终传到组长；同时组长向另一个方向相邻的人传递"菠萝"，两句话朝相反的方向进行传递。

2. 游戏提示

（1）组长要密切注意对话的流向，特别是"苹果"和"菠萝"的走向。

（2）这是一个非常有趣和复杂的体会口头沟通过程的游戏，组长应该提醒参与者在对话过程中回答的规律，要求参加培训的人员具有特别高的注意力和反应能力。

目的：

体会口头沟通的优点和缺点，对于回答错误的学生，可以给予适当惩罚。

游戏二

最近工作忙不忙？

两人一组，一人扮演领导，一人扮演员工。假设你入职不久，在公司遇到领导，领导问你："最近工作忙不忙？"你很快做出回应。

思考与讨论：

（1）碰到类似情况（如老师或朋友问你："最近学习忙不忙？"），你以前通常是怎样回答的？

（2）你认为领导有哪些意图？你应该如何回答？

（3）如果你不知道领导的意图，应该如何回答？

参考分析：

这需要分析具体的背景。你认为领导可能有哪些可能的意图？你可以分别做出怎样的回应？

如果你不知道领导的意图，你认为如何回答对自己最有利？也许实话实说是很不错的选择。

目的：

练习口头表达能力。

游戏三

提高口头沟通能力的训练

1. 朗读朗诵

作用：练习口齿清晰伶俐，积累热点知识。

方法：（1）准备一份当天的报纸；（2）大声地读出来；（3）持续 15～30 分钟。

2. 对镜练习

作用：训练自己的眼神、表情和对关键知识点的肢体语言表达。

方法：在家或办公室对着镜子练习，练习过程中注意自己的语速与表情变化，重复三遍。开始会有点紧张，觉得怪怪的，练习时间久了就把自信感释放出来了。

3. 录音录像

作用：通过对自我演讲录音录像，反复观摩找出问题，并不断改善。看一次自己的演讲录像比上台十次的效果更佳。

方法：录音必须是一次完整的录音，原则是先演练再改进，切记不要说错了马上改；录像主要是关注自己的动作与表情是否合理到位。录音也可以从日常的微信、微课和微分享中提取，逐渐增多改进。

4. 速读练习

作用：目的在于锻炼口齿伶俐，语音准确，吐字清晰。

方法：准备一篇优美的散文；将文章中读音搞不准的字，不太熟悉的词查出来；开始朗读，第一次朗读速度不要太快；逐步逐次加快，最后达到所能达到的最快速度；读的过程中不要有停顿，发言要准确，吐字要清晰，尽量发声完整，不吞字吞音。

5. 即兴朗读

作用：增强记忆力，快速理解力和即兴构思能力。

方法：空闲时随便拿一张报纸或一本书，任意翻到一段，然后一气呵成地读下去。在朗读过程中，能够有意识地上半句看稿子，下半句脱稿看前面。

6. 复述

作用：锻炼语言的连贯性及现场即兴构思能力和语言组织能力，如果能面对众人复述还可以锻炼胆量，克服紧张心理。

方法：找一个伙伴一起训练，请对方讲一个话题或一个故事，自己先认真倾听，然后再向对方复述一遍；让对方给予反馈，找出优缺点和差异点；再重复一遍。

7. 描述

作用：把看到的景、事、物、人用描述性的语言表达出来。描述法没有现成的演讲稿、散文等作为练习材料，要自己去组织语言进行描述。描述法训练的主要目的在于训练语言组织能力和语言的条理性。

方法：在描述时要能够抓住特点。语言要清楚，明白，逻辑性强，有一定文采。一定要用描述性的语言，尽量生动、活泼。

作用：通过模仿不同的人物，培养人的适应性、个性，以及适当的表情、动作，提高表达能力。

方法：

①模仿专家：找一位喜欢的播音员、演员等专业人士，把他们的声音录下来，然后进行模仿。

②角色模仿：模仿领导的讲话、答记者问，模仿律师等，还可以选择小品中的角色或影视作品中的人物模仿。

③专题模仿：几个好友相聚一处，请一个人先讲一段小故事、小幽默，然后大家轮流模仿，看谁模仿得最像。此法简单易行，娱乐性好。

8. 讲故事

作用：积累大量素材，故事讲得生动、入心，自然就能与听众产生共鸣，培养情感。

方法：故事种类很多，关键是在合适的时间合适的场合讲合适的故事，如果故事是虚构的，那就要在演讲前多多练习，才能讲出味道。这种讲故事的能力是抓住听众注意力，提高口头沟通效果的妙招。

目的：
练习口头表达能力。

游戏四

即兴发言

选择下列题目中的一个作一次即兴发言，要求时间控制在 3 分钟左右。

1. 在某次集体活动中，教师要求每个成员进行自我介绍，以便给其他成员留下深刻的印象。

2. 你参加某企业招聘经理助理的面试，面试官要求你陈述自己的履历，以及你应聘该职位的理由和你的职业发展规划。

3. 你准备竞聘某学生社团副会长的职位，请你发表竞聘发言。

4. 你邀请了一位熟悉的老师给大家讲课，你需要为该老师作引荐发言。

5. 在某次竞赛活动中，你获得了一等奖，当你上台领奖时，被要求讲几句话。

目的：

锻炼口头沟通能力。

游戏五

演　讲

1. 方法和步骤

将班级的同学分为几个由 8～10 人组成的小组。由指定小组长主持，每个同学依次在以下选题中选择一个主题（也可以自由拟订选题），先在小组内进行 2～3 分钟的即兴演讲：①如何才能使每门课的评分更公平、更合理；②对大学生创业的认识；③我的职业生涯设计；④怎样使大学生活更充实；⑤如何正确对待就业和择业。

一位同学演讲后，小组内其他同学按照以下评价标准对其评分。全组人演讲完后，推选出得分最高的同学作为代表在班级演讲，由全班同学对其作出评价。然后，根据得分高低推选出班级演讲第一名。

2. 评价标准

听众都要从以下几个方面对演讲者的表现进行评价：①演讲主题和目标是否明确；②演讲内容是否充实、条理是否清晰；③演讲者的语言表达技巧如何，是否富有激情；④演讲者是否充分利用了非语言沟通手段；⑤演讲者是否与听众保持了互动沟通；⑥演讲者能否有效控制怯场。

每方面的评价都分为五个等级："很不满意""不满意""一般""良好"和"优秀"，相应的分值为 1 分、2 分、3 分、4 分、5 分。六个方面的得分相加，得到演讲者的综合得分（假定六个方面的权重相等），把所有听众的评分相加，得到每位演讲者的总分。

3. 反馈和总结

分小组和班级两个层次，把对每位同学的演讲评价反馈给他（她），肯定演讲者的优点，提出提升演讲总体效果的对策。

目的：

培养演讲能力与评价能力。

游戏六

面　谈

和同伴交流这两种情况：

1. 大家对某门课程的老师的教学方式不太满意，你受全班同学的委托去与这位老师进行沟通，希望他能改进教学方法。你在与这位老师面谈前会做些什么准备工作？你打算如何与这位老师进行面谈？

2. 如果你所在社团要招聘新的成员，一共有 20 个新生来应聘 5 个空缺位置，假如你是负责招聘的两位面试官之一。你在招聘面谈前会做些什么准备工作？你打算如何进行此次面谈？

目的：

掌握面谈知识。

（一）准备阶段

1. 确定面谈的目的

明确面谈目的有助于制订计划和采取行动，面谈的目的往往是非常具体的，如"为公司招聘合适的员工""找出生产率降低的原因，以及寻找在特定的时间内达到公司要求的解决办法""解释某个政策制定的目的，以消除人们的误会"等。在面谈准备阶段必须考虑通过面谈要解决什么问题，还要考虑访谈者与被访者之间的关系。当面谈的目的确定以后，就要考虑以下问题：你要如何进行面谈？在哪里面谈？面谈时应该避免什么问题？

2. 设计面谈的问题

面谈的问题取决于面谈的目的，它是在面谈中获取信息的基本手段。所有的访谈者都会提问，但只有精心准备的访谈者才能提出有效的问题，从而获取他们所需的信息。访谈者在面谈准备阶段应该仔细阅读有关材料，明确自己需要收集的信息的类型，并把面谈中需要获取的信息罗列出来，最好准备一张事先设计过的问题表。同时，访谈者还需要了解被访者的背景资料以预测其可能的反应，从而调整自己提问的方式以引导被访者按自己需要的方式组织信息。在问题的具体设计上，可选择两种类型的问题：开放式问题和封闭式问题。这两种不同类型的问题可以达到不同的效果，获取具有各自特点的信息。

封闭式问题给被访者选择答案的空间很小或者没有，通常只有一个明确的答案。例如，"你最后一次在哪里就职？""你是愿意在项目 A 还是项目 B 中工作？"封闭式问题适用的情形如下：①节省时间、精力和金钱；②维持、控制面谈的形势；③从被访者处获取特定的信息；④鼓励被访者完整描述某个特定事件；⑤鼓励腼腆的人说话；⑥避免被访者泛泛而谈。

开放式问题与封闭式问题的特点恰恰相反，这类问题的答案通常不是特定的。例如，"你的工作干得怎样？""新的规章对部门士气的影响怎样？"开放式问题适用的情形如下：①了解被访者优先考虑的事情；②让被访者无拘无束地谈论他的看法；③明确被访者的知识深度；④清楚被访者的表述能力。

3. 安排面谈结构

确定了面谈的目的、设计好面谈的问题后，面谈准备的下一个步骤就是确定面谈内容的结构。为此，要考虑准备面谈指南，面谈指南中应注明面谈时提问题的顺序。这里的面谈指南是一份关于面谈者想涉及的话题和子话题的提纲，通常在每个话题下列举一些特定的问题。

4. 安排好面谈的环境

面谈环境会对面谈的气氛和结果产生较大的影响。研究表明，大部分办公室可以分为两个区域：压力区域和半社会化区域。压力区域：办公桌周围的区域。办公室的主人坐在办公桌的后面，这张桌子可能会在交谈双方之间形成一道自然的和心理上的屏障，因此这一区域适合于正式面谈。半社会化区域：稍微远离办公桌的区域。如果是较大的办公室，会有舒适的沙发和茶几。同时，心理学研究表明，双方座位成直角要比面对面的交谈自然 6 倍，比肩并肩的交谈要自然 2 倍。

5. 预估可能的问题并做好应对准备

在准备面谈时，访谈者应当考虑可能会遇到哪些问题，被访者可能怎样回答及会提出什么异议，被访者的个性以及在面谈中的地位（支配地位还是被支配地位），预计需要多长时间提问等。如果能对这些情况提前进行预设并做好应对的准备，在实际面谈时，结果就会比仓促上阵要好很多。

游戏七

万事开头难

你下周要去给本校某协会同学做一个演说/给中学生讲一堂课/去某公司推销一种办公用品，你准备如何开始？请和同伴谈论你的开场白方案并说说为什么。

目的：

万事开头难，开局形成的第一印象影响着谈判全过程的气氛。良好的气氛一般在谈判开始就形成了。商务谈判开局的气氛主要受无声因素和有声因素的影响。

游戏八

提高声音质量游戏

用不同的声音与语调录下自己的话：

你怎么才来啊，我都等了你半个小时了。

选择自己觉得最好的声音和语调的一次。

注意：声音质量主要包括音调、音量、语速和语调四个方面。

（1）音调

音调高会给人以细、尖、刺耳的感觉；音调低会给人以粗犷、深沉的感觉。选择适当的音调对于保证沟通效果是至关重要的。

（2）音量

音量大小要与环境相适合。音量的大小主要是由场地大小、受众人数的多少以及噪声大小三个因素决定的。

（3）语速

语速快会给人紧迫感，对促使受众理解有一定的帮助，但长时间语速过快会影响受众的理解。通常，公共场合讲话的语速要快于平时讲话的语速；语速应随句子重要性的变化而改变；要适当地使用停顿。

（4）语调

语调是音调、音量和语速的组合。语调的变化常常与讲话者的兴趣和强调的重点密切相关。撇开所讲的内容不谈，语调本身就可能流露出讲话者的态度。

目的：

提高声音质量，让同学们知道声音质量可以通过练习来提高。

游戏九

大富翁游戏

3～4人一组玩大富翁游戏。棋盘见图6-2。每走到一个格子，按照要求完成口头表达，时长要求至少一分钟。先到达终点者为胜。

目的：

锻炼口头表达能力。

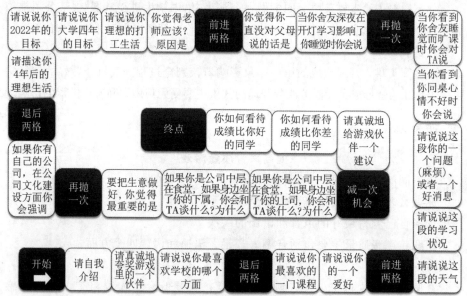

图6-2　大富翁棋盘

第三节　非言语沟通微案例与游戏

案例一

办公室的非言语沟通

星期五下午 3：30，在某公司经理办公室，经理助理李明正在起草公司上半年的营销业绩报告，这时公司销售部副主任王德全走了进来。

"经理在不？"王德全问。"经理开会去了，"李明起身让座，"请坐。""这是经理要的材料，公司上半年的销售统计资料全在这里。"王德全边说边把手里的材料递给李明。"谢谢，我正等着这份材料呢。"李明拿到材料后仔细地翻阅着。"老李，最近忙吗？"王德全点燃一支烟问道。"忙得团团转！现在正起草这份报告，今晚大概又要加夜班了。"李明指着桌上的文稿回答道。"老李，我说你呀，应该学学太极拳。"王德金从口中吐出一个烟圈说道，"人过 40，应该多多注意身体。"李明闻到烟味，鼻翼微微翕动着，心里想，老王大概要等这支烟抽完了才会离开，可我还得赶紧写这份报告呢。"最近我从报纸上看到一篇短文，说无绳跳动能治颈椎病。像我们这些长期坐办公室的人，多数都患有颈椎病。你知道什么是'无绳跳动'吗？"王德全自顾自地往下说，"其实很简单……"李明心里有些不耐烦，可是碍于情面不便说，他瞥了一眼墙上的挂钟，已经下午 4 点钟了。李明把座椅往身后挪了一下，站立起来伸了个懒腰说："累死我了。"又过了一会儿，李明开始整理桌上的文稿。王德全抽着烟，继续自己的话题。

思考与讨论：

请分析本案例中的非言语沟通的含义。

参考分析：

这则故事中不仅有语言沟通，更重要的信息体现在非语言沟通上。当王德全在经理办公室抽烟时，李明的鼻翼微微翕动，这表明李明对烟味比较敏感或者不喜欢烟味。如果王德全注意到这种非语言的信息，就应该立即将烟熄掉。另外，李明抬头看墙上的钟、起身整理桌上的文稿，这些举动都传递出一种暗示：你应该离开这里，我现在很忙。如果王德全感觉到这种暗示，就应该起身告辞了。

案例二

老李为何生气？

小王是新上任的经理助理，平时工作积极主动，且效率高，很受上司器重。一天早上，小王刚上班，电话铃就响了，为了抓紧时间，她一边接听电话一边整理有关文件。这时，老员工老李来找小王。他看见小王正忙着，就站在桌前等候。只见小王一个电话接着一个电话。最后，他终于可以和小王说话了。小王头也不抬地问他有什么事，并且一脸严肃。老李正要回答时，小王好像又想起了什么事，对同屋的小张交代了几句话，这时老李已经忍无可忍，发怒道："难道你们就是这么当领导的吗？"说完，愤然离去。

思考与讨论：

（1）老李为什么会生气？

（2）假如你是小王，为了成功地进行本次沟通，在非语言沟通方面你会怎么做？

参考分析：

在此案例中，小王的非语言行为如"头也不抬地问""一脸严肃""在老李未回答问题时又转头交代小张一些事情"等行为让老李认为小王根本没把自己当回事，只是一味地忙自己的事情。老李觉得自己地位低，受到了轻视，因此发怒。

眼睛是心灵的窗户，是透露人内心世界的最有效的途径。在与人沟通时，至少要正视对方以表示尊重，而小王却头也不抬地询问老李，让对方产生一种没有被人尊重的误解。在自己问完后，未等老李回答又马上转移和其他人说话，种种行为让老李更加觉得自己无关紧要。

正确的做法：在看到老李等待回复，自己又忙着接电话的时候，小王应先向老李道歉。在结束电话后，询问老李时，必须抬头正视他，如有必要还应站起身来表示尊重。当想起还有其他事情的时候，也不应直接打断老李的问题，可以等处理完老李的事情后再通知小张。如果实在是抽不出时间，则应和老李约定一个时间，等事情结束后再去找他谈话。

案例三

希尔顿酒店的微笑

希尔顿酒店是美国一家闻名全球的世界连锁企业，并且以微笑服务著称于世。董事长康纳·希尔顿确信微笑有助于酒店的发展。他时刻要求下属"无论酒店本身境遇如何，希尔顿酒店的服务员脸上都要带着微笑"。他对下属常说的一句话是："你今天对顾客微笑了吗？"

20世纪30年代，在空前的经济大萧条时期，全美国的酒店倒闭了80%，而希尔顿酒店则在服务人员脸上的微笑的伴随下，度过了萧条时期，跨入了经营的黄金时代。

思考与讨论：

请评价这个真实的案例。

参考分析：

据研究，高达93％的沟通是以非语言形式进行的，其中55％是通过面部表情、身体姿态和手势传递的，38％是通过声调传递的。希尔顿酒店服务员脸上的微笑使顾客感觉到自己受到了欢迎，受到了尊重，犹如明媚的阳光，使人忘却了烦恼与忧虑。

案例四

小郑接待

小郑刚参加工作不久，公司举办了一场大型的产品发布会，国内很多知名企业人士参加。小郑被安排在接待岗位。活动当天，小郑早早来到机场，见到参加发布会的人，他便开口说："您好！是来参加发布会的吗？请问一下您的单位及姓名，以便我们安排就餐与住宿问题。"小郑有条不紊地做好记录。在会场，小郑帮客人引路，小郑一直小心翼翼放慢步伐，注意与客人的距离不能太远。原本心想自己把事情做得很好了，后来却被上司批评了……

思考与讨论：

你认为小郑做得好吗？请你分析小郑为什么被批评？

参考分析：

在迎接礼仪中，小郑接到客人后要主动打招呼，握手表示欢迎，同时说些寒暄辞令、礼貌用语等，而小张没有事先了解要接待客人的相关信息，张口就问，十分不礼貌。在引导客人时，应主动配合客人步伐，保持一定距离。在出电梯时，应让客人先走出电梯，自己在后面，以保证客人安全。

由此我们也可以看出无声的礼仪的作用：塑造良好的企业形象；赢得机会；沟通。

游戏一

你比画我猜

教师事先准备好一些词语。两个学生为一组，一位学生看到词语后用手势比画解释，另一位负责猜。负责比画的学生可以用简单的语言和肢体动作描述这个词，但不能说出词语包含的字。如果学生猜对该词，换下一个词语竞猜；如果猜不出来，可以跳过该词。每组时间为3分钟。比一比哪一组猜出来的词语最多。

目的：

加深对非语言沟通丰富、普遍和复杂性的理解。

145

游戏二

你坐在哪儿？

1. 教师对几个学生进行性格分析，然后让他们本人和其他同学判断老师的分析是否正确。

2. 学生回答问题：如果可自由选择座位，你会选择教室中间、前面、后面的哪个位置？为什么？

思考与讨论：

（1）非语言信息可靠吗？

（2）以后你会如何进行非语言沟通？

参考分析：

1. 教师对学生进行性格分析，是通过他们分别坐在教室中间、前面、后面、靠窗等方位来判断的。

然后让同学们自己解释为什么选坐在这个地方以了解他们在选座位方面的非语言信息，也思考非语言信息的判断是否可靠。

2. 引起大家思考：座位的选择是否暗含了自己的思想和性格特征。

附：专家总结的不同位置反映出的性格特征：

前：喜欢参与活动，想保持清醒。

后：观察者，不喜欢被关注，想要安全感。

靠窗：喜欢幻想、自由。

靠门：经常很匆忙，想要第一个出去。

中间：喜欢融入人群，可能比较害羞。

目的：

理解对非语言沟通解读的注意事项，需要注意以下几点。

（1）非语言暗示通常是难以解读的

在任何人际交往中解读非语言暗示都是成功的关键，单个的暗示代表了单独的意义。重要的是我们不仅要关注非语言行为集群，而且必须认识到非语言含义如同语言含义一样，很少局限于单个外延含义。

（2）非语言暗示通常是难以理解的

一个事物在不同的情境、文化或场合中，其含义截然不同。要理解某个特定行为的含义，我们通常需要了解行为发生的背景。比如，注视某人的双眼可能在一种情形下表示关爱，而在另一种情形下却意味着挑衅。解读情境的重要性，正如我们解读语言的重要性一样，是尤其关键的。毕竟，所有沟通的含义都是由情境决定的。

（3）非语言行为通常是相矛盾的

我们的姿势和声调也许在表达某种意思，但我们的眼神却可能在表达另外一种意思。尽管我们试图站直并摆出支配性和自信的架势，但双手急促不安地摆弄着笔可能表示出完全不同的意思。非语言行为的确会扎堆地出现，因此，当我们开始全面地审视面前的人时，必须经常性地考察其多种行为。

（4）一些非语言暗示比其他暗示更重要

当我们对多种行为集群——语速、语调、音量、体态、姿势、瞳孔变化、手臂和双手动作进行考察时，对于认真的观察者来说，一些非语言暗示比其他的暗示更为重要。某个特定暗示的相对重要性在很大程度上取决于说话者的习惯及其寻常的行为。换言之，我正观察到的行为对这个人来说是寻常的还是不寻常的？如果是不寻常的，那么它们是否与信息中的语言部分相矛盾？有必要认识到我们身体的一些部位相比其他部位更容易受控制：如果他下决心努力这么做的话，即使一个紧张的人也能平静地就座。然而几乎没有人能够控制自己的瞳孔是否放大；许多人能够控制面部表情，但几乎没有人能够控制何时会流泪或何时嗓音会随着感情变化而哽咽。

（5）有些非语言暗示会被曲解

人们有时会曲解一些并不存在的暗示，并且无法解读一些清晰存在的暗示。我们通常会寻找那些对个人而言似乎是最重要的暗示：在我们说话时对方会不会直接看着我们的眼睛，或者他们的腿朝着哪个方向交叉。实际上，这种暗示可能毫无意义。如果缺乏足够的信息来作出判断，就可能会曲解非语言暗示。当领导被发现在重大会议中打盹儿，会议主办方可能认为他们对会议漠不关心；事实上，也许他们正在倒时差。

（6）我们并不如自己所认为的那样擅长解读非语言暗示

小心谨慎是进行非语言沟通时应有的态度。即使我们从人际交往中学到的大部分实质性内容都来自非语言暗示，我们还是不如自己希望的那样擅长于此，误解某人是常有的事。同样，我们也经常会武断地下结论，甚至有人幽默地说："商业交易的风险非常高，几乎与解读非语言暗示时出错的概率一样高。"因此，切记尽可能不要急于下结论，先尽可能多地收集语言和非语言信息，然后再尽可能对自己认为所了解的事情不断地进行确认。

游戏三

快乐传真

5位同学为一组，站成一排，所有人都背对教师。教师首先让第一位同学转过身来，然后给他一个词或句子，由他表演给下一位同学看。以此类推，看看最后一位同学与第一位同学所表达的意思有怎样的区别。

目的：

理解非言语沟通解读的注意事项。

游戏四

盲人走路

游戏规则：两人一组。

A 先闭上眼将手交给 B，B 可以虚构任何地形或路线，口述注意事项指引 A 行进。

如向前走……，迈台阶……，跨过……，向左或向右拐……。

然后交换角色，B 闭眼将手交给 A，A 指引 B 行进。

目的：

1. 通过体验，让队员体会信任与被信任的感觉。

2. 作为被牵引的一方，应全身信赖对方，大胆遵照对方的指引行事；而作为牵引者应对伙伴的安全负起全部责任，对一举一动的指令均应保证正确、清楚。

游戏五

运用非语言介绍自己

活动主题：运用非语言沟通介绍自己。

活动步骤：两个人为一组，3 分钟后双方互换。在向对方进行自我介绍时不准说话，整个介绍必须用动作完成，可以采取图片、标识、手势、目光、表情等非语言手段。

观察者讲解对方刚才通过肢体语言所表达的意思，介绍者讲解自己所表达的意思，然后将两个人表达的意思进行对照。

思考与讨论：

（1）你用肢体语言介绍自己时表达是否准确？

（2）你读懂了多少对方用肢体语言表达的内容？

（3）对方给了你哪些很好的线索使你了解他？

（4）运用非语言沟通方式时存在哪些障碍？

（5）怎样才能消除这些障碍？

目的：

加深对非语言沟通的特点与应用原则的理解。

1. 非语言沟通的特点

（1）非语言沟通产生于特定背景之下。如同背景对于理解语言信息的重要性，背景对于我们理解非语言沟通也同样重要。双臂交叉以及向后靠的坐姿在某个场合可能意味着没有兴趣，但在另一个场合可能意味着沉思。亨特学院（Hunter College）的约瑟夫·德维托（Joseph De Vito）教授说过："事实上，离开背景，就不可能解读特定的非语言行为。"因此，为了能够理解和分析非语言沟通，有必要对背景进行充分认知。

（2）非语言行为往往扎堆出现。根据大多数研究人员的观点，各种语言信息与非语言信息或多或少会同时存在。身体姿势、目光接触、手臂和脚的移动、面部表情、语速和措辞、肌肉的变化以及非语言沟通的其他要素会同时存在。

（3）非语言行为总是在发生。科学研究揭示，人们每天使用语言进行沟通的时间远远少于使用非语言行为进行沟通的时间。日常生活中，语言的沟通是间断的，非语言沟通则是一个不停息、无间断的过程。人们更常运用非语言行为而不是口头语言保持沟通。即使我们并没有与其他人讲话或倾听他人讲话，你的姿势、你的口型，或者你卷起（或者没有卷起）衬衫的方式都会向周围的人传递信息。

（4）非语言行为受到规则的制约。语言学致力于研究和解释语言的规则，正如口头语和书面语遵循具体的规则一样，非语言沟通也是如此。一些非语言行为，如传达失望、喜悦、赞同、震惊或悲伤的面部表情是很普遍的。也就是说，无论你在哪里出生、成长、接受教育，全人类的面部表情的意义大同小异。然而，我们大多数的非语言行为都是习得的。一个手势可能在我们的文化中代表一种意思，而在别的文化中却代表另一种意思。例如，将大拇指和食指围成一个圈（OK手势），在美国，这是一个非常积极的手势；在巴西这个手势代表着猥亵；在日本，它有时表示钱；在比利时，这个手势仅仅表示零；在突尼斯一定要慎重使用这个手势，因为它在突尼斯代表"我要杀了你"。

（5）非语言行为是高度可信的。研究人员发现，人们容易相信非语言行为，即使它们与语言信息相矛盾。尽管我们试图伪装，但事实上有很多非语言行为是我们无法伪装的。我们可能会写出或说出具有说服力的假话，但很难用非语言行为去表现这类假话。

（6）非语言行为属于元信息沟通。元信息沟通是指有关沟通的沟通。当我们沟通时，所表现出的行为就是我们所要沟通的内容本身，而非语言沟通则表现为沟通的过程。例如，你的面部表情会揭示你对刚才的用餐是否满意；你的握手方式、声调及目光接触会告诉别人你对刚才被介绍给你的那个人的看法。

2. 非语言沟通在人际交往中的作用

（1）适应性原则。不同年龄、身份、地位、性别的人在不同场合的表现是不同的，所使用的非语言沟通方式必须与整个沟通气氛相一致。例如，商界领袖在会谈过程中会尽量保持平稳的语气和语调，不会做出比较夸张的表情和动作，否则就会与其身份极不协调。反之，两个多年不见的老朋友见面后热情地拥抱甚至激动地尖叫，却能恰如其分地表达喜悦之情。

（2）自然原则。使用非语言沟通方式，贵在自然。各种非语言沟通方式的含义不是严格划分的，自然流露更容易为人们所接受。

（3）针对性原则。没有一种语言沟通方式能适合所有的沟通对象。在进行非语言沟通的过程中，要充分考虑对方的习惯。

（4）谨慎原则。很多非语言沟通方式的含义不明确，在有些情况下，因缺乏必要的线索，收到非语言信息的人会感到丈二和尚摸不着头脑，不但不能达到沟通目的，反而会引起误解。因此，在不能确保对方能够准确解读的情况下，要慎用非语言沟通方式。

有些非语言沟通表达的是比较强烈的情感信息，难以被对方接受。因此，有时出于礼貌，要克制非语言沟通信息的表达。

第四节 书面沟通微案例与游戏

案例一

一封有待改进的商务信函

亲爱的先生/女士：

我已获悉您在寻找一家公司为贵公司所有部门安装新电脑。我确信作为一个完全令人放心的公司，我公司定能被指派。尽管我们在贵公司业务方面经验有限，但我们有十足的信心。我是个非常热情的人，对于与您相会的可能性，除非另行通知，我们一定会按时到达，我在周一，周二和周五下午不能拜访你处，这是因为……

思考与讨论：

这是一封有待改进的商务信函，你觉得不妥之处表现在哪些方面？可以如何改进？

参考分析：

1. 在这封信中，该公司没有遵循"以读者为中心"原则，一切都是以自我为中心。比如"以读者为中心"原则要求褒奖或有利益时尽量让对方做主语，贬抑或要付出或损失时尽量用自己做主语，所以我们行文可以考虑"您将得到我们的服务"等诸如此类的措辞。

2. 在书面沟通中，需要尽量描述共同利益，以寻求切入点。而在这封信中该公司并没有强调共同利益，不能引起读者的共鸣。

3. 书面沟通具有完整、简洁、清晰、正确的特点，但该公司并没有做到这几点，同时语言不够规范。

总之，书面沟通不同于语言沟通，它有着非常清晰的优缺点，是在人际交往中必不可少的沟通方式，恰到好处地进行书面沟通可以在今后的交流中事半功倍。

案例二

合 同

A 公司上任新经理，在未完全了解公司的情况下，与 B 公司签订货物合同，合同截止日期为下个月月末，未标明明确时间，而 A 公司在新经理上任前与 C 运输公司约定 30 日送货到达加工工厂，B 公司为减少生产劳务成本，于 30 日最后一刻送达货物，导致 C 公司超时运输，面临高额违约金，A 公司也面临 20 万元的赔偿费。

思考与讨论：

这个案例给我们以什么教训？

参考分析：

订立书面合同一定要遵循清晰、准确、简洁、完整的原则，书面沟通具有准确性高，更加具有权威性的特点，便于日后查阅，订立书面协议时，一定要对既有书面文字进行整体和细节的仔细校对。

案例三

文员的选拔

李大伟是一家公司人力资源部的主管。他所在的公司需要招聘一名文员，要求英语专业的女性。作为全国一家知名的公司，招聘消息在网上发出后没过多久，就接到了大量的求职信。层层考核之后，三个实力相当的应聘者留到最后选拔。李大伟让三个人每人写一篇 800 字左右的作文，他一方面想考察她们的文字表达能力，更重要的是他要通过笔迹来判断谁最适合这个岗位。

A 女士

英语水平和中文表达能力都极其出色，而且看得出她读过很多书，谈吐非常得体。在面试时，李大伟对她的印象很好，已经把她作为第一考虑人选。但通过仔细研究她的笔迹后发现，她的字体非常大、棱角很突出，通篇有一种压倒一切的霸气。李大伟认为她是个很有才气同时又很有野心的女孩，不会安心终日做一些琐碎的日常工作，她更适合做营销等能带来高度挑战感的工作。

B女士

人长得非常漂亮，口齿伶俐，面试时的一问一答都反应机灵而敏捷，英语口语非常出色。李大伟在研究她的笔迹后发现，她的字体非常小而且弱弱娇娇，字没有一点骨架。李大伟认为她娇滴滴的，吃不了一点苦。

C女士

表面看她没有任何优势，她是通过英语自学考试拿到的英语本科文凭，无法与其他人名牌大学的背景相比。虽然通过考试发现她英语口语和写作都不错，但由于人长得非常不起眼，而且说话很少、声音很轻，刚面试时她没给李大伟留下什么印象。但恰恰是她的字让李大伟立刻注意到了她。她的字写得媚秀、清爽、整齐，笔压很轻，通篇干干净净，字的大小非常均匀，而且字体中适度的棱角让字体很有个性，但这种棱角又没有咄咄逼人的压迫之气。从她的字可以判断出来她做事非常认真仔细，自律意识很强，适合做日常琐碎的工作。

在笔迹分析的帮助下，李大伟最终选择了C女士做部门文员。

思考与讨论：

你觉得李大伟的笔迹分析有道理吗？

参考分析：

正如案例中所显示的那样，没有语言并不意味着没有沟通。字迹也是一种非语言沟通的形式，传递更多更加真实和客观的信号。

在笔迹分析的帮助下，李大伟选择了C女士做部门文员。半年过去了，事实证明她的性格完全与李大伟当初判断的相符合，她敬业且高效、严谨且认真，她将部门的日常工作处理得非常好。

案例四

还欠款纠纷

债权人与债务人之间有时会因为对一个字的读法或读音不同而产生争议。洪泽法院曾妥善审理一起因对多音字解读分歧而引发的债权债务纠纷。

当时尤某因资金周转困难向朋友石某借款12000元，并向石某出具欠条一张。同年7月尤某向石某返还了部分欠款，并在原欠条上证明"还欠款10000元。余款于年底分两次还清"。到期后，双方对借款数额的确认发生严重分歧。因为原欠条上"还欠款10000元"中的"还"是多音字，双方读法不同，其债权债务结果则大相径庭。石某认为原欠条上的"还"字读作还（hái）。即表示尤某还欠自己10000元，上次只偿还了2000元。尤某则坚称欠条上的"还"应该读作还（huán），自己已经向石某偿还了10000元欠款，只有2000元没有还。石某无奈，于是一纸诉讼将尤某诉至法院。

思考与讨论：

这个案例说明了什么？

参考分析：

民事法律关系的当事人在确立债权、债务及权利义务时，文字一定要明确，不能产生歧义。案例中对"还"字的不同理解会产生截然不同的法律后果。在上例的借条中，可以写成"今归还欠款 1 万元"，亦可写成"今尚欠款 2000 元"。

案例五

学　费

上海曾经发生过这样一起办学广告纠纷：有一个中外合作办学的项目，涉及收费标准的问题。以前为每学年收费 10000 元，由于部分学生一次性缴费有困难，因而校方考虑，在新的一学年里改为每学期收费 5000 元。但广告登出时，却将一学期收费 5000 元误写为一年收费 5000 元。随即报名者纷纷涌来。校方称是书写错误，依旧要求一学年收费 10000 元。于是很多家长投诉。尽管校方做出了解释，但仍然有许多人投诉，使得这一纠纷持续了三年。

思考与讨论：

从这一起纠纷，你能看到书面沟通的什么特点？

参考分析：

书面沟通的特点表现在以下几个方面。

1. 更正式，具有权威性。

2. 可以细致地考虑，采用更为精确的词句。

3. 保证不在场的相关人员也能获得相同信息。

4. 耗时。

5. 形式单一。

因此，我们在文字表达上要概念明确，判断恰当，推理合乎逻辑。对内容的整体和细节都要仔细校对。

案例六

小于的问题

小于在单位做外联工作，经常需要跟人联系。她与别人的沟通大多是在 QQ 上进行的。小于认为 QQ 是这个世界上让人最轻松、自在的交流工具。因为她比较敏感，打电话时若对方语气比较急，她就会猜疑对方对她有意见。用 QQ 进行文字沟通就不会有这种烦恼。小于可以在网上和对方轻松交谈，或闲聊，或交代工作，而且在 QQ 上面讲话可以考虑清楚了再答复，不会感到紧张。

渐渐地，小于对 QQ 的依赖越来越严重了。想和某人联络时，要是对方 QQ 离线，她宁愿在 QQ 上留言等对方回复，也不愿意打电话，即使有特别紧急的事也宁愿发短信而不愿意打电话。这严重影响了她的工作效率，她的性格也日渐变得内向。在网上，她每天都发帖，迅速成为论坛红人，和网友打得火热。但在现实生活中，她却与近在咫尺的领导和同事说不上几句话。她越来越发现自己陷入了困境：越不当面交流，就越害怕跟别人交流，甚至打个电话都要考虑好久。

思考与讨论：

请分析小于出现这种状况的原因，也请你为小于摆脱这种困境出谋划策。

参考分析：

在网络上用文字沟通确实有其独特的魅力，所以 QQ、微信聊天如此风靡。用文字沟通不受时间和空间的限制，还可以筛除负面的语言信息。文字沟通还可以使意思表达更加确切。语言和文字两种表达方式只要选择得当，并无优劣之分，但假如对 QQ 和短信产生依赖，影响到了工作，影响到了人际交往，进而影响到了个性，就值得注意了。

建议将一天的活动列一张清单，分析哪些网络上的沟通可换成电话或当面交谈效果会更好。再分析自己与对方沟通的障碍在哪里，是对方态度恶劣还是自己胆怯，有什么办法能够克服。每天给自己设定一个目标，明天和谁进行一次面谈，先从自己觉得最容易接触的人开始，一步步来，慢慢就会发现跟人交谈其实很快乐。

游戏一

卡片游戏

形式：全体学生。

时间：10 分钟。

材料：图 6-3 所示的卡片。

场地：教室。

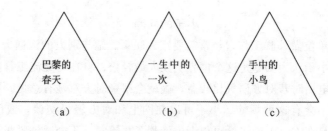

图 6-3　活动与演练图案

程序：

将图 6－3 所示的卡片发给学生，请大家将卡片正面朝下放在桌子上，老师告诉学生："在卡片上有三个三角形，每个三角形中各有一个短语，当我说开始时，请大家迅速将卡片翻过来并记住三角形中的短语，然后在卡片的背面将三个短语以相反的顺序写下来。"

思考与讨论：

（1）你是怎么理解老师的指示的？为什么有些学生会出错？

（2）为什么老师的指示也会被学生误解？

（3）这个游戏说明了什么？

目的：

这个游戏说明了即使是书面沟通也有可能引起误解，我们务必认真对待。

游戏二

听一听、说一说

两人一组。一个人连续说 3 分钟，另外一个人只许听，不许做笔记，不许发声，不许插话，但可以有身体语言。之后换过来，让第二个人说完后，每人轮流先谈一谈听到对方说了些什么，然后看看对方描述的是不是自己表达的。

目的：

通过口头沟通的一些缺点去感受书面沟通的便利。研究结果显示，有90％的人存在一般沟通信息的丢失现象，有 75％的人存在重要沟通信息的丢失现象，35％的听者和说者之间对沟通的信息有严重分歧。

第五节　倾听微案例与游戏

案例一

黎小明的会议

黎小明是一家大型石油公司公关组最年轻的成员。每两周一次的小组会议让他很是高兴。但是，多次参加这样的会议后，他觉得很无聊。这次，副总裁又在召开会议，黎小明认真地听了一会儿。当他听副总裁讲到拉丁美洲出现的公关问题，尤其是听到"加勒比海地区"这几个字时，他的思绪跑偏了——"今年我要是能够享受冬季假期就好了"。黎小明沉浸在想象里，其中有白色海滩、热带饮料、异国舞蹈、帆船……

"……这是黎小明非常感兴趣的一个领域，我们应该听听他的意见。"大家都看着黎小明。"啊！副总裁说的是哪个领域？"黎小明拼命回忆副总裁最后说的几句话……

问题与分析：

（1）作为倾听者，在沟通过程中应注意什么？黎小明哪些方面没有做好？

（2）如果你是黎小明，在这样的场合会怎么做？

参考分析：

1. 倾听中，倾听者障碍的克服需要较长时间的努力，且主要依靠个人努力去完成。障碍的形成分别出现在发现和接收信息及解码和理解信息两个阶段，在前一阶段主要是不够专心导致的障碍，后一阶段主要是误解导致的障碍。

为避免粗心大意导致的沟通失误，可从以下几点下功夫。

（1）列出你要解决的问题。如此项目哪天是最后期限？我们有什么资源？从对方的角度看，该项目最重要的是哪方面？在谈话过程中，你应注意听取对方对这些问题的回答。

（2）在谈话接近尾声时，与对方核实你的理解是否正确，尤其是关于下一步该怎么做的理解。

（3）对话结束后，记下关键点，尤其是与最后期限或工作评价有关的内容。

造成解码和理解信息错误的主要障碍是误解。要克服误解障碍，通常可从以下几点着手。

（1）不要自作主张地将自己认为不重要的信息忽略，最好与信息发出者核实一下。

（2）消除成见，克服思维定式的影响，客观地理解信息。

（3）考虑对方的背景和经历，想想他为什么要这么说，他的话有没有什么特定的含义。

（4）简要复述对方所讲的内容，让其有机会更正你理解不到位的地方。

2. 也可以采取记笔记的策略。记笔记能让你保持专注，也能让你保持清醒。对下属而言，记笔记的正面意义在于，它代表你重视这个话题、重视说话的人，而且你会记下正确的信息。如果你能以轻松的态度记笔记，会让对方感到自在，自己就能更有效地进行倾听。

案例二

卡耐基与植物学家

戴尔·卡耐基是美国著名人际关系学大师，有一天，卡耐基去纽约参加一场重要的晚宴，在这场晚宴上，他碰到了一位世界知名的植物学家。卡耐基从始至终都没有与植物学家说上几句话，只是全神贯注地听着。晚宴结束以后，这位植物学家向主人极力称赞卡耐基，说他是这场晚宴中"能鼓舞人"的一个人，更是一个"有趣的谈话高手"。其实卡耐基没怎么说话，只是让自己细心聆听，却博得了这位植物学家的好感。

思考与讨论：

请评论卡耐基聪明的聆听策略。

参考分析：

1. 有效倾听的作用。

2. 此案例首先说明了有效倾听的作用。有效倾听可以鼓励他人、获取你需要的信息、锻炼自身能力和掩盖弱点。

倾听不仅是一种礼貌的表现，在社交场合，越会倾听的人显示出的情商越高，因为善于倾听的人通常都是把照顾别人的感受放在比表达自己更重要的地位上，这样往往能很好地取悦到交谈对象，从而获得一个好的印象。

3. 有效倾听的原则。

此案例也说明了有效倾听的原则：专心原则。管理者每天花费大量时间用于宣讲自己的观点和决策，同时，投入更多时间用于倾听其他人的看法和意见。美国宾夕法尼亚大学 Nichols 教授和 Stevens 教授认为，一般人每天有70％的时间用于某种形式的沟通，而在人们用于沟通的所有时间中，45％用于倾听，30％用于交谈，16％用于阅读，9％用于书写。

4. 倾听技巧。

适时回应、放下偏见、感同身受、情绪安抚、聊天中问与听、分析主观与客观、给予帮助。

案例三

松下幸之助的经营诀窍

有人曾向松下幸之助请教经营的诀窍，他说："首先要细心倾听他人的意见。"松下幸之助留给拜访者的深刻印象之一就是他很善于倾听。一位曾经拜访过他的人这样记述道："拜见松下幸之助是一件轻松愉快的事，根本没有感到他就是日本首屈一指的经营大师。他一点也不傲慢，对我提出的问题听得十分仔细，还不时亲切地附和道'啊，是吗'，毫无不屑一顾的神情。"

目的与总结：

正如一位教育学家所说："态度、信仰、感情以及直觉——都或多或少地投入到听的活动中去，从而集思广益。听在人们交往中居于非常重要的地位。

在人际交往中，善于倾听对方的谈话，尤其是善于倾听带着某种情绪、心情不佳者的谈话，并作出适度的应答，反映了一个人的素养和交往技巧。善于倾听的人有耐心、有虚心、有爱心，他们在人际交往方面一定会是成功的。

案例四

相同的开始，不同的结果

孙同与刘新同年毕业于同一所大学，并同时被聘为某公司的项目协调员。两人才能相当，业务水平难分高下，不同的是两人的处世态度。每次讨论刘新设计的项目时，大伙只要提出什么意见，他总是据理力争，说得别人无言以对。虽然大家都认为他言之有理，但总觉得他有点傲。领导有时极有风度地点拨其项目的某些缺陷，刘新便引经据典找依据，弄得领导很难堪。孙同的态度正好相反，对每个人的意见都做认真的记录，洗耳恭听。特别是领导的指示，他十分重视，有不清楚的地方反复讨教。参加孙同的项目讨论会，大家都有畅所欲言的机会，而且大家都乐意提出自己的宝贵意见。孙同经过修改后的项目书，必定是博采众长，无可挑剔的，每次做出的项目都获采用。业绩的不同拉开了他俩的差距。

目的与总结：

倾听他人意见比他人意见是否正确更重要。孙同比刘新更胜一筹的地方是他淡泊自我，永远尊重对方。

那么如何有效倾听呢？一是克服倾听者障碍；二是提高倾听效果。用心去倾听、体态倾听、正确发问、及时表态。

案例五

无效倾听的案例

在家长与孩子的交流中，往往会听到这样不愉快的对话："妈妈，这不是我干的。""别说了，除了你还能有谁"。"爸爸，这次作业不做，我是有原因的，因为……""因为什么，我没有那么多的闲工夫来听你所谓的因为……"

思考与讨论：

为什么说这是无效倾听的案例？

参考分析：

家长与孩子之间的沟通之所以总是不顺畅，其一是因为家长对孩子没有足够的耐心，不愿意用心去倾听。其二是因为家长对孩子的强硬态度容易给孩子造成心理负担，感到紧张。

一个愿意倾听，并且善于倾听的家长会让孩子产生愿意与其沟通的想法，这有助于家长正确理解孩子的内心，并且对不同的事情采取更高效的解决办法。

有效倾听的建议与方法：

当别人认真说话的时候保持尊重，表示出倾听的意愿。多与说话者进行眼神上的沟通，交流。

当自己有意见的时候，可以等其他人发言结束后再提出，或者对发言者示意自己是否可以提出意见。

当对方谈论的内容是自己不感兴趣的部分的话，可以委婉地告诉说话者。

游戏一

倾听障碍自测

表 6 - 2　倾听障碍测试

	是	否
懒惰		
你是否回避听一些复杂困难的主题？	（　）	（　）
你是否不愿听一些费事的内容？	（　）	（　）
封闭思想		
你拒绝维持一种轻松、赞许的谈话气氛吗？	（　）	（　）
你拒绝与他人观点发生关联或从中受益吗？	（　）	（　）
固执己见		
你是否在表面上或者内心里与发言者发生争执？	（　）	（　）
当发言者的观点与你有分歧时，你是否表现得情绪化？	（　）	（　）
缺乏诚意		
你在听讲时是否避免眼神接触？	（　）	（　）
你是否更多地关注说话人的内容而不是他的感情？	（　）	（　）
厌烦情绪		
你是否对说话主题毫无兴趣？	（　）	（　）
你是否对说话者不耐烦？	（　）	（　）
在听讲时你是否做着"白日梦"，或者想着别的事情？	（　）	（　）
用心不专		
你是否关注说话人的腔调或者习惯性动作，而不是信息本身？	（　）	（　）
你是否被机器、电话、别人的谈话等噪声分心？	（　）	（　）
思维狭隘		
你是否专注于某些细节或事实？	（　）	（　）
你是否拼命想理出个大纲来？	（　）	（　）

重温一下你回答"是"的项，那就是你倾听的主要障碍。

目的：

了解自己是否存在倾听障碍。

游戏二

画图游戏

推荐一名表达能力强的同学来到讲台前，口头将某图形描述出来，不能使用手势和辅助工具。其他同学根据该同学的描述画出图形。

1. 描述人可以重复一次，大家不能提问。

2. 不允许讨论，时间一到立即停止画图。

大家相互展示、比较自己画的图，并和原图进行比较，看看二者有什么区别。

目的：

加深对沟通中听的重要性的感悟。

游戏三

说一说，听一听

学生组成临时团队，8～10人一组。每位学生用1～2分钟介绍自己；全部同学介绍完毕后，请每位同学说出其他同学的姓名等信息，说出的信息越多越好。每位学生用1～2分钟讲述自己的故事。全部同学讲述完毕后，请每位同学说出其他同学的故事，信息越多越好。

目的：

培养聆听的习惯和能力。

游戏四

聆听游戏

形式：集体参与。

时间：6分钟左右。

程序：

1. 教师或组长念出下面一段话。

"上中学的小明特别聪明，心算能力很强。有一天，老师出了一道心算题目来考他：

（1）有一辆公共汽车，车上有28个人。到了一站上了18人，下了3人；

（2）到了另外一站上了5人，下了20人；

（3）然后又上了 16 人，下了 2 人；

（4）到了另一站又上了 4 人，下了 18 人；

（5）之后上了 7 人，下了 4 人；

（6）到了下一站上了 2 人，下了 5 人；

（7）最后上了 6 人，下了 10 人。

2. 这时教师或组长停下来，不说话，看看学生有什么反应。这里，一定有学生大声地说出答案——28 人。

3. 教师或组长大声宣布：不错，现在车上还有 28 人，但是我的问题是"这辆车停了多少站？"有人答得出吗？

讨论：

1. 为什么我们认真听了，努力算了，答案却是错的？我们为什么断定，别人一定会问这个问题呢？

2. 我们为什么没有耐心听完讲师的问题再说出答案呢？

总结与评估：

1. 显然，"倾听"在我们的工作中占了重要地位，听得准确与否直接关系到我们的行动正确与否。

2. 我们在工作中是否也容易犯同样的毛病？我们每一次都真正听清楚顾客的要求了吗？

3. 细心地聆听既是对自己的负责，也是对他人的尊重。

4. 生活、工作中是不能想当然的。

目的：

意识到聆听的重要性，不能想当然，尽量避免发生虎头蛇尾的事情；尽量避免按主观臆断去做事。

第六节　信息与沟通微案例与游戏

案例一

晚上的工作信息

一天晚上，王女士所在公司的负责人在工作微信群里发消息，要求大家10 分钟内上报当月营业额。由于王女士当时已经入睡，没有及时回复。10 分钟后，这位负责人在微信工作群通知王女士："你已被辞退了。"王女士第二天去公司上班，被告知因为没有及时汇报工作而被辞退。

思考与讨论：

（1）你觉得这位公司负责人的这种沟通方式合适吗？

（2）如果你是这个公司的负责人，你会怎么做？

（3）如果你是王女士，你接下来应该怎么办？

（4）这个案例让你看到了信息科技发展下的电子沟通的哪些利弊？你如何评价新技术在商务沟通中的影响？

参考分析：

1. 此案例也让我们看到新科技的发展有利有弊。新科技带给我们便捷，但从另一方面来看，也许是对个人时间和空间的侵犯。

2. 有学者指出，现代人经常使用手机的习惯，已经让他们形成渴望更多选择和马上要得到满足的"即刻性"心态。比如此案例中的负责人，就希望能马上得到反馈。

3. 互联网技术和科技信息技术成为全球经济复苏的动力，对全球经济社会的推动作用也被寄予更多期望。但是互联网的发展依然面临诸多的挑战，互联网监督和管理制度和规范仍需进一步健全，加大对影响网络安全和人民利益的违法行为的严惩力度。

案例二

线上面试

2022年疫情期间，大学生小王在宿舍里开始了他的第三场面试。相比于线下面试，线上面试免去了舟车劳顿，还节约了更多时间，使得小王可以在两天内面试三家不同的公司，又不会耽误其他课业。他已经提前准备好了自我介绍和应对提问的回答，线上面试也使得他不那么紧张，镜头中看到自己的表情，可以更加自如地进行面试，更利于发挥。对于企业来说，线上面试的方式也给他们增加了更多投递者，因为面试的成本较低，从而企业也可以更广泛地筛选人才。

思考与讨论：

请从大学生线上面试案例分析网络沟通的优势。

参考分析：

网络沟通的优势主要表现在以下几个方面。

（1）大大降低了沟通成本。IP电话的产生使跨国公司总部和分部之间沟通交流成本大为节省。电子邮件不仅可以像传真机一样传送文件、数据、表格，还可以增加内容的色彩信息，增强信息的保密性，同时便于接收者修改并存储于计算机内。

（2）沟通信息直观。Web2.0技术的广泛应用、即时通信工具的不断普及，向人们提供了更加直观、立体、互动的沟通方式。在与对方运用语言沟通的同时，还可以看到对方的表情、神态，真正做到了"面对面"的沟通。

（3）工作便利化。网络通信的发达使员工不一定非要去办公室，在家同样可以完成工作。例如新冠肺炎疫情期间，在家远程办公和学习成为很多人的优先选择。

（4）沟通的虚拟性。在进行网络沟通时，人们可以以一个虚拟的身份出现，而把自己的真实身份隐藏在电脑后。使发表意见的人能摆脱外界的干扰，摆脱他人目光带来的心理压力而达到表达的自由。人们可以仅仅借助网络符号来向别人展示自己，同时也根据这些符号塑造想象中的他人。虚拟性使网络的沟通更具吸引力。

案例三

一位高管的网络沟通错误

美国某公司的一位高管觉得员工太懒惰了，如经常待在茶水间里聊天，不到5点就提前下班。因此，他给全体员工发了一封电子邮件，希望所有人早上7点到公司，8点开早会，下午5点前不能离开公司。这封邮件被一位员工上传到雅虎网，掀起了轩然大波，导致公司的股价跌了很多，这名高管也因此辞了职。

思考与讨论：

（1）试分析这位高管在网络沟通中犯了什么错误。

（2）如果你是这位高管，你会采取什么样的沟通方式来使员工达到这些要求？

参考分析：

这位高管错误地使用了沟通方式，邮件里的这个内容更适合放在会议上说，可以用富有感情色彩和个人魅力的演讲方式让大家更容易接受。E-mail是冰冷的、生硬的，表达得像命令一样。信息社会之下，沟通有很多选择，到底哪一种最好，标准是能否使我们的沟通更顺畅，意思表达更清晰。如果你错用了，就会造成低效，甚至起到一个反作用，就如这个高管的沟通。

如今，微信、QQ、E-mail作为职场沟通的必要手段，有它高效的一面，但E-mail也有很多无效沟通的情况。E-mail在态度上会有隔膜，当你面临需要带有感情色彩的沟通，需要用自己的诚心态度来表达时，千万不要用E-mail。

知道什么时候打电话、什么时候用E-mail、微信和QQ，是成熟职场人应有的职业素质。

游戏一

打　电　话

安排 5～6 个同学到教室外做打电话者，教室内的其他同学为接电话者。接电话者的手机全部设为震动模式，放在衣裤口袋里或屏幕向下放在桌上。然后让打电话的同学拨打手机号码。教室内的同学在不触碰手机的情况下报告自己的手机号码是否被拨打。最后检查哪些同学的手机号码被拨打。

目的：

检测大家对于手机震动的敏感性，大多数人存在过于敏感的现象。

游戏二

衔纸杯传水

游戏规则：7～8 名同学为一组，每组同学只能用嘴衔纸杯。另有辅助人员将水倒入第一名同学的纸杯内，该同学将纸杯内的水倒入下一个同学的纸杯内，以此类推，最后一名同学将纸杯内的水倒入计量杯内，比赛时间为 5 分钟，最后哪一组计量杯的水最多，哪一组就获胜。

目的：

增进亲近感，考验成员配合、协作能力。

游戏三

网络沟通行为准则

将全班学生分组，4～6 人为一组，每组学生结合所学的网络沟通知识和自身使用网络的体会，制定出一份网络沟通行为准则。在课堂上分组进行交流，教师进行评价。

目的：

加深对网络礼仪、文明上网的理解。

第七节　沟通礼仪微案例与游戏

案例一

宴会中的柯马·伊鲁斯

1962 年，在英国伦敦一个著名贵族举办的豪华宴会上，一名中年男子出尽了风头。他优雅的举止、迷人的言谈，不但令在场的所有女士都对他倾心，所有的男士也都对他抱着极大的兴趣和好感。人们纷纷相互打听，都想认识他并和他成为朋友。而这位男子在宴会上也收获颇丰，不仅签下了40多单生意，结交了很多朋友，还找到了他的终身伴侣。这名男子就是当时著名的房地产新秀柯马·伊鲁斯。

思考与讨论：

（1）你相信这则故事是真实发生的吗？

（2）他能收获颇丰的原因是什么？

参考分析：

柯马·伊鲁斯出席宴会而收获颇丰，有很大一部分原因得益于其优雅的举止、迷人的言谈。对商务人员来说，自觉遵守宴请礼节，在为自己塑造优美形象的同时，也许会得到意想不到的收获。

案例二

涉外谈判惹风波

张先生就职于某大公司销售部。一次，公司要与美国某跨国公司就开发新产品问题进行谈判，公司将接待安排的重任交给张先生负责，他为此也做了大量细致的准备工作，经过几轮艰苦的谈判，双方终于达成协议。可就在正式签约的时候，客方代表团一进入签字厅就变了脸色，原来在布置签字厅时，张先生错将美国国旗放在签字桌的左侧。

思考与讨论：

从此案例你得到什么教训？

参考分析：

中国传统的礼宾位次是以左为上，右为下，而国际惯例的座次位序则是以右为上，左为下。在涉外谈判时，应按国际通行的惯例来做，否则，哪怕是一个细节的疏忽，也可能会导致功亏一篑、前功尽弃。

案例三

财税专家的外形

某公司一位女职员是财税专家，常为客户提供很好的建议，在公司里的表现一直很出色。但当她到客户的公司提供服务时，对方主管却不太重视她的建议。一位时装师了解了她的情况：她29岁，身高152厘米，偏瘦；在着装方面，她爱穿牛仔裤、旅游鞋，束马尾辫，常背一个双肩书包，充满活力，看起来机敏可爱，像个小女孩。时装师建议她在外形方面做出改变，并且给出了具体建议。女财税专家照办后，客户的态度有了较大的转变。

思考与讨论：

（1）女财税专家为什么在为客户服务时得不到对方主管的重视？

（2）你认为时装师给女财税专家的建议有哪些？为什么？

（3）本案例对你有哪些启示？

参考分析：

该职员看起来机敏可爱，像个小女孩，其外表与她所从事的工作相去甚远，所以客户对于她所提出的建议缺少安全感，依赖感。时装师建议她用服装来强调出专家的气势，用深色的套装、对比色的上衣、丝巾、镶边帽子来搭配，甚至戴上重黑边的眼镜。

案例四

落魄的卖笔人

一个商人在纽约的大街上行走，这时，对面走来一个卖笔人。只见他头发蓬乱、衣衫褴褛、眼神黯淡、步履沉重，看上去仿佛乞丐一般。商人顿生怜悯之心，他掏出一些钱塞到卖笔人手中就离开了。走了不远，商人忽然意识到了什么，他迅速转身追上卖笔人，从其笔筒中拿了几支笔，恳切地说："真对不起，刚才我忘了拿笔。你和我一样，也是商人，靠自己的劳动挣钱，你会获得成功的，祝你好运。"几年后，这位商人出席一个朋友的宴会，会上一个衣冠楚楚、容光焕发的年轻人举着酒杯走到他身边说："您好，先生，也许您已经忘了我，我就是几年前那个落魄困顿的卖笔人。是您使我意识到了做人的尊严和价值，唤起了我对生活的信心和勇气。我的生意现在已有很大的起色。为此，我对您深表感谢。"然后，年轻人向这个商人深深地鞠了一躬。

思考与讨论：

这个案例反映出的商务礼仪原则有哪些？

参考分析：

商务礼仪最重要的是尊重和平等的原则。

（1）尊重的原则

尊重是礼仪的核心，是人际交往的基本原则，是企业管理的法宝。古人云："仁者爱人，有礼者敬人。爱人者人恒爱之，敬人者人恒敬之。"人与人之间只有相互尊重，才能保持和谐的人际关系。在商务交往活动中只有尊重对方，才能保持和谐愉快的商务关系。不论什么国家、民族、地区，不论什么时间、场合，所有的礼仪形式都应体现"尊重"的精神。尊重别人不仅是我们每个人的心理需要，而且还能促进事业成功。在商务活动中，需要与交往对象互谦互让、互尊互敬、友好相待。

（2）平等原则

平等原则是现代礼仪的基础，是指以礼待人，有来有往，既不能盛气凌人，也不必卑躬屈膝。

案例五

金先生的推销

某照明器材厂的业务员金先生按原计划，手拿企业新设计的照明器材样品兴冲冲地登上 6 楼，脸上的汗珠未来得及擦一下便直接走进了业务部张经理的办公室，正在处理业务的张经理被吓了一跳。

"对不起，这是我们企业设计的新产品，请您过目。"金先生说。

张经理停下手中的工作，接过金先生递过的照明器材，随口赞道："好漂亮啊！"并请金先生坐下，倒上一杯茶递给他，然后拿起照明器材仔细研究起来。

金先生看到张经理对新产品如此感兴趣，便放下心来，往沙发上一靠，跷起二郎腿，一边吸烟一边悠闲地环视着张经理的办公室。当张经理问他电源开关为什么装在这个位置时，金先生习惯性地用手搔了搔头皮。虽然金先生作了较详尽的解释，张经理还是有点半信半疑。谈到价格时，张经理强调："这个价格比我们预算高出较多，能否再降低一些？"金先生回答："我们经理说了，这是最低价格，一分也不能再降了。"张经理皱了皱眉，"这种照明器的性能先进在什么地方？"金先生又搔了搔头皮，反反复复地说："造型新、寿命长、节电。"张经理托词离开了办公室，把金先生一个人留在了办公室。

金先生等了一会儿感到无聊，便非常随意地抄起办公桌上的电话，同一个朋友闲谈起来。这时，门被推开，进来的却不是张经理，而是办公室秘书，是来请他离开的。

思考与讨论：

请从商务礼仪方面分析金先生此次沟通失败的原因。

分析参考：

在商务沟通中，商务礼仪起着非常大的作用。商务礼仪在商务沟通中的作用：塑造良好的个人形象、塑造良好的企业形象、具有较强的沟通作用、具有协调关系的作用、具有赢得机会的作用。

在这个案例中，金先生明显属于不懂得商务礼仪的人，要想避免这种情况发生，金先生首先应该注意自己的仪表，比如不能满头大汗就去见客户，更不应该随意地闯入客户办公室，又是跷二郎腿又是抽烟，这明显不符合商务礼仪，是个典型的反面教材。

案例六

精心打扮也有错？

某公司秘书小陈一向注意穿着打扮，喜欢名牌服装。有一次，领导让他陪同去见一位重要的新客户。那天小陈专门穿上精心挑选的名牌西服，把自己打扮得特别正式、高贵又精神。结果见面时，新客户误认为他是领导，首先与其寒暄，这使得一旁的领导十分尴尬与恼火。

思考与讨论：

小陈在商务场合注意穿着打扮怎么不对了呢？

参考分析：

1. 小陈在上述案例中所犯的错误是其穿着与客户和在场领导不协调，衣着过于"突出"，颠倒了"主从关系"，不符合秘书身份。

2. 小陈的着装应遵循展示个性、简洁大方、整体和谐的要求。在公共社交场合要把握好以下四点：

第一，不要与同伴穿一模一样的衣服，以免引起比较。

第二，不要穿与同伴服饰反差太大的衣服。

第三，在服饰款式、色调、质地上要尽量与客户和领导协调，切忌衣着太突出。

第四，尽量避免穿戴与自己形体不协调的服饰。

游戏一

租房游戏

全班分为若干小组，4～5个同学为一个小组，每组指定一个同学为"房东"，有一套房子出租，其他几个同学扮演想要租房的，租金均为每个月3000元。租房者在房子（教室）外等候，先后进房子和房东交谈，最后请"房东"决定把房子租给谁，并说明为什么。

目的：

加深对商务礼仪重要性的认识，深刻理解什么是恰当的商务礼仪。

游戏二

礼仪修养自测

自我测验，用"是"或"不是"回答下列问题。

1. 你对待售货员或饭店的服务员是不是像对待朋友那样很有礼貌？

2. 你是不是很容易生气？

3. 如果有人赞美你，你是不是会向他说谢谢？

4. 有人尴尬时，你是不是觉得很有趣？

5. 你是不是很容易展露笑容，甚至是在陌生人的面前？

6. 你是不是会关心别人的幸福和是否舒适？

7. 在你的谈话中，是不是时常提到自己？

8. 你是不是认为礼仪对一个人无足轻重？

9. 和别人谈话时，你是不是一直很注意对方？

如果以上问题中有两题以上答案为"不是"，说明你应该在礼仪方面反省自己了。

参考分析：

1. 是。一个富有教养的人，不论是对什么样身份的人，始终都彬彬有礼。

2. 不是。动不动就生气的人修养不会很好。

3. 是。善于接受他人赞美是一种做人的艺术。

4. 不是。幸灾乐祸显出你的修养较差。

5. 是。微笑始终是你自己或其他人通往快乐的最好的入场券。

6. 是。关心体贴别人是一个人成熟和有魅力的首要条件。

7. 不是。那些经常大谈自己的人很少会受到别人的欢迎。

8. 不是。良好的风度和礼仪，是做人所必需且应该具有的自然反应。

9. 是。尊重别人的意见才能使别人尊重你。

游戏三

握手与交换名片礼仪

（1）为自己制作一张五年后的简单名片。

（2）和前后左右同伴握手、交换名片、问好。

目的：

能正确应用握手、交换名片等商务礼仪。

1. 握手礼仪：

握手的先后顺序是一般应由主人、年长者、身份高者、妇女先伸手；客人、年轻者、身份低者见面时先寒暄问候，等待对方伸手再握手。

初次见面，一般先打招呼，再相互握手、寒暄交流。握手时，双目应平行注视对方，以示尊敬，微笑表达问候。对方如伸出手来，尽量不要拒绝，以免尴尬。

多人同时握手时，要等别人寒暄完再伸手。

心理学家经过研究总结出社交场合握手的一般规则，以便使人们能够通过握手，成功地给别人留下良好印象。

（1）握手者必须从内心真诚接纳对方。

（2）握手应热情、有力，避免"钓鱼式""死鱼式""抓指尖式"握手。

（3）作为主人、上级或女性，在需要握手的场合应主动伸手与对方握手。

（4）不要戴手套与人握手。

（5）男性一般不主动伸手与女性握手。

（6）握手时应保持适当的目光接触。

（7）下级一般不主动伸手与上级握手。

2. 交换名片礼仪

（1）名片要准备充分。

（2）名片要保持清洁，不要递出脏兮兮的名片。

（3）把名片装在专门的名片夹内，然后放在容易拿的上衣口袋。

（4）在递名片时，手的位置应与胸部齐高，要将名片朝向对方，双手恭敬地递上，并说："这是我的名片，请多关照。"

（5）收下名片后，应轻声地读一遍对方的姓名或职称，然后说谢谢。

（6）收到名片时，应将名片放在名片夹中，而不要将名片放在裤袋中。

（7）交换名片时，地位较低的一方先递出名片。

（8）如果你想得到对方的名片，而他并没有主动给，你可以用请求的口吻："如果方便的话，您可以给我一张名片吗？"

（9）不要收到对方的名片后，当场便在名片上书写或折叠。

（10）在整理保存大量名片时，可以把对方的特征、兴趣爱好，以及接收名片的地点、时间、所谈的话题等记在名片后面，这样下次见面时可以投其所好，多谈一些他感兴趣的话题。

第八节　自我沟通微案例与游戏

案例一

王涛的一天

王涛洗漱时随手将自己的高档手表放在洗漱台边，妻子怕被水淋湿了，就拿过去放在餐桌上。儿子到餐桌上拿面包时，不小心将手表碰到地上摔坏了。

王涛爱惜手表，照儿子的屁股揍了一顿，又黑着脸骂了妻子一通。妻子不服气，说是怕水把手表打湿才把它放在餐桌上的，王涛说手表是防水的。于是二人便激烈地争吵起来。一气之下，王涛早餐也没有吃，直接开车去了公司，快到公司时突然想起忘了拿公文包，又立刻回家。

可是家中没人，妻子上班去了，儿子上学去了，王涛把钥匙落在了公文包里，他进不了门，只好打电话给妻子。

妻子慌慌张张地往家赶时，撞翻了路边的水果摊，摊主拉住她不让她走，要她赔偿，她不得不赔了一笔钱才摆脱。

待拿到公文包后，王涛已迟到了 20 分钟，挨了上司一顿批评，王涛的心情坏到了极点，下班前又因小事跟同事吵了一架。

思考与讨论：

1. 每个人都会遇到这样或那样不如意的事情，有时甚至也会遇到案例中王涛那样"糟糕的一天"，让人身心俱疲。这时我们是继续让情况糟糕下去，还是适时进行自我沟通和调整，以免陷入恶性循环呢？

2. 如果你是王涛，你会如何进行自我沟通和调整，让这一天变得不那么糟糕？

参考分析：

美国社会心理学家费斯汀格（Festinger）有一个很出名的论断，被人们称为"费斯汀格法则"：生活中 10％的事是由发生在我们身上的事情组成的，而另外 90％的事则是由我们对所发生的事情如何反应所决定的。换言之，生活中有 10％的事情是我们无法掌控的，而另外 90％的事情却是我们能掌控的。

在这个事例中，手表摔坏是其中的 10％，后面一系列事情就是另外的90％。试想，王涛换一种反应，比如安慰儿子："不要紧，儿子，手表摔坏了没事，我拿去修修就好了。"这样儿子高兴，妻子也高兴，自己心情也好，那么随后的一切就不会发生了。

控制不了前面的 10％，但完全可以通过你的心态与行为决定剩余的 90％。在现实生活中，常听人抱怨：我怎么就这么不走运呢？每天总有一些倒霉的事缠着我，怎么就不让我有个好心情呢？谁能帮帮我？这其实是一个心态问题，能帮助自己的不是他人，而是自己。倘若了解并能熟练运用费斯汀格法则处理问题，很多问题就能迎刃而解了。

案例二

莫 扎 特

在影片《肖申克的救赎》中有这样的一个场景：蒙冤入狱的安迪，有次被典狱长关禁闭一个月。那是个暗无天日，只有老鼠做伴的地方，普通人连短短3 天都难以忍受。当安迪被释放出来后，狱友瑞德看着他说："难以置信，你竟然挺过来了。"安迪指着自己的脑袋回答："有莫扎特陪着我。"

思考与讨论：

安迪的回答说明了什么？

参考分析：

这说明安迪脑海里经常回荡着莫扎特的音乐，在恶劣的环境里靠着内心的想象与美好的事物相伴。这让我们相信，要通过学习拥有很多内在资源，才能不惧怕独处，才能在失意时进行很好的自我沟通。

游戏一

压力自我评估表

有关情形的陈述　　　　　从不-1分　有时-2分　经常-3分　总是-4分

1. 一旦工作发生差错就责备自己

2. 一直积压问题，然后总想发作

3. 全力工作以忘却私人问题

4. 向最亲近的人发泄怒气和沮丧

5. 遭受压抑时，注意到自身行为有不良变化

6. 只看到生活中的消极面，忽视积极面

7. 环境变化时，感觉不适

8. 感觉不到群体中的自我价值

9. 上班或出席重要会议时迟到

10. 对针对自己的批评反应消极

11. 一小时左右不工作就内疚、自责

12. 即使没有压力也感到匆忙

13. 没有足够的时间阅读

14. 希望时刻得到他人的注意或服务

15. 不愿意流露自己的真实感情

16. 同时承担过多的工作

17. 拒绝接受同事或上司的劝告

18. 忽视自身专业或生活方面的局限性

19. 工作占据全部时间，无暇享受兴趣爱好

20. 未加周全地思考就处理问题

21. 工作太忙，很少与朋友、同事共进午餐

22. 问题棘手时选择逃避、拖延

23. 感觉行动不果断就会受人利用

24. 工作过多时善于告诉他人

25. 避免托付工作给他人

26. 尚未分清主次就开始处理工作

27. 对他人的请求和需要总是不加拒绝

28. 每天必须完成所有的工作

29. 不能应付自己的工作量

30. 因害怕失败而不采取行动

31. 把工作看得比亲人和家庭重要

32. 措施没有即刻见效，便会失去耐心

说明：完成压力自我评估测试之后，根据相应的分数来评估你受到的压力。然后参照本章中所论述的方法，找到有效的建议和忠告，用以减轻压力，把生活中的压力因素减到最小。

总分：

32—64分：你能很好地驾驭压力，因为大多数积极性压力能够产生激励作用，所以应努力在积极性压力和消极性压力之间寻找最佳平衡。

65—95分：你承受的压力是适度和安全的，但某些地方需要改进。

96—128分：你承受的压力太大了，需要寻找策略以减轻压力。

目的：

要想战胜压力，第一步要敢于承认压力的存在，能够认识自己所承受的压力是减少压力的前提。

游戏二

我

关于"我"的思考及讨论。

对以下各问题做出真实、迅速的回答，一般以第一反应为准。

(1) 我是什么样的人？

(2) 我有什么优点？

(3) 我有什么缺点？

(4) 我的容貌如何？

(5) 我的身体有什么特征？

(6) 我的健康状况如何？

(7) 我有什么爱好？

(8) 我最不喜欢的是什么？

(9) 我喜欢什么类型的人？

（10）我最讨厌什么样的人？

（11）我最讨厌什么事？

（12）我担心什么？

（13）我恐惧什么？

（14）我有什么理想？

（15）我将来能成为什么样的人？

（16）我将来能做什么事？

（17）别人怎样对待我？

（18）在别人眼里我是一个什么样的人？

（19）与别人比较我是强还是弱？

目的：

与自己沟通，了解自我。

游戏三

我的情绪秀

给同学们分发小卡片，引导同学们发挥想象绘制各种情绪图片，最后汇总展示。

目的：

让同学理解情绪的多样性，同学画的最多的是什么情绪，也能说明某种情绪现象的普遍性。

游戏四

我的优缺点

游戏规则如下：

1. 请每位同学写下自己的 2 个优点和 2 个弱点，并给出排序。

2. 请每位同学写下隔壁一组每一个同学最有价值的 2 个优点以及 2 个不足或弱点，要给出排序。

3. 组长把本组同学的评价一一送到被评价的同学的手中。

思考与讨论：

1. 你看到同学对你的评价的感觉是怎样的？

2. 他们的评价和你自己的评价有什么相同和不同？

3. 你觉得谁对你的评价最准确？

参考分析：

由约瑟夫·卢夫特和哈瑞·英格姆提出一种人际沟通与信息处理的方式——"约哈瑞窗"，十分清晰地揭示出人们在认识自我的过程中存在偏差，同时也揭示了个体进行沟通和信息处理的方式。它不仅有助于我们全面认知自己，而且有助于我们更加客观地了解他人，从而减少沟通中的知觉偏差。

"约哈瑞窗"将人的心灵想象成一扇窗，其中的四个区域分别代表个体特征中与沟通有关的部分（见图6-4）。

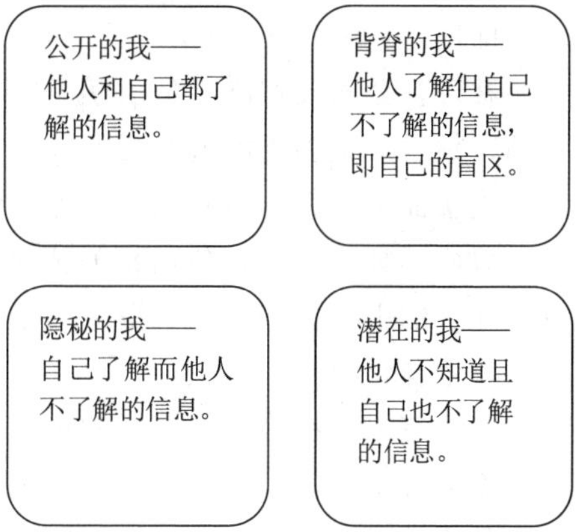

公开的我——他人和自己都了解的信息。

背脊的我——他人了解但自己不了解的信息，即自己的盲区。

隐秘的我——自己了解而他人不了解的信息。

潜在的我——他人不知道且自己也不了解的信息。

图6-4 约哈瑞窗

在这个游戏里，自己写下的有可能是公开的我，也有可能是隐秘的我；别人的评价，有可能是潜在的我，也有可能是背脊的我。

第九节 求职沟通

案例一

林森的面试

林森从事互联网行业，他作为产品经理职位的候选人去A公司参加面试。

面试官：请说说你日常工作中经常遇到的问题和困扰。

林森：在做产品方面，最主要的就是如何把握好用户的需求，最令人头疼的就是需求变更。

面试官：那面对需求变更时，你一般会怎么把控？

林森：做服务类项目，遇到需求变更是再正常不过的。但作为项目的管理者，必须把握好可允许的需求变更的度。打个比方说，如果在正常需求的计划时间内已无多余时间处理其他需求项，那么我们应该把合同作为最终的参考依据。合同中约定的需求是工作范围，其他需求可做延后考虑。如果在完成正常需求的时间内有多余精力来处理需求变更项，那么我会考虑将用户的需求变更项纳入工作任务中。

之后面试官又提出了一些专业方面的问题，林森也对答如流。

面试官：你为什么离开上一家公司？

林森：上一家公司的环境不利于员工的成长。

面试官：为什么？

林森：公司没有满足员工学习专业知识、拓展自身技能需求的配套制度和资源。想学习更多更深入的行业或专业知识的员工诉求无门。

这次面试后林森信心满满，但收到 A 公司的回复如下：

尊敬的林森，经过公司相关领导慎重考虑，觉得本公司不适合成为日后您发挥才智的平台。您可以有更大的平台和机会施展才能，再次感谢！

思考与讨论：

林森有工作经验，有专业知识，为什么最后应聘失败？

参考分析：

林森的专业知识完全得到了面试方的认可，但并未得到公司的最后选定。对于此次面试的失败，可以从下面两个方面进行分析。

林森认为自身的专业能力十分优秀，所以表现出自信满满，感觉十分良好。但这只是他对自己的认知，是主观感受而不是客观事实。能力的评估是种重要的自我认知手段，可以判断一个人的能力优势与成功发展的可能性，为个人职业设计与发展提供科学依据。

面试不只是一场专业技能的展示，更是一场心理战，在面试中如能正确把握面试官心理，沟通得当，面试自然水到渠成。知无不言要体现在专业能力上，如果过于强调自己的"完美主义""进取主义"，往往会适得其反，令面试官感到不可信。

案例二

善解人意的应聘者

某公司招聘营销人才，众多本科生趋之若鹜，但公司都觉得不满意，迟迟没有决定录取名单。

某日，大专生龚毅很早就来到该公司，他想直接和负责人面谈，以增加被聘用的机会。见到总经理后，龚毅简短说明来意后恭敬地递上自己的简历。负责人接过简历说："简历就留在这里，我现在没有时间看，你回去等候我们的通知吧。"龚毅知道"等候通知"就是委婉的拒绝。面对如此局面，他并没有泄气，他想着还能怎么争取一下，因为他知道这个公司还空缺若干个营销业务员的岗位，他对自己的能力和素质充满自信。

此时，负责人拿着纸篓从办公室走出来，准备去倒垃圾。龚毅微笑着走上前去说："经理，您时间宝贵，这个垃圾我去倒，您省下的三分钟时间帮我看看简历，这样省得我还得在家苦苦等候通知。不录用没关系，认识您并接受您的考核，我很高兴。您看如何？"负责人很意外，但是同意了。龚毅倒完垃圾回来，负责人问道："你认为一个搞业务的人员需要具备哪些重要的能力和素质？"龚毅略作思考后，很流畅地答道："就是善解人意、善于表达、善于与人合作。"负责人听后，满意地点头并说："说得很好，目前我们公司正需要像你这样的人，我决定录用你了……"

思考与讨论：

请谈谈龚毅成功的原因。

参考分析：

关于应聘的知识中，应聘者不仅要重"硬件"，还要不轻"软件"，即要重视向招聘者展示自己的学历学位证书、英语和计算机证书、各种奖励证书、科研成果等，这些"硬件"表明了应聘者过去所付出的努力和取得的成绩，以及应聘者在过去有能力做好且比很多人做得更好，故在正常情况下可推知应聘者现在和将来也有这种潜能。另外，应聘者的"软件"，即应聘者本身所具有的能力、技能、品性、性格等也是非常重要的。这些"软件"的获取不是应聘者临时抱佛脚就能解决的，更多的是靠平时的锻炼和积累，养成良好的习惯。在面试中，求职者或应聘者不仅要向招聘者展示自己的"硬件"，更应让招聘者知道自己所具备的"软件"适合该单位的需要。"软件"的展示不光是口述就能解决的，更应在整个面试过程中，从应聘者的言语、行为、姿势、态度、精神风貌中一一展现。

案例三

应聘面试

小张：（推门进来，"啪"地关上门，坐在主考官对面，默不作声地等待主考官说话。）

主考官：你好！你是张毅吧？请问，你从哪所学校毕业？什么时候毕业的？

小张：我想您看过我的简历了，这些问题我在简历上都写着呢。

主考官：看了，不过我还是想听你说说。请用一分钟时间简单介绍一下你的情况。

小张：哦，好吧。（快速地）我毕业于××职业中专，学的是汽车维修专业。实习时我在汽车大修厂学习过小轿车维修技术。上学期间，我还拿到了驾驶证。我很想到贵公司工作，因为贵公司的工作很适合青年人的发展。我希望贵公司给我一个机会，而我将回报贵公司一个惊喜……

主考官：（皱起眉头）好吧，回去等通知吧。

小张：嗯。（站起来走出去，又急匆匆返回来拿起放在椅子旁的书包。）

思考与讨论：

（1）你觉得小张这次应聘会成功吗？

（2）请你分析一下小张在面试的哪些方面可以改善。

参考分析：

小张的失误有以下几点。

（1）"推门进来"，应敲门待应允后再进来。

（2）"重重地关上门"，应轻轻地关上。

（3）"默不作声"，应主动有礼貌地问好，并简要地介绍自己。

（4）"您没有看过我的简历吗？这些问题我在简历上都写着呢。"面对提问不能反问，而应认真作答。

（5）"快速地"回答不当，虽然有时间限制但也应该注意语速，有重点、有逻辑地回答。

（6）"匆匆走，并把物品落下"给人的感觉是做事不太可靠。

游戏一

超人三项

同学是面试者，教师是面试官。假设面试官给面试者出一道题：计时型的单人挑战游戏。在面试者面前的桌上放着几样东西：一份 6000 字的项目报告，一条细线和 30 粒珠子，以及一盒袖珍型的拼图积木。要求面试者在 15 分钟内完成：阅读报告并写出 500 字的评述；将所有的珠子穿在细线上；按照图示完成拼图积木的摆放。

思考与讨论：

（1）刚接到这个任务时你是什么感觉？你对刚才自己的表现满意吗？

（2）如果在真的面试中碰到这个情况，你会如何处理？

（3）面试时碰到此类游戏时，如何反应是最好的？

分析参考：

这属于比较复杂的一类面试游戏，时间短，任务多，难度高。不同的人在面对这类游戏时，通常会作出截然不同的行为反应。其实，这个游戏题目是一个"不可能完成"的任务。游戏并非考察"办事效率"的敏捷测试，而是制造出空前棘手的问题借以考核面试者的评估能力与处事方式。

如果你能够在接到任务后保持清醒的时间判断能力就不难分析出这 3 件事情在 15 分钟内同时完成会非常困难，因此人们往往选择各自认为最容易的事情入手。应当以"尽可能多地做完"为目标，选择手脑并用同时完成两件事情的方法。你可以先阅读项目报告，然后一边穿珠子一边打腹稿，待珠子穿到腹稿成熟，就提笔写作。那么即使你在中途被终止游戏，也已经很清楚地向考官表明了两条重要信息：一是我有良好的辨别能力与高效的处事决策，二是我实际上已经完成了500字的评述，只是时间不够让我将它们转化为文字。如果你有如此的镇定与全局策划观念，一定能赢得优异的高分。

游戏二

正方形绳子

学生充当应聘者，教师充当招聘者。招聘者要求应聘者做一个游戏：随机安排五位应聘者，分别蒙住他们的双眼，使他们在15分钟内共同将三条绳子先首尾相接成圆形，再各自拉住圆形的一点将绳子最终变为正方形。

思考与讨论：
在这个游戏中怎么做最好？为什么？

分析参考：
这是比较流行的团队协作任务类游戏。在整个游戏过程中，考官随机抽调面试者形成临时小组，并不会事先进行任何角色分配。随着面试者自然形成的团队分工以及由此显示出的行为方式，可以帮助考官发掘出三类有价值的职业信息：首先是具备科学合理的决策、清晰的思路以及有效说服力的"领导者"；其次是能够很好化解意见分歧，促进任务圆满完成的"协调者"；最后是及时根据任务进展，挑选出合理化建议并不折不扣遵从的"执行者"。

在参与游戏时，不要为了突出自己或者急于表明自己的管理天分而拼命出头争当"领导者"，更不要为了捍卫自己并不高明的决策而与同伴争得面红耳赤。"识时务"的角色其实最讨考官的欢心。比如你一开始也是一个制定决策的"领导者"，但是当其他同伴提出比你更加明智科学的方案后，你可以随即转变为一个有效的"协调者"或者尽心的"执行者"。再比如你虽然并没有参与决策的争论与制定，但是当面临多个不同方案时，你可以很快判断出最可行的并且进行协调与执行。

游戏三

求职面试

3~4人为一组，商量好一家什么公司招聘什么类型的员工（建议是真实的、比较出名的公司）。每人轮流扮演一次应聘者，其他人为面试官。每个应聘者演练面试3分钟左右。

面试结束之后写下聘用他（她）或不聘用他（她）的理由。

目的：
创造性地运用应聘知识。

第十节　销售沟通微案例与游戏

案例一

电话销售

一家国内 IT 企业进行笔记本电脑促销活动，销售人员打电话给一位潜在客户。

销售人员："先生，您好，这里是××公司个人终端服务中心，我们在搞一个调研活动，您有时间的话，我们可以问您两个问题吗？"

客户："你就是想推销笔记本电脑，不是搞调研吧？"

销售人员："其实，也是，但是……"

思考与讨论：

（1）如果你是这个电话的潜在客户，你会如何猜想销售人员打来电话的主要目的？

（2）你觉得这个销售人员在打电话之前是否做了详细的准备？在顾客提出疑问时，你认为销售人员应该怎么办？

参考分析：

销售打电话前应做好准备工作，这些准备工作主要包括以下几个方面。

1. 研究目标客户的基本资料

在和客户沟通之前要了解目标客户的基本情况，并根据客户的情况寻找产品的诉求点。如果对客户情况熟悉，通过以前的电话沟通和交际，可以判断客户的类别，比如顾客是分析型、犹豫型、挑剔型还是擅长交际型，根据不同类型顾客的特点使用不同的沟通技巧。

2. 确定自己的主要目标和次要目标

在打电话之前一定要确定自己的主要目标，即使主要目标没有达成，能达成次要目标也是可以的，否则这次通话就是效果不佳的。以销售人员为例，通话前可以列一张表，填写完毕后再拨通对方的电话（见表 6-3）。

表 6-3　电话沟通目标

主要目的	电话目的	我为什么要打电话？
	明确目标	电话沟通结束后，我希望客户采取什么行动？
	两个问题	客户为什么会与我交谈？客户的目标是什么？
次要目标	在不能和客户达成协议情况下，和客户形成什么样的关系？	

在有明确目标的情况下，销售人员在电话中即使没有达成合同，也不会出现情绪低落的情况，这张表也可以测评销售人员的电话效率。

3. 整理一份完整的建议书

在研究客户资料以及确定自己的主要目标之后，还要根据不同工作背景和顾客类型制定详细的建议书，对于不同的客户要及时调整思维，使用不同的方法保证对方不挂电话并且及时做出决策。在顾客提出异议时能引导顾客向自己的方向发展，切勿一味按照自己设计好的思路进行推销，这样很有可能会失去顾客。

案例二

玩具推销

一位西装革履的中年男士走到玩具摊前停下，拿起一只声控玩具飞碟。女售货员马上上前接待。

"先生您好，您的孩子多大了？"女售货员笑容可掬地问道。

"6 岁。"男士说着把玩具放回原位，眼光又转向其他玩具。

"6 岁！"女售货员提高嗓门说，"这个年龄玩这种玩具正是时候。"说着把玩具的开关打开，男士的视线又被吸引到声控玩具上。

女售货员把玩具放在地上，拿着声控器，开始熟练地操纵着，前进、后退、旋转，同时说着："小孩子从小玩这种声音控制的玩具，可以培养出强烈的领导意识。"接着她把另一个声控器递到男士手里。于是，那位男士也开始玩了起来。两三分钟后，女售货员把玩具关掉。男士开始问："这一套多少钱？""380 元。""太贵了！算 300 元好啦。""先生，跟令郎的领导才华比起来，这实在是微不足道"，女售货员稍停了一下，拿出两个崭新的干电池说，"这样好了，这两个电池免费送您！"说着便把一个原封的声控玩具飞碟，连同两个电池，一起塞进包装袋里递给男士。男士一只手摸进口袋里掏钱，另一只手接下玩具问："不用试一下吗？不会有别的问题吧？""品质绝对有保证！"女售货员一边说一边递上名片。

男士愉快地付了钱，拿着玩具满意而去。

思考与讨论：

从销售沟通的角度分析此案例中女售货员能成功销售的原因。

参考分析：

案例中的女售货员成功将声控玩具飞碟销售给了男士，在销售过程中，女售货员始终面带微笑，态度平和不急不躁，这种细节上的处理是其成功的前提。女售货员并没有一味向男士介绍该玩具如何优越，而是讲了该玩具能带来的消费体验，能带给男士的消费回报，以此来打动客户，让其购买玩具。

案例三

两个业务代表不同的沟通方式

业务代表 A 和商店老板的对话。

业务代表 A：刘老板在吗？我是大名公司的业务代表周军，今天来是想问问贵店目前使用收银机的状况。

商店老板：你认为我店里的收银机有什么毛病吗？

业务代表 A：并不是有什么毛病，我是想问是否已经到了需要换新的时候。

商店老板：对不起，我们暂时不考虑更换新的收银机。

业务代表 A：不会吧！对面孙老板已经更换新的了。

商店老板：我们目前没有这方面的预算，将来再说吧！

业务代表 B 的销售沟通。

业务代表 B：刘老板在吗？我是大名公司的业务代表任军，经常经过贵店。看到贵店一直生意都是那么好，实在不简单。

商店老板：您过奖了，生意并不是那么好。

业务代表 B：贵店对客户的态度非常亲切，刘老板对员工一定非常用心，对面的孙老板对您的经营管理也相当钦佩。

商店老板：孙老板是这样说的吗？孙老板经营的店也非常好，他也一直是我学习的榜样。

业务代表 B：不瞒您说，孙老板昨天换了一台新功能的收银机。他非常高兴才提及刘老板的事情。因此，今天我才来打扰您！

商店老板：咦？他换了一台新的收银机？

业务代表 B：是的。刘老板是否有更换新的收银机的想法呢？目前您的收银机虽然也不错，但新的收银机有更多的功能，速度也较快，您的客户将不用排队等太久，也会更喜欢光临您的店。请刘老板一定要考虑这台新的收银机。

思考与讨论：

你觉得业务代表 A 的销售沟通为什么不成功？你有更好的办法吗？

参考分析：

比较上面案例中业务代表 A 和 B 与客户沟通的方法，很容易发现业务代表 A 在初次接触客户时，直接询问对方更换新收银机的事情，让人感觉很突兀，遭到商店老板的反问，然后该业务代表又不知轻重地抬出对面的孙老板已更换新收银机这一事实来企图说服刘老板，更激发了刘老板的逆反心理。

而业务代表 B 却能把握正确方法，在打开客户的心防后，自然地进入推销商品的主题。业务代表 B 在接触客户前先做好准备工作，了解刘老板店内的经营状况、清楚对面孙老板是他的学习目标等，这些细节令刘老板感觉很愉悦，对话就能轻松地继续下去，这都是促使业务代表 B 成功的要素。

从沟通学的角度来讲，销售人员销售的其实是人，只有懂得推销自己，懂得与人沟通的技巧，才能使交易成功，这是商品销售的最高境界。

案例四

失败的电话沟通

某家广告公司的销售人员张先生想和另外一家公司负责形象设计的经理讨论关于企业形象设计的业务，以下是此次沟通的电话实录。

销售人员："嗨，你好，张经理，最近生意还好吗？我也姓张，500 年前我们还是一家呢。贵公司就要上市了，是不是整天在想如何把效率提上去呢？"

客户："你是谁啊？有什么事情吗？"

销售人员："你不是张经理吗？我找张经理。"

客户："我是，你有什么事？"

销售人员："我是××广告公司的，免贵姓张，我想找你们公司负责企业形象设计的人谈一谈……"

思考与讨论：

(1) 你认为这次通话表明了销售人员的主旨吗？

(2) 如果你是销售人员，你在电话里会怎样表达？

参考分析：

以下两个方面是通过电话成功实现沟通的关键步骤。

1. 通话对象的选择

在通话前要知道自己准备和谁交谈，通话时要弄清楚是谁在和自己交谈。在接通电话向对方表明自己的身份之后要先确认对方身份，如果出现拨错电话的情况，就要有礼貌地进行道歉。如果打电话的目的是想找决策者，但接听的是秘书或者其他人，不能因为对方没有决策权就在措辞和语气上盛气凌人。切勿不管对方是谁，就开始介绍自己的产品或者服务，这会使对方产生强迫他接听电话的感觉，效果通常不好。

2. 通话内容的选择

在通话时要遵循"电话 3 分钟原则"，即尽量在 3 分钟内把要讲的内容讲完。因此应该用简练的语言清晰地表达自己的思想。漫无目的的长篇大论或者语无伦次不仅不会达到自己的目的，而且会浪费对方的时间，使其产生厌烦的情绪。

案例五

寻求共同点论证法

一家公司的总工程师通知西屋公司说，不准备订购他们的发动机了，理由是该发动机的温度过高。西屋公司的推销员前去交涉。

推销员说："我同意你的意见，如果发动机太热，不应该买它。发动机的温度不应该超过国家规定的标准。"对方答："是。""有关规定说，发动机的温度可以高出室内温度华氏 72 度，对吗？"对方说："对。""厂房有多热？"对方答："大约华氏 75 度。""75 度加上 72 度是 147 度，是不是很烫手呢？"对方答："是的。"

结果，对方最终又接受了订货。

思考与讨论：

请分析推销员的销售方法。

参考分析：

西屋公司的推销员前去交涉，就是从寻求共同点开始进行说服的。这种方法实际上就是按照对方的思维逻辑去考虑问题，承认对方赖以作出决定的依据，该案例中推销员指出了对方依据的不合适或依据的基础不正确。这样，在驳倒对方观点的同时，也使对方接受了自己的观点。

案例六

买 戒 指

李晨想为女朋友买一枚戒指。他已攒了大约 400 英镑，并且每星期还继续攒 20 英镑。一天，他来到一家珠宝店，被一枚标价 750 英镑的戒指吸引了，但他买不起。

李晨很沮丧，后来他走进另一家珠宝店，那里有与第一家珠宝店里相似的戒指，标价 500 英镑。他想买，但又觉得那枚 750 英镑的戒指肯定更好。他希望数星期后等他攒够钱，那枚戒指还没有卖出去。

很幸运，那家珠宝店里的戒指不但没有卖出去，价格还降了 20%。李晨很高兴，但钱还是不够。他把情况向老板说了，老板非常乐意帮助他，并向他提供 10% 的特别优惠的现金折扣。李晨承诺月底付清余款，怀着喜悦的心情离开了。

思考与讨论：

请你从谈判视角分析这一次商务交易的成功之处。

参考分析：

李晨对这笔交易的评价是，他得到了一枚价值 750 英镑的戒指，而且那是一枚仅有的，随时有可能被别人买走的戒指。他为自己聪明地等待了数星期后获得减价的好处而感到愉快，也为经讨价还价后得到 10％ 的折扣而高兴。而这家珠宝店在这次销售中，有意无意地采取的每一个步骤都让李晨得到满足，包括使戒指具有高价感，使李晨在讨价还价中有优胜感，使李晨有成交后的获益感等。

案例七

巧买冰箱

澳大利亚谈判学家罗伯特有一次去买冰箱。

营业员指着罗伯特要买的冰箱说：700 美元一台。

罗伯特（以下简称罗）：这个型号的冰箱有多少种颜色？

营业员（以下简称营）：共有 22 种颜色。

罗：能看看样品吗？

营：当然可以！

罗：（边看边问）你们店里的现货有多少种颜色？

营：现有 12 种，请问您要哪一种？

罗：（指着样品上有但店里没有的颜色）这种颜色与我厨房的墙壁颜色相配！

营：很抱歉，这种颜色现在没有。

罗：其他颜色与我厨房的颜色都不协调。颜色不好，价钱还这么高，要不便宜一点？否则我就要去其他的商店了，我想别的商店会有我要的颜色。

营：好吧，便宜一点。

罗：可这台冰箱有些小毛病！你看这……

营：我看不出什么。

罗：什么？这一点毛病虽然小，可是冰箱外表有毛病通常都要打点折扣吧？

营：……

罗：（又打开冰箱门，看了一会儿）这冰箱带制冰器吗？

营：有！这个制冰器每天 24 小时为您制冰块。（她认为罗伯特对制冰器感兴趣。）

罗：这可太糟糕了！我的孩子有轻微哮喘病，医生说绝对不可以吃冰块。你能帮我把它拆下来吗？

营：制冰器没办法拆下来，它是和整个制冷系统连在一起的。

罗：可是这个制冰器对我根本没用！我现在花钱把它买下来，将来还要为它付电费，这太不合理了！当然，如果价格可以再降低一点的话……

最后，罗伯特以相当低的价格——不到 550 美元买到了他十分中意的冰箱。

思考与讨论：

（1）请分析罗伯特此次的沟通方法。

（2）2 个同学一组，模仿表演这个案例。

参考分析：

罗伯特此次使用的是挑剔还价法。挑剔还价法是指在谈判中，谈判方通过再三对商品质量、性能、成本价格、运输等方面寻找"疵点"进行讨价还价，压低报价方的报价。

案例八

告诉还是不告诉？

小林马上就要从一所名牌大学毕业了，小林的专业是信息系统管理，并且希望能在一家从事网页开发的公司工作。小林决定卖掉一台已经用了好几年的个人电脑，等工作了再买一台新的。小林在校园的公告栏里贴出了出售电脑的广告，并决定不把这台电脑的硬盘崩溃问题和偶尔突然死机的情况告诉潜在买主。

思考与讨论：

1. 你认为这样做道德吗？

2. 如果你是小林，你准备怎么做？

参考分析：

在有关伦理判断的情景中，你所偏好的伦理推理方法会影响你的伦理判断，以及影响你随后做出的行为。

案例九

经纪人的道德

一对夫妇有意购买一套住房。房地产经纪人了解到这对夫妇很想买住房 B，而这套房子已经在上个月卖给别人了。该经纪人就带这对夫妇看了住房 A，这对夫妇也接受了购买报价。但在住房 A 的交易完结之前，住房 B 由于一些无法预见的情形重新出售了。这位房地产经纪人并没有将这一消息告知这对夫妇。

思考与讨论：

这位经纪人的行为是否不道德？

参考分析：

在房地产经纪人的眼中，他并没有做出任何不道德的行为。而在这对夫妇看来，房地产经纪人在他们心仪的房子可以购买的时候没有告知他们这件事情，就是不道德的。

案例十

推销网球拍

销售产品：网球拍。

客户背景：健身房负责人，因网球场将搬迁，将网球场改为健身中心，需购买配套设施。

第一次尝试。

销售老马一见到客户，觉得自己完全了解用户的需求，于是立马推销网球拍的优势，"绝对出色的弹性，良好的张力"，完全沉浸在整理球拍的世界里，也不听客户表述的"我们扩张很快，要分成两家，这里新建一座健身中心，现在全部的网球场已要搬迁到克拉夫特体育中心去"的现实情况。老马整理好球拍，不等用户表述完，起身就向用户展示球拍的良好性能，以至于客户不留情面打断："这不是划船训练机！"老马听到划船训练机，难以置信地问："划船训练机，在网球中心上？"客户反问："你听到我说的话了吗？"老马不承认没认真听，但也说不出实情来，于是此单不了了之。

第二次尝试。

老马一开始依旧想直接介绍产品优势，但这一次老马有意识地将注意力放到客户身上。

于是在客户表述"但是对划船训练没有用"时，老马马上问客户具体情况。客户看到他的转变，也愿意将自己的情况再次复述给老马，而老马听到客户业务扩大的事实后，第一时间给予祝贺，这一举动让客户感受很愉悦。之后老马本着帮客户解决问题的心态，仔细询问扩建的详情，在发现客户的体育设施还没确定时，虽然需求不对口，但老马仍旧很乐意将公司其他产品推荐给客户。在客户获取到老马的帮助后，老马并没有放弃自己负责的产品，于是询问客户他们公司负责网球拍采购的负责人，客户也很乐意告知于他。最终老马不仅帮客户找到解决方案，自己的产品也销售了出去。

思考与讨论：

请分析这两次销售沟通。

参考分析：

销售痛点：销售主卖网球，与客户需求不对口；销售自以为了解用户。

使用技巧：听事实＋听需求，适时回应＋祝贺，给予客户帮助，目标导向。

倾听看似简单，却也难到位，新销售没经验不知听什么，老销售自诩心理高手，不屑于倾听。实际上，不管是新手还是老手，都要保持初心，积极进取，不骄不躁。

游戏一

销售模拟游戏

学生自由分组，每组 6 人，其中 3 人是 A 组，扮演销售人员；另 3 人是 B 组，扮演顾客。对以下场景进行模拟，目的是锻炼学生化解僵局、说服对方的能力和技巧。

场景一：A 组要将公司的某件商品卖给 B 组，B 组想方法设法挑出商品的毛病，寻找制造僵局的机会；A 组的任务是一一回答 B 组的问题，努力化解僵局。

场景二：假设 B 组已经将商品买了回去，但是发现商品有些小问题，需要进行售后服务。B 组要讲对于商品的不满，A 组的任务是帮助 B 组解决这些问题，提高 B 组的满意度。

每组谈判时间不少于 10 分钟，结束后每个小组推选代表进行总结，并写出书面报告。

目的：

加深对销售沟通的体会，能够在复杂销售中比较自如地进行沟通。

游戏二

销售技巧

全班分为若干小组，5 个同学为一组，每组确定 1 个同学为买主，其他 4 个为销售人员。4 个销售人员在固定时间，如两分钟内分别向买主销售同一种商品。小组总结讨论哪位同学的销售技巧更为成功，并说明理由。

目的：

加深对销售沟通的理解，能够在销售中比较自如地进行沟通。

1. 消除对方的抵触感

不管从事什么行业，即使对方提出了非常不专业的问题，也不要第一时间否定他；应在引导中慢慢消除对方的抵触感，让对方相信自己，并理解自己说的话。

2. 用微笑让对方放下架子

亲和力对于每个人来说都很重要。在生意场上，笑代表了一种善意，具有很大的作用，没有人不喜欢和一个精力充沛、笑容饱满的人打交道。如果想和客户搞好关系，赢得客户的信赖，就要给对方展示善意的微笑，使其在微笑面前放下架子，这正是笑的亲和力的作用。

3. 态度是语言的调味品

态度是语言的调味品，它可以使交谈变得如沐春风。与人谈话时要投入感情，才能以情动人。在与陌生人接触时，无论能否将其发展成自己的最终客户，都应该表现出销售人员的职业素养。无论性格如何，对一个人说话时态度是冷淡还是热情，对方肯定是能感受到的。因此在和人交流的时候，尽量不要去敷衍别人，要有一颗真诚的心。

4. 循序渐进地与客户沟通

（1）学会观察。观察客户的装束，选择用什么样的态度来接近客户。例如，客户穿运动品牌，可以判断出这个人喜欢轻松的交谈；客户穿正式的西装，与其聊天要注意保持一种认真、严肃的态度。在沟通的时候，要随时留心对方态度的变化以及时做出回应，抓住机会。

（2）注意信息的交流。销售人员需要先敞开自己的心扉，可以先自我介绍，再去请教客户的姓名、职业，然后试探性地引出彼此感兴趣的话题。一般情况下，销售人员介绍了自己哪方面的情况，客户也乐意就这方面谈谈他个人的情况。

（3）注意倾听。学会倾听是所有销售人员的必修课，在对方讲述的过程中，一定要保持认真倾听的状态，不要随意打断对方说话。如说一句"真想不到，您说的这一点太有趣了"，会让对方觉得自己很愿意听他讲话，使对方在第一次谈话时就会有相识已久的感觉。

（4）营造轻松、愉快的沟通气氛。要将不同的商品推销给不同的客户通常需要不同的有效说服方法，并没有一个公式化的语言程序。在接触客户的时候，要努力营造一种轻松、愉快的气氛。沟通过程中要懂得回避一些话题是不变的规则，如不要问对方的婚姻状况，除非是对方主动提及，才给予回应。面对沉默时要保持淡定，当从一个话题跳跃到另一个话题时，或许会出现一段时间的沉默，不要因片刻的沉默慌张，必要的沉默是很正常的。

游戏三

讨价还价

甲与乙正为购买一套立体声音响而进行讨价还价。该音响是市场上最新技术的成果。因为乙卖的是新产品，乙想看看顾客对这种新产品的反应，做出以上假设是想表明乙有对价格进行减价的权力。假如甲的预算支出是 1500 元。

请尝试进行讨价还价练习，看如何才能比较顺利地成交。

甲第一次出价是1000元，第二次是1400元，那么乙不会知道甲到底能出价多少。如果甲乙之间是互不信任的对立关系，乙会估计甲实际上能付1600元、1800元，甚至2000元。为什么？因为甲从1000元到1400元的上升幅度太大了。在别人看来，这是一位有钱的买主，其出价会超过1500元。假如甲发誓只有1500元，而且这是千真万确的，但是处在明显竞争的讨价还价当中，乙作为卖方是不会相信的。专家们的经验表明，减价行为的增额是真正权限的最精确的气压表。在这种情况下，甲怎样让乙知道他的最高出价是1500元呢？甲先出900元，乙拒绝了，接着出1200元，之后升到1350元，过一会儿又升到1425元，然后甲又不情愿地升到1435元。这样就很容易使乙相信甲只有1500元，因为甲在不断地减小递增幅度。

目的：

加深对让步的应用。要正确地控制让步的次数、步骤与程度，即采用正确的让步方式，不可使让步过多、过快、过大。

美国谈判大师嘉洛斯以卖方的让步为例，归纳出八种让步模式（见表6-4），并分析了各种让步模式的利弊。在任何一种让步模式中，卖主准备减价的额度均为60美元。

表6-4 八种让步模式 单位：美元

减价方式	第一期减价	第二期减价	第三期减价	第四期减价
1	0	0	0	60
2	15	15	15	15
3	8	13	17	22
4	22	17	13	8
5	26	20	12	2
6	49	10	0	1
7	50	10	1	−1
8	60	0	0	0

第十一节　谈判沟通微案例与游戏

案例一

地基问题

就某楼盘地基问题，业主与承包商各执己见，承包商认为地基4米深就足够了，而业主认为至少需要 6 米。承包商认为，用钢筋结构来做房顶，地基没有必要做那么深。业主却不肯让步。

如何才能保证房屋坚固？有人建议可以用有关的安全标准来进行谈判。比如业主可以这样讲："哦，也许我是错的，4 米的地基就可以了，但我所坚持的是地基要坚实牢固，深度要足以使房子安全。政府对此类土地的地基有没有安全标准？这一地区的其他建筑物的地基深度如何？这一地区的地震风险有多大？"

思考与讨论：

你认为这个建议行得通吗？为什么？

参考分析：

遵循一些客观的标准来解决地基深度问题，很可能就是谈判的出路。即按照公认的客观标准的话，大家就觉得很公平，都可以接受。在谈判中，无论各方如何从对方的角度考虑问题，理解对方的需求，争取提出具有创造性的方案，都无法抹杀各方利益冲突和对抗的一面。这种矛盾冲突在对待方案的评价标准上得到集中反映。当各方因评判标准不同而无法确定方案的合理性和公正性时，最好的解决方法就是寻求一个客观标准。

合作原则谈判理论坚持实质利益原则、多种选择方案原则以及客观标准原则，它使谈判者在一系列问题上逐渐与对方达成共识，避免了死守单一立场和方案不放而导致谈判破裂的不良后果，从而提高了谈判效率。更重要的是，它改变了谈判理论以往过于强调战术技巧或诡计的传统思路，使谈判原理更有实际意义，更容易为人们掌握和运用。先进行头脑风暴，构思各种方案，然后再决定是否采用。

谈判者提出多种选择方案是不容易的，要大胆提出各种设想，鼓励不成熟的方案，防止互相批评、指责，避免干扰正常的创造性思路。

案例二

开局策略

某地一位领导参与同外商的谈判，谈判一开始就发现对方对自己的身份持有强烈的戒备心理，这种状态妨碍了谈判的进行。于是，这位领导当机立断，站起来对对方说道："我是党委书记，不仅懂政治，也懂经济、搞经济，并且拥有决策权。我们摊子小，并且实力不大，但人实在，愿意真诚与贵方合作。咱们谈得成也好，谈不成也好，至少你这个外来的'洋'先生可以交一个我这样的'土'朋友。"寥寥几句肺腑之言，打消了对方的疑惑，使谈判顺利地向纵深发展。

思考与讨论：

试评价这位领导的开局方式。

参考分析：

坦诚式开局策略是指以开诚布公的方式向谈判对手陈述自己的观点或意愿，尽快打开谈判局面。坦诚式开局策略比较适合双方过去有过商务往来，而且关系很好，互相了解较深，将这种友好关系作为谈判的基础。在陈述中可以真诚、热情地畅谈双方过去的友好合作关系，适当地称赞对方在商务往来中的良好信誉。由于双方关系比较密切，可以省去一些礼节性的外交辞令，坦率地陈述己方的观点以及期望，使对方产生信任感。

坦诚式开局策略有时也可用于实力不如对方的谈判者。坦率地表明己方存在的弱点，使对方理智地考虑谈判目标。这种坦诚也表达出实力较弱一方不惧怕对手的压力，充满自信和实事求是的精神，这比"打肿脸充胖子"大唱高调掩饰自己的弱点要好得多。

案例三

谈判的艺术

广东一家玻璃厂与美国欧文斯玻璃公司谈判引进设备，谈判过程中两家公司在全部引进还是部分引进这个问题上陷入僵局。这时该厂的谈判代表说："你们公司的技术、设备和工程师都是世界一流的。你们用一流的技术、设备与我们合作，我们就能够成为全国第一。这不仅对我们有利，对你们更有利！但是我们厂的外汇有限，不能将贵公司的设备全部引进。现在，你们知道，法国、比利时、日本都在跟我国北方的厂家谈合作，如果你们不尽快跟我们达成协议，不投入最先进的技术设备，那么你们就可能会失掉中国市场，行业也会怀疑你们公司的整个能力。"这一番话使得陷入僵局的谈判气氛得到缓解，最后双方达成了协议。

思考与讨论：

你是如何看待这一段缓和气氛、打破僵局的发言的？

参考分析：

这段话首先给予对方很高评价，然后指出你我已为一体，荣辱共存。对方会觉得说得很实在，这些观点可以接受，并以极大的兴趣继续听。然后运用"将心比心"这一心理战术，使对方接受"但是"后面所包含的内容。当察觉到对方已经同意了己方的观点时，为了巩固"战果"，再进一步运用"激将法"。这样一来，濒临僵局的谈判气氛立刻缓解，最后双方达成了协议。

案例四

俄罗斯人的谈判

在一次设备引进项目谈判中，俄罗斯方认为对方的报价有较大的水分，为了尽可能以较低的价格购买最有用的技术，俄方开始就技术的具体细节、索要的东西等方面展开技术谈判攻势。俄方索要的东西包罗万象，包括详细的车间设计图纸、零部件清单、设备装配图纸、原材料证明书、化学药品和各种试剂、产品技术说明书、维修指南等。买方觉得这些东西迟早会交给对方，因此没有过多地注意把关，把可给可不给的资料或实物都交给了对方。通过索要到的这些细节文件和物品，俄方找到了对方的不少破绽，然后一个"回马枪"，重新启动商务谈判，最后迫使对方在价格上做出了大幅度的让步。

思考与讨论：

这个案例对你有什么启发？

参考分析：

（1）在谈判过程中，谈判人员的用词要精确，不能随便承诺做不到的事情，对合同中的索赔条款尤其要十分慎重。

（2）该给的给，可不给的就不要给，以免因此透露给对方太多甚至对己方不利的信息。

案例五

亚当森和伊士曼

美国柯达公司创始人乔治·伊士曼打算捐巨款建造一座音乐厅、一座纪念馆和一座戏院。为承揽这批建筑物内的座椅，许多制造商展开了激烈的竞争。

美国优美座位公司的经理亚当森也前来会见伊斯曼，希望拿到这笔生意。秘书把亚当森作了简单的介绍后，便退了出去。这时，亚当森没有谈生意，而是说："伊士曼先生，我仔细观察了您的这间办公室，我本人长期从事室内装修，但从来没见过装修得如此精致的办公室。"

伊士曼回答说："哎呀！这间办公室是我亲自设计的，当初刚建好的时候，我喜欢极了，但后来一忙，一连几个星期都没有机会仔细欣赏一下这个房间。"

亚当森见伊士曼谈兴正浓，便好奇地询问起他的经历。伊士曼便向他讲述了自己青少年时代的苦难生活，母子俩如何在贫困中挣扎的情景，自己发明柯达相机的经过，以及自己为社会所捐的巨额款项等。亚当森由衷地表达了他的敬佩，也赞扬了伊士曼的功德心。

最后，亚当森不但得到了大批订单，而且和伊士曼结下了终生的友谊。

思考与讨论：

亚当森这个成功案例反映了商务谈判哪些值得借鉴的经验？

参考分析：

寻找彼此的相同点或相似点，创造良好的心理氛围。人们喜欢同自己有相似之处的人，不论这种相似是个人见解、性格特征还是嗜好、生活习惯、穿着谈吐等。越是相似的人，彼此之间的信任度就高，所谓"物以类聚、人以群分"就是这个道理。工作被承认被赞美是沟通中的润滑剂。当我们被赞美，就会倾向于对这个赞美自己的人有好感，也倾向于信任他们，愿意与他们合作。

案例六

你为什么不向他了解？

一次出口交易会上，某国的一位商人对我国的某拖拉机厂的农用拖拉机感兴趣，但他又不太相信该拖拉机厂的产品质量和销路，因此，一直犹豫不决。拖拉机厂的代表后来没有单纯地用一些枯燥的技术指标来说服他，而是拉家常式地问道："贵国的经理您熟悉吗？"客商说："熟悉，当然熟悉，我们都是做农用机械生意的，还合作过呢。"厂代表说："噢，那你为什么不向他了解一下呢？去年他从我们厂买了一大批拖拉机，可是赚了一大笔啊。"客商回到住处，立即通过电话验证了这些情况，第二天，客商就高兴地与拖拉机厂签订了订购合同。

思考与讨论：

在此次谈判中，拖拉机厂代表使用的是什么策略？请简略分析此策略为什么会这么有效。

参考分析：

利用相关群体策略是指谈判人员利用对对方决策有重要影响的群体促成交易。在实际交易中，对购买者决策有影响的群体一般有以下两类。

一是同类产品的其他购买者。心理学研究表明，从众心理和行为是一种普遍的社会现象。人的行为既是一种个体行为，又是一种社会行为，受社会环境因素的影响和制约。当购买者看到其他人作出购买决定后，会更迅速地采取交易行为。谈判人员利用人的从众心理，采取相关群体策略，创造一定的众人争相购买的氛围，促成对方迅速作出决策。有时我们将这种现象也称为"造人气"，同类产品的其他购买者有时也会是竞争者，面对竞争，也会促使购买者尽快作出成交决策。

二是相关群体就是对方的同伴。对方视自己的同伴为同一战线的队友，在无法决定是否成交时，他们往往要听取同伴的意见。因此谈判人员也可以利用对方的同伴促成交易。

总之，相关群体策略有时候比我们自己大声地为自己的产品做广告有用得多。

案例七

提问技巧

你想到一家公司担任某一职务，希望月薪 2 万元，而老板最多只能给你 1.5 万元。

一种状况是：老板说"要不要随便你"这句话，你听了，感觉有攻击的意味，你可能扭头就走。

还有一种状况是：老板这样跟你说："给你的薪水是非常合理的。不管怎么说，在这个等级里，我只能付给你 1 万元到 1.5 万元，你想要多少？"一般来说，你会回答："1.5 万元"，而老板又装作不同意，说："1.3 万元如何？"如果你继续坚持 1.5 万元，老板也有可能让步。

思考与讨论：

在第二次谈判中，谁占了上风？请分析你的理由。

参考分析：

表面上，你好像占了上风，实际上老板用了选择式提问技巧，你却放弃了争取更多月薪的机会。

提问有很多作用，如引出对方的想法，确认自己的意见对不对，征得对方的同意，询问对方的意见等。引导式提问是沟通过程中不可缺少的提问技巧之一，它通过引导式的提问得出自己想要的答案。通过询问回答者一些预先设计好的问题，引起回答者进行某种反思。需要注意的是，提问时的肢体语言以及语音、语调也能起到引导作用。

案例八

巴西采购

巴西一家公司到美国去采购成套设备。巴西谈判小组成员因为上街购物耽误了时间，当他们到达谈判地点时，比预定时间晚了 35 分钟。美方代表对此极为不满，花了很长时间来指责巴西代表不遵守时间，没有信用，如果一直这样下去，以后很多工作难以合作，浪费时间就是浪费资源、浪费金钱。对此巴西代表感到理亏，只好不停地向美方代表道歉。谈判开始以后，美方代表似乎还对巴西代表来迟一事耿耿于怀，一时间弄得巴西代表手足无措，说话处处被动，无心与美方代表讨价还价，对美方提出的许多要求也没有静下心来认真考虑，匆匆忙忙就签订了合同。等巴西代表冷静下来，才发现自己吃了大亏，但为时已晚。

问题与分析：

1. 上述谈判中，美方运用了哪些策略？
2. 巴西公司谈判人员应如何扭转不利局面？
3. 如果你作为巴西代表会怎么谈？

参考分析：

美方利用巴西公司的迟到，紧咬不放，造成巴西公司谈判人员心理上的愧疚，进而转移到此次谈判中去，最终导致巴方谈判失败。巴方失利的最重要原因是心理上受到了干扰，没有在谈判过程中冷静地分析思考。巴方可在美方人员反复指责的情况下，提出美方停止指责的要求，若美方仍不肯罢休，则可伺机以谈判成员身体不适等为由，暂时终止此次会面，择期再议。

游戏一

谈判成功/未成功的案例

请和同伴交谈一个你所知道的影视剧或生活中谈判成功/未成功的案例，简单分析其原因。

目的：

加深对谈判各个步骤以及复杂性的理解。

游戏二

突破僵局

某连锁超市计划在市郊张庄村建立一个大型超市。连锁超市希望以 500 万元买下超市占用的土地的使用权，而张庄村却坚持要 1000 万元。经过几轮谈判，连锁超市的出价上升到 700 万元，张庄村的还价降到 800 万元，双方再也不肯让步了，谈判陷入了僵局。

张庄村坚持的是维护村民的立场，因为农民以土地为本，失去了这片土地的使用权，他们的生活来源会受到很大影响，想多卖一些钱来办企业，另谋出路。而连锁超市站在股东的立场上，让步到 700 万元也是多次请示董事会后才定下的，他们想在购买土地使用权上省下一些钱，用于扩大超市规模。

目的：

根据实际情况灵活而有效地突破谈判的僵局。

游戏三

挑选成员

假设每位同学需要组织一场谈判，请从全班同学中挑选出 4~5 位同学做自己谈判小组的成员，并写下你挑选这几位同学的理由。

目的：

加深对谈判人员的选拔知识的理解。人员选拔的目的就是要齐心协力，取长补短，形成合力，最大限度地发挥每个成员的作用，形成强有力的战斗群体。为了实现这样的目的，人员选拔的原则有如下几点。

1. 知识互补

谈判涉及技术、商务、财务、翻译、法律等诸多方面的知识，而人的知识面是有限的，俗话说隔行如隔山，人有经历和学历的差异。在人员准备时，要充分考虑到这种知识的互补性，形成有效合力。

2. 个性协调

个性是人与人的本质区别，包括气质、性格两个方面。气质通常分为胆汁、多血、黏液、抑郁四种类型。气质无好坏之分，不同的气质类型各有长短。稳定的不够灵敏，热情的容易冲动，灵活的往往不能耐久。所以，人员搭配要考虑到四种气质类型平衡。

性格是一个人在个体生活中所形成的对待事物的稳定的态度以及与之相应的习惯化了的行为方式。性格是个性的核心，它决定人的活动的内容和方向。勤劳与懒惰、勇敢与怯弱、自信与自卑、宽容与狭隘等都是性格的表现形式。性格是有社会价值的，谈判人员应该具备顽强、坚韧、灵活、机智、勤奋等健康性格，或者形成健康性格的组合。冷漠刻板、孤僻多疑、急躁好斗、心胸狭窄、自负固执、傲慢轻敌的性格是不适合谈判的。

根据谈判对知识方面的要求，谈判班子应配备下列相应的人员：①技术精湛的专业人员。②业务熟练的经济人员。③精通经济法的法律人员。④熟悉业务的翻译人员。

游戏四

表演商务谈判中正确的站姿、坐姿和走姿

表演商务谈判中正确的站姿、坐姿和走姿。

目的：

能够在商务谈判中有正确的站姿、坐姿和走姿等仪态礼仪。

1. 站立

优美挺拔的站姿能够显示个人的自信、气质和风度，给他人留下美好的印象。正确的站立是昂首、挺胸、收腹，双手自然下垂，双脚与肩同宽，脚尖成外八字。应注意避免不良的站姿：一是身体东倒西歪，驼背弯腰，眼睛斜视；二是双腿随意乱动，双臂随意摆动；三是双手叉在腰间或交叉环抱在胸前，盛气凌人；四是双手插在口袋里，玩弄小物品。

2. 就座

端庄典雅的就座可以展现商务谈判人员的气质和良好的修养。正确的就座要点是轻入席、雅落座、慢离身。轻入席是指先将椅子轻轻地移到欲就座处，然后从椅子的左边入座。女士应用手把裙子向前拢一下。入座时声音要轻，动作要柔和。应注意在地位高者未坐定之前不宜先就座。落座时要文雅，面带微笑，脊背要和椅背有一拳左右的距离。在正式场合或有地位较高的人在座时不要坐满座位，一般只占座位的 2/3。脊背要直，挺胸收腹，上身正直，抬头，目视前方，双肩持平，略向后展，双手放于膝上或扶手上，双膝双脚并拢，双腿不能过于前伸，也不能过于后展，更不能腿脚摇晃。离座时要轻轻起身，由椅子的左侧离座。

3. 行走

商务谈判人员的行走应从容稳健，这样可以增强自信，使谈判对象产生信任感。在行进中，保持目视前方，上身正直不动，两肩持平不能随意晃动，两臂自然协调摆动。两腿伸直但不僵硬，膝关节与脚尖正对前进方向，步幅均匀。切忌脚尖向内或向外，大摇大摆，摇头晃肩，双手或单手插兜等不良步姿。

4. 手势

手势是常用的体态语言。谈判人员要能够恰当地运用手势来表达真情实意。含蓄、彬彬有礼，优雅自如的手势会强化口头语言的效果，促进谈判的顺利开展。介绍某人或给对方指示方向时，应掌心向上，四指并拢，大拇指张开，以肘关节为轴，前臂自然上抬伸直，指示方向时上体稍向前倾，面带微笑，自己的眼睛看着目标方向并兼顾对方是否意会到目标。向远距离的人打招呼时，伸出右手，右胳膊伸直高举，掌心朝着对方，轻轻摆动，不可向上级和长辈招手。应避免出现的手势有：搔头发、掏耳朵、咬指甲、揉衣角、用手指在桌上乱画、玩手中的笔或其他工具，等等。切不可用手指指人、乱做手势或指指点点。

5. 目光

在商务谈判中，眼神要平和热情，视线要平视，目光注视对方的正确做法是散点柔视，范围在对方胸部以上、额头以下部位，这样既显真诚，又不会使对方不自在。在正常情况下，视线接触对方脸部的时间应占全部谈话时间的

30％～60％。同时，要正确把握对视的时机，对视一般视交谈内容而定，当强调某一问题与恳请对方时，或当对方注视自己发出交流信号时，可与对方对视。目光注视对方时要慎用瞪与盯，勿用斜视或东张西望，避免让客人觉得自己心不在焉，甚至误解为其他不礼貌的动作。

游戏五

从 A 到 K

四个人一组，每人一张卡片，卡片一面是 A，另一面是 K，每个人可以选择自己出哪一面。总共玩十局，第五、第七、第九局可以商量出牌，其余局不能商量。最后统计大家的得分。

计分规则如下。

出现四个 A 时，每人输掉一分。

出现三个 A 一个 K 时，出 A 的每人赢一分，出 K 的每人输三分。

出现两个 A 两个 K 时，出 A 的每人赢一分，出 K 的每人输两分。

出现一个 A 三个 K 时，出 A 的每人赢三分，出 K 的每人输一分。

出现四个 K 时，每人都赢一分。

目的：

加深对于谈判以及履行过程的理解。

这个游戏模拟了谈判以及履行的过程。大家不谈判、不合作时，每个人都可能损失而没有利益；当谈判时可以取得一定的平均利益，但如果有背信弃义者出现，则谈判的成果被破坏，进入新一轮的恶性竞争，每个人仍然损失。只有不断地达成协议、打破协议，最终形成一个相对稳定、相互信任的局面。

这个游戏不但反映了谈判与合作的重要性，也说明了守约、合作在谈判和经济交往中的重要作用。只有严格守约，才能达成信任，才能形成一个相对稳固的合作局面。如果有人不守约，尽管可能获得偶尔的高额利益，但后果会导致谈判破裂，使得自己的合作伙伴越来越少。

第十二节　冲突沟通微案例与游戏

案例一

如何处理员工的请假

你是一家外贸公司的总经理，员工王林已经有三年没有回家过春节了，他现在来向你请半个月假回家过年，但你的公司春节任务特别重……

思考与讨论：

你会选用哪种冲突处理方式？这种冲突处理方式下你会如何回答？

参考分析：

肯尼思·托马斯（Kenneth Thomas）的冲突管理观点通过两个维度对冲突进行了区分：合作性（cooperativeness）和武断性（assertiveness）。合作性为个体尝试满足他人需求的程度，武断性为个体尝试满足自身需求的程度。"冲突处理倾向"包括竞争、协作、回避、包容和折中（见图6-5）。

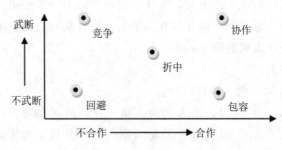

图6-5　冲突管理的五种风格

五种风格的回答关键词如下：

竞争：不行。

协作：你可以找个人替代你的工作。你回去前后多加班，把这一段工作补上。

回避：秘书，他来找我时，你就说我不在。

包容：好啊。

折中：要不你请一周假吧。

案例二

如何处理工作中的冲突

王芳和孙明在同一家广告公司的策划部门工作，两人都毕业于重点大学。王芳做事踏实干练、雷厉风行。孙明话语不多，为人稳重，但经常为部门出谋划策，两人都很受部门经理的重用。王芳有她的雄心壮志，希望能在一年内得到职位的提升，下决心和每一位同事处好关系，她虽然感觉孙明比较内敛，不好接近，但是经过几次主动接触，两人也成为融洽相处的同事。

公司接到一个大项目，给一家知名企业做一个广告策划方案。经理让部门几名员工分别提出备选方案，王芳也被安排了这个任务，但孙明因为还有其他工作没有被安排在内。此时已经接近公司的年终评估，大家都清楚，如果能在这个大项目中表现出色会给自己增色不少。王芳当然也清楚这一点,她拿出比平时更大的热情和努力专注于这个项目,经过不断思考、改进,她提出了一个让自己很满意的广告方案,她相信这个方案会得到大家的认可并最后得以实施。不出所料,王芳绘声绘色地将自己的方案讲出来后,她看到经理赞许的目光和同事们羡慕佩服的目光。但在征求大家意见时,孙明提出了一个很有创意的改进方案,这个方案需要对王芳的原方案做出很大改动。王芳感觉,孙明像是有意在抢自己的风头,出于对自己原创方案的捍卫,她坚持了自己的方案,并指出孙明的提议实施起来有难度,但最后经理决定接受孙明的提议,并让孙明负责这个项目的进一步改进和实施。

王芳觉得孙明是故意和自己抢机会,因而把他作为自己最大的竞争对手。她尽量回避和孙明讲话,工作上的事情均用电子邮件沟通,这种工作状态影响了项目的实施进度和效果。孙明并不清楚王芳如此气愤的原因,只是隐约感觉与他提出的方案有关,他希望能尽快解决这个问题,以继续正常工作。

思考与讨论:

(1) 冲突都是有害的吗?此案例中的冲突属于何种冲突?

(2) 这一冲突是如何产生的?

(3) 如果你是孙明,你觉得如何处理这个冲突会更妥当?

参考分析:

1. 冲突不一定都是有害的。冲突可以分为功能正常的冲突和功能失调的冲突,功能正常的冲突支持群体的目标,并能提高群体的工作绩效,是具有建设性的;功能失调的冲突会阻碍群体的工作绩效,具有破坏性。

此案例中的冲突属于功能失调的冲突,孙明和王芳的冲突导致的不良工作状态已经影响到项目的实施进度和效果,降低了群体的工作绩效,应该尽快处理。

2. 冲突的产生条件可以概括为三类:沟通、结构、个人因素。案例中,王芳和孙明性格、工作风格上的不同可能造成两人沟通上的误解,孙明只是想出了一个更好的方案,希望部门能将工作完成得更出色,而王芳却误以为孙明是在抢自己的风头,同时孙明也没有注意到王芳希望独立出色完成这份工作的期望,激化了冲突。

3. 处理冲突有五种方式:竞争、协作、回避、包容、折中。孙明和王芳可以采取协作的方式来处理冲突,王芳和孙明有共同的目标,就是出色完成这个项目,王芳提出了原创方案,孙明进一步提出改进方案,这就为他们的协作提供了基础。孙明首先应该主动和王芳沟通,在沟通的过程中,注意沟通技巧,并控制好自己的情绪,不要激化双方冲突。同时,通过沟通找到王芳生气的原因，澄清误会，可以邀请王芳参与甚至一同负责项目的进一步实施，给王芳发挥才能的空间，使她最初的动机得到满足，两人合作将项目做好。

案例三

投　诉

某日上午，员工王波怒气冲冲来到办公室，向人力资源部进行投诉，表达了对上级管理方式的不满。当时王波非常愤怒，说话的声音也很大。负责接待的人力资源部女同事刘小兰，为安抚王波情绪，非常礼貌地说："你不要激动，别生气，有问题向我们反映，我们会调查，如果属实，一定给你一个答复。"不料，王波大声喊道："调什么查，难道你以为我骗你的吗？还是说你们人力资源部与管理人员一样不讲道理？我不与你谈了。"随后，不论刘小兰如何向他解释，王波就是不再与其答话，只是自己大声抱怨无处讲理。

思考与分析：

若当时正处于办公繁忙时间，办公室内还有其他员工，为避免事态恶化，你作为人力资源部的经理应该如何处理？

参考分析：

协作是最能保护双方利益的，能取得双赢的效果，因此，不妨往这方面尝试。

案例四

顾客 VS 服务员

一家茶店内，一位顾客对服务员高声喊道："小姐，你们的牛奶是坏的，把我的一杯红茶都糟蹋了！"大家都转身看这个服务员。服务员柔声道歉："真对不起，我马上给您换一杯。"

过了一会儿，新红茶换好了，碟边还是跟前一杯一样放着新鲜的柠檬和牛乳。服务员轻轻走到顾客跟前，轻声说："先生，我建议您在放柠檬的同时不要加牛奶，因为柠檬酸会造成牛奶结块。"这时候顾客的脸"腾"地红了，匆匆喝完茶走了。

邻桌顾客笑问服务员："明明是他不懂，你为什么不直说呢？他那么粗鲁地叫你，你不还他一点颜色？"

"正因为他粗鲁，所以要用婉转的方法来对待，正因为道理一说就明白，所以用不着大声！"

思考与讨论：

你觉得服务员这种处理冲突的方法怎么样？有什么意义吗？

参考分析:

当我们处于愤怒的情绪中时,批评和指责他人都无法将我们的心声传递出来。应用非暴力沟通表达愤怒,这需要分四步走。

第一步,冷静下来,人在狂怒之中很难保持理智,在激烈的情绪中我们需要静下心来深入体会,避免去指责或惩罚他人。第二步,思考自己愤怒的原因。切记不要将自己的愤怒归咎于别人,因为这是我们自己的愤怒,而不是别人的。第三步,深入地了解自己的感受和需要。很多时候产生愤怒的情绪是因为我们的感受和需要没有被理解和满足,只有了解了自己真实的需求是什么,才能找到愤怒的根源。第四步,将自己的感受和需要表达出来。当然,在第三步和第四步之间,我们也要学会倾听他人的想法。倾听通常是相互的,当对方被倾听和得到理解的时候,他们自然也会来倾听和理解我们的感受和需要。

遇到不满的事情就愤怒,是人的天然反应。刚开始应用非暴力沟通时,可能会不太习惯,这就需要时间和耐心去经常练习。久而久之,就会把非暴力沟通内化到日常的行为方式中去。

1. 对个人的意义

(1) 可增强人际关系。通过开诚布公地表达自己的想法,收获更紧密的人际关系。

(2) 可增强自我尊重感。衡量专业人员的一个关键因素就是他能否接受反馈以及能否以专业的方式处理批评意见。

(3) 有利于个人发展。当你能够从容不迫地对待偏见时,就能不断地学到新东西并得到他人的支持。一旦组织中的其他人逐渐认识到可以信赖你时,团队成员之间就会更加团结,成功就更加有可能。

2. 对组织的意义

(1) 有利于提升效率和效果。与其让员工浪费时间纠结于工作场所的冲突,还不如让他们专注于工作。把员工的努力导向更易出成绩的领域,他们就能更加有成效地完成工作,从而获得更高的生产效率。

(2) 有利于创造性思维。通过鼓励员工从错误中分享和学习经验,可以收获由创造性思维及空前的学习氛围所带来的益处。通过对冲突的早发现、早处理,管理者能够有效降低工作场所的不和谐。如果让员工了解到公司并不是"抓住错误不放",就会减轻员工对于犯错误的恐惧感,使员工更有信心尝试新想法和新的思维方式。

(3) 有利于增强团队精神。通过互相帮助,管理者及其下属能够真诚为顾客和客户服务。通过关心员工,发扬员工的团队精神和员工的组织忠诚度,员工就会以服务好顾客来回报组织。

案例五

舍友之间的冲突

张元喜欢在宿舍里抽烟，但舍友李庆却忍受不了烟味，李庆多次和张元交谈试图寻找解决办法，双方一直不肯各退一步，导致发生争吵，产生了隔阂。张元和李庆争吵过后虽仍保留各自意见，但两人都不想伤了和气。最终，李庆主动提出折中方案：张元可以抽烟，但要回避李庆。

思考与讨论：

试分析这个宿舍里舍友的冲突处理。

参考分析：

李庆的解决方式是可行的，他先通过沟通判断出正常沟通不会解决问题，然后以强硬的态度与之争吵确立了自己的立场。这时张元虽没有放弃自己的立场，但他意识到了李庆的强硬立场，接下来双方进行冷战，但迫于同为舍友，双方都想解决问题，这时李庆提出折中的解决方案，对方就会欣然答应。

游戏一

谈谈家人处理冲突的方式

2～3人一组，谈谈你父母或其他家人处理冲突的方式以及你自己是如何处理冲突的，以后是否会有改进？

目的：

熟悉和理解冲突沟通的五种类型。

游戏二

《西游记》中的冲突

观看《西游记》片段，分析唐僧和孙悟空的冲突处理风格。4人一个小组讨论：如果你们是唐僧师徒四人，你们如何通过协作来更好地解决这个冲突问题？

游戏三

探　险　者

裁判1人，解说人1人。每组5人，每组选1人做探险者，另外4人做援助者。探险者站成一排，援助者正对着探险者站成一列。

游戏开始。解说人说："探险者开始了他们艰辛的旅程，他们走到沙漠了，天气非常炎热，需要水！"各组援助者必须以最快速度将水送到探险者手中，由裁判统计分数，最快送到的记 4 分，往下依次记 3 分、2 分、1 分，分数高的组获胜。

游戏继续，解说人可以临场指挥探险者到某个地方拿需要的东西。

目的：

考核成员的反应能力、速度和团队合作能力。

第十三节　危机沟通

案例一

危机沟通

某日，一个快递员驾驶的电动三轮车与一辆小轿车在某小区内的狭窄道路上发生了剐蹭。小轿车车主下车后口出恶言，还连扇了该快递员数记耳光。而快递员并未还手，还不停地向小轿车车主赔礼道歉。

思考与讨论：

你觉得快递公司应该如何做好此次危机沟通？

参考分析：

危机沟通的原则主要包括以下几条。

1. 真诚原则

真诚是沟通的基础。真诚原则包括诚实地承认发生的问题，公开正在采取的措施和可能出现的后果，以及责任追究等。在危机发生后，组织要全面了解情况，积极查明事实真相，给利益受损者明确的解释，履行组织的社会责任，并尽力做出超过有关各方期望的赔偿。同时，要冷静地倾听受害者的意见，向其道歉，给予受害者安慰和帮助。

2. 重视利益相关者原则

利益相关者是指在危机中需要与之沟通的人，或者说是和危机的发生有着利害关系的人。利益相关者分为内部利益相关者和外部利益相关者。内部利益相关者是组织内部的信息接收者，如发生危机的企业的员工、出现危机的学校的老师等。外部利益相关者是组织外部的信息接收者，如企业的客户、供应商等。在危机沟通中，每一名利益相关者都需要接收相同的信息，内部利益相关者和外部利益相关者必须受到同样的重视。危机相关的信息必须是相同的，不同的信息会造成恐慌和混乱。组织的危机处理部门应该站在利益相关者的角度考虑问题，列出所有的相关信息，将准确的信息发送给利益相关者，在最大程度上消除其不满与顾虑。

3. 快速反应原则

危机沟通中经常提到"24 小时"原则，即危机发生以后的 24 小时是最关键的一段时间。组织应在危机发生后的 24 小时内启动危机管理机制，做好相应资源的协调工作，如各方舆论的收集、基本立场的确认、官方声明的拟定等。危机沟通者必须重视沟通的快速反应。实际上，在当今的"互联网＋"时代，传统的 24 小时已经太过迟缓，危机处理需要抓住危机发生后的每一秒。组织的管理者延迟发表声明，通常会给组织带来灾难性的后果。

4. 核心立场原则

核心立场原则强调组织对危机事件的基本观点和态度不动摇。危机一旦爆发，组织应在最短的时间内针对事件的起因、可能趋向及影响（显性和隐性）作出评估，并参照组织一贯秉承的价值观，明确自己的核心立场。在危机处理的过程中，不可偏离初期确定的立场。这种立场不应是暂时的、肤浅的、突兀的，而应是持久的、深思熟虑的，要与组织的长期战略和基本价值观相契合。核心立场应简单（不会产生歧义）、明确（能够清晰、准确地表述出来）。

5. 计划性原则

为危机做准备的第一步就是要明白：任何组织，无论处于什么行业、什么地理位置，都可能会陷入危机之中。制订危机应对计划尽管不能完全避免危机，但可以最大限度地减少危机带来的损失。按照危机与危机沟通计划的相对时间关系，可以将危机应对计划分为先导性危机应对计划和反应性危机应对计划。先导性危机应对计划是指在危机发生之前就已做好应对措施的计划；反应性危机应对计划是指在危机发生后做出应对措施的计划。先导性危机应对计划通常能起到预防和提前做好应对准备的作用。在制订先导性危机应对计划时，应该组建一个包括最易受危机影响的部门人员和几乎所有高层管理人员的智囊团，集思广益。如果危机已经发生，就需要制订反应性危机应对计划，此时需要综合考虑各个利益相关群体的反应，对事态的发展作出预测，协调组织内部各部门和组织外部的资源，积极应对危机。

案例二

不当的危机沟通

据报道，禽流感暴发时，某地某负责人为了安抚公众，说："我昨天晚上还吃了鸡肉，事实上我每天都吃鸡肉。"这话听上去很有说服力，但是他的沟通并没有取得预期的效果。

思考与讨论：

请你分析为什么该负责人的危机沟通没有取得预期的效果？

参考分析：

如果负责人说，即使你有可能从鸡身上传染到这种病。但是，吃煮熟的鸡也是安全的。相信这样的言语会更有说服力，能使人们更加信服。在处理危机时，一定要把握好"度"。

案例三

杭州奶业 72 小时生死时速

2002 年 3 月 15 日，中央电视台"3·15"晚会曝光了一批国家抽检不合格奶制品，其中杭州市"美丽健""双峰"两个企业的产品名列其中。3 月 16 日，超市下架被曝光的奶制品，消费者问询电话不断，媒体更是在头版头条争相报道……

思考与讨论：

面对这一突如其来的危机，你认为杭州奶业应该开展哪些危机处理活动？

参考分析：

1. 紧急行动，争取政府和商家理解

3 月 16 日下午，两家企业邀请了"好又多""上海华联""万家福"等超市召开紧急碰头会。会上，主管抽检单位——杭州技术监督局稽查所介绍了检验情况和点名原因，公开了事件真相。说明这次检测是国家乳制品质量监督检测中心于 2001 年 4 季度进行的调味品国家监督抽查活动，只抽查了一个样品，而且是一个日期，这并非等于所有产品、全年都不合格。被点名原因是：杭州双峰乳业塑料瓶装"甜滋滋"甜牛奶"总固形物"指标检验结果为 8.36％，单项等级不达标；杭州美丽健奶制品的强化维生素 AD 钙奶"微生物"指标检验结果为"非商业无菌"，单项等级未达标。两家企业慎重保证，一定吸取教训，全面提升产品质量，同时欢迎监督部门、商家和消费者加强监督，承诺因产品在饮用过程中发现任何卫生质量问题愿双倍赔偿。两家企业真诚负责的精神，为解除抵制打下了良好的基础，碰头会取得了较好的沟通效果。

2. 增设渠道，全面与消费者沟通

（1）开设全天专线电话接受消费者和经销商问询，在电话中不仅说明事件真相和被点名原因，并且表态：如喝了本企业产品有损健康或造成其他损失则双倍赔偿；消费者如要求退奶，企业立即办理。

（2）邀请媒体、市民代表参观生产现场的工艺流程，介绍产品质量保证体系，树立其对企业产品的信心。

（3）正确的宣传。

①向媒体公开被点名原因等情况。②在媒体上公开承诺。设立服务专线而

且双休日不休息，随时倾听消费者的意见。

通过一系列措施，杭州新闻媒体逐步改变了态度，特别是大量报道了企业真诚整改的意愿和承诺措施以及一些有益于企业的消费者意见。

（4）加大广告宣传力度。两家企业分别花了几十万元的临时广告费用，几乎占据了杭州所有报纸的头版，用以阐明企业产品的安全性。广告均立足于证明产品质量，强调"其余所有产品均为合格产品，不存在质量问题"，宣传效果十分明显。

杭州奶业在处理此次危机中始终抱着为消费者着想的态度，措施得力，行动果断，为企业处理与消费者有关的危机事件树立了良好的榜样，获得了消费者的认可。

案例四

美联航的三次道歉

2017 年，美联航的一班飞机因座位超售，要求一位乘客下飞机。在遭到该乘客拒绝后，机组人员找来警察对乘客暴力殴打，并把他拽下了飞机。此事件被同一航班的其他乘客拍下视频上传到网上，并引起轩然大波。

对此，美联航也进行了危机公关，前后共发布了三次声明。第一次声明的内容相当随意："不好意思，我们超卖了机票，对不起！"随后，美联航还向事件中所涉及的员工发送邮件，称他们做得并无问题，并指责被拖下飞机的乘客具有攻击性。邮件曝出后，公众对美联航的愤怒进一步加剧。

第二次是美联航 CEO 发布的一条推特，该推特写道："这件事我们很痛心，很抱歉，因为我们重新安置了一些乘客，我们会好好调查，解决好这件事情。"两份轻描淡写的声明，让社会公众纷纷开始抵制美联航，有的乘客剪掉了美联航的会员卡，有的乘客搭乘美联航飞机时戴上头盔以示抗议，网上各种恶搞视频也纷纷出现。短短几天，美联航公司的股票市值因此下跌了 17 亿美元。

受此重创，美联航终于意识到问题的严重性，又发了第三次声明："这是一次可怕的事情，我们会负起全部的责任，没有人应该被这样对待……"

思考与讨论：

是什么让美联航三次道歉既费力又不讨喜呢？

参考分析：

第一次，仅仅是为了机票超售而道歉。但公众愤怒的原因并非美联航超售，而是处理超售问题的方式太粗暴。

第二次，CEO 亲自出马，但是他却把殴打乘客这样严重的事情简单地说成了重新安排，以为把问题说轻点便可以大事化小，结果反而激怒了舆论。这也说明道歉的时候应该往自身揽责任，越是避重就轻，越显得不诚恳，效果就越差。

第三次，虽然诚恳却不及时，因为这次道歉发生在股票大跌之后，让公众认为美联航是被逼道歉，只为讨好股东，毫无诚意。最终，美联航向这名被暴力拖拽下机的乘客做出巨额赔偿，还定下处理此类事件的新规。

案例五

苏丹红危机事件

2005 年，肯德基的新奥尔良烤翅和新奥尔良烤鸡腿堡被检测出含有"苏丹红 1 号"。

思考与讨论：

你认为肯德基如何做才能解决苏当红危机事件？

参考分析：

3 月 16 日上午，肯德基要求所有门店停止销售新奥尔良烤翅和新奥尔良烤鸡腿堡。

当天 17：00，肯德基连锁店的母公司百胜餐饮集团向消费者公开道歉，时任集团总裁苏敬轼明确表示，将会追查相关供应商的责任。

3 月 17 日，《南方都市报》《广州日报》等媒体在头版头条大篇幅刊登了关于肯德基致歉的相关报道。3 月 19 日，肯德基连续向媒体发布了 4 篇声明，介绍"涉红"产品的检查及处理情况。3 月 23 日，肯德基在全国恢复了被停产品的销售，向全国消费者保证："肯德基所有产品都不含苏丹红成分，完全可以安心食用。"3 月 28 日，百胜餐饮集团召开新闻发布会，苏敬轼现场品尝肯德基食品，表示决定采取中国餐饮行业史无前例的措施确保食品安全。

4 月 2 日，肯德基开始对 4 款"涉红"产品进行促销活动，最高降价幅度达到 3 折，肯德基销售逐渐恢复了元气。4 月 6 日，肯德基积极配合中央电视台《新闻调查》《每周质量报告》等栏目采访，记者的关注焦点已由肯德基"涉红"问题转变为对原料和生产链的全方位追踪。肯德基顺利度过了"苏丹红"危机。

第十四节　跨文化沟通

案例一

伊朗失利

黎丽是国内一家大型外贸公司的总经理秘书。一次，她随同公司的业务人员赴伊朗参加机械设备出口的洽谈事宜。公司一行人在抵达伊朗的当天就拜访了交易方的公司。为了表示欢迎，该公司以东道主的身份举行了欢迎晚会。为了在晚会上向众人展示自己的精明、能干、美丽和大方，黎秘书穿着白色无袖紧身上衣和蓝色短裙步入晚会会场，但她并未注意到众人的眼光略显异样。当主人向每一位中国来宾递上饮料时，黎秘书习惯性地伸出左手接饮料。此时，主人立即改变了神色，并很不客气地将饮料放在了餐桌上。在接下来的商务洽谈中，很有合作诚意的伊朗公司没有再和他们进行任何实质性的会谈。

思考与讨论：

请分析这次欢迎晚会是如何改变很有合作诚意的伊朗公司的。

参考分析：

黎秘书一行人前往伊朗与当地业务人员洽谈业务，没有注意到沟通地点变了，文化也不一样了。在伊朗，女性衣着不宜太暴露。黎丽没有做到入乡随俗，让对方感觉到不被尊重，因此不愉快，最终导致了合作的失败。

商务沟通的结果受环境条件的巨大影响，不同的地理区域往往是与某种文化背景和区域联系在一起的，入乡随俗是成功沟通的前提条件。在与他人的沟通中，如果投其所好，让对方感到亲切，可以提升沟通的成功性。

案例二

英 国 人

行驶在地中海的一艘西班牙豪华游轮上，一位英国贵妇抱怨为什么身边的人不讲英语。有人向她指出，这是一艘西班牙游轮。贵妇顿时不悦，厉声说道："告诉他们，我可不是什么外国人，我是英国人！"

思考与讨论：

从这个案例中你能看出英国人的什么性格呢？

参考分析：

英国曾经被称为"日不落帝国"，一些英国人普遍心理上有优越感，总感觉高人一等，有种自大心态。

案例三

新加坡华裔客商与山东大蒜

一位新加坡华裔客商与我国山东某进出口公司谈判大蒜生意。第一轮谈判时，中方报价最低为每吨 720 美元，外商出价最高为 705 美元。双方坚持立场，互不让步，谈判陷入僵局。

双方决定休会三天，中方安排新加坡代表游览参观并进一步交换意见，增进了解。浏览过程中，新加坡客商提及自己祖籍山东，对山东有特殊的感情，此番游览勾起了对家乡和亲人的思念。

三天后，双方重新回到谈判桌前，谈判氛围融洽了许多。中方基于当时正值大蒜收获期，如不及时成交，错过收购时机，不但保不住质量而且收购价格有可能下降，加上美元兑人民币汇率上升趋势，及时结算等于提价，为此，中方愿意让步至705美元一吨成交。没想到，新加坡客商主动将买价提高至710美元，让中方大为吃惊，并且新加坡方提出附加条件，要求签订长期合作协议。

思考与讨论：

(1) 你如何评价中方这次谈判的成功？

(2) 你如何理解新加坡客商最后的举动？

参考分析：

新方在合同签订后为中方揭开了其中奥秘：第一，新加坡华人多，而他的老客户主要是北方人，要求蒜味越浓越好，山东大蒜虽比其他地区大蒜贵，但蒜味浓，可以卖好价。第二，在此次游览参观山东期间，祖籍山东唤起了他内心对家乡的感情，他希望长期合作。第三，只有抱着"双赢"的理念，才能把生意做大做强。

游戏一

如表6-5所示，在"你的答案"一列中填上最能代表自己情绪的选项。

表6-5 评估自我文化意识

5—很符合；4—较符合；3—基本符合；2—偶尔符合；1—基本不符合		
序号	问题	你的答案
1	当来自其他文化的人告诉我，我所在的文化怎样影响他们时，我会倾听他们的诉说	
2	我意识到来自其他文化的人能够给我的生活和工作带来新观点和看法	
3	我会向来自其他文化的人提供关于我所在的文化中获得成功的建议	
4	即使我所在的文化中有其他人反对，我也向人们提供支持	
5	我意识到我所在的文化之外的人可能会被我的行为冒犯，我问过人们我所做的或所说的事是否冒犯了他们，并在任何必要的时候进行道歉	
6	我意识到我有这种倾向：当有压力时，我可能认为自己和自己的文化是正确的，而其他文化是错误的	

续表

序号	问题	你的答案
7	我尊重上级，不管其来自哪里，我不会为了达到自己的目的而越过来自不同文化的上级，去找与自己文化相同或类似的上级交流	
8	当我处于一个跨国公司之中时，我会与每个人交往，而不仅仅与来自自己所在文化的人在一起，或只与来自主流文化的人在一起	
9	我很愿意与主流文化之外的人共同工作，我也愿意在工作中帮助他们	
10	当我所在的文化中的人开其他文化群体的玩笑，或以否定的口气谈论他们时，我会让他们知道我并不喜欢	

自评答案及评分标准如下：分数在 10～30 分表示自我文化意识较弱；分数在 30～40 分表示自我文化意识一般；分数在 40 分以上表示自我文化意识很强。

游戏二

讲故事

2～3 人一组，结合你自己的经历或别人的故事，从跨文化沟通的角度分析你是如何体会入乡随俗的。

目的：

加深理解对多元文化的尊重。

游戏三

非语言表演

每个同学表演一个其他国家的非语言沟通情境，并告诉大家它发生在哪个国家，然后让大家猜猜它表达了什么含义。

目的：

了解其他国家的非言语沟通信息。

游戏四

猜一猜，讲一讲

假设在餐厅盛满啤酒的杯中发现了苍蝇，英国人、法国人、西班牙人、日本人、美国人分别的反应是……

2～3 人一组，猜一猜他们分别会怎样做。

参考分析：

这是一个有关各国文化的有趣故事。一般情况下，英国人会以绅士风度盼咐侍者换一杯啤酒；法国人会将杯中啤酒倾倒一空；西班牙人不会喝酒，只留下钞票，不声不响地离开餐厅；日本人会把餐厅经理找来，训斥一番；美国人会对侍者说："以后请将啤酒和苍蝇分别放置，由喜欢苍蝇的客人自行将苍蝇放进啤酒，你觉得怎样?"

第七章　沟通课程"全微案例＋游戏"教学总结

第一节　实践效果分析

在沟通课程改革中颠覆了传统教学模式，创建了全周期学生参与、高互动、全面激励机制保障的"全微案例＋游戏"教学模式。本课程基于线上线下的有机融合，围绕以学生的能力提升为中心建立了能力本位的"全微案例＋游戏"教学体系。

在对沟通课程进行的"全微案例＋游戏"的教学改革中主要贯穿5种教学方法（见表7-1），实现了学生线上观看教学视频、线下沉浸式案例体验、游戏竞赛化学习、情景式学习、线上线下多渠道讨论互动、全周期学习支持、全过程激励反馈等功能，构建了更有吸引力更高效的课堂文化。

本课程通过改革教学活动，锻炼了学生主动学习和研究的能力，培养了学生利用所学解决商务问题的能力，提升了学生的沟通表达能力，得到了相关专家和学者的肯定。

表 7 - 1　主要教学方法

教学方式	主要解决的问题
案例教学 & 情景角色扮演	把知识变成能力和综合素养
游戏教学方式	加强师生互动和参与度，提升学生学习兴趣，降低学习难度，提升学习效果
BOPPPS 教学方式	解决知识点记忆混淆问题
PBL 教学方式	培养学生解决沟通问题的能力
基于慕课的翻转课堂	培养学生自学、思辨和主动探索能力

注：BOPPPS 是一种教学设计方法，包含六个教学环节，即导言（Bridge-in）、目标（Outcome）、前测（Pre-test）、参与式学习（Participation）、后测（Post-test）和总结（Summary）。

PBL 教学方式是以问题为导向的教学方法（problem-based learning），是基于现实世界的以学生为中心的教育方式。

一、学生的学习效果显著提升

本教学改革在实践中直接可见的效果主要表现在以下几个方面。

（一）学生学习态度大为改善

传统教学中学生缺课的现象比较普遍，传统课堂上"低头族"众多，而且场面基本是"波澜不兴"。课程改革后，绝大多数学生上课后态度大为改观：小组讨论、发言、提问、情景操练，两个小时教学时间，几乎所有学生全程都在较为活跃地动嘴、动耳、动脑。

学生课前认真学习在线内容，课上积极讨论，大胆提问，踊跃分析案例和操练。在这种积极的学习氛围中，学生学得透彻、学得快乐。甚至下课后也不愿走，在教室里流连，和教师讨论。同学们表示，这门课案例与游戏有趣又有挑战性，不仅学会很多理论知识，也提高了自己的沟通能力。

因为有了论坛，有了课上的充分讨论，有了你来我往的交互所产生的头脑风暴，有了教师课上的循循善诱，学生不再仅满足于应付作业或者考试，而是对教学内容有了更深入的研究性思考，并因这种研究性学习产生了充分的成就感。

（二）学生成绩和能力显著提高

同学们在本课程改革中逐步形成团队学习和协作学习的学习方式，不仅提高了学生的学习效率，而且缩小了学习差距，因为同学们会相互提醒对方应该注意的沟通以及其他问题。

期末时，他们已经能应付普通的商务环境交流，很多学生的综合沟通能力超出了预期。期末考试的平均分比传统模式下有 10％以上的提高，及格率和优秀率均有提升。学生们不再害怕沟通交流，而是享受沟通交流，他们自己查询资料、制作 PPT，公开演讲，毫不怯场。在学习和实习工作中信心满满，能力受到老师和用人单位的高度认可。

（三）学生普遍认可和喜爱新教学模式

据本项目做的调查问卷结果显示：91％的学生的反馈非常积极正面，87％的学生认为此混合教学模式让他们收获更大；90％的学生认为如果自己可以选择学习方式会选择此新教学模式。

二、教研成果

围绕该主题，笔者主持完成校、市、省级教研课题各一项，发表相关论文3 篇。不断改进的教学模式也得到专家和同行的肯定。

2018 年 1 月笔者说课《商务沟通》在教育部学校规划建设发展中心举办

的第七期应用型课程建设大课堂说课竞赛中荣获优秀奖。

2017 年 12 月笔者的《商务沟通》翻转课堂案例在浙江省高教学会教学管理专委会举办的浙江省首批高校翻转课堂优秀案例中荣获二等奖。

第二节 "全微案例＋游戏" 教学反思

一、对教师自身的要求特别高

"全微案例＋游戏" 教学对于教师的要求特别高，总体来说有三个方面：一是教师突破自身认知局限；二是完善案例体系；三是需建立新的评价体系。

案例与游戏教学还没有成为高校教育的主要教学方法，培养案例与游戏教学法没有纳入教师教育课程体系。因此，系统化接受案例与游戏教学法培训的教师数量不多，再加上教育领域的案例与游戏教学法研究不够充分，使教师在运用案例与游戏教学法时缺乏实践依据和必要的理论指导。由于案例与游戏评价的困难以及缺乏政策引导和支持，很多教师认为案例与游戏教学付出很多，收获却很少或未知，不如用传统教学法。没有好的执行者，无论是多么先进的教学方法也很难广泛开展，因此，"全微案例＋游戏" 教学改革中教师起着最为关键的作用。

二、当学生对案例与游戏有不同理解

在案例与游戏设计时，一些教师希望学生按照自己精心设计的路径走，得出教师希望他们得出的结论，但是实践中学生没有按照教师设计的路径，即没有发现老师需要他们发现的点时该怎么办呢？

有的老师会说：不管他们怎么走偏，我都采用预先准备好的总结，这样如果他们走偏了，也算是纠正他们了。这样做的最大危险在于，学生极有可能会轻视他们在实际讨论中得出的见解和观点，并不假思索地认为老师的总结是权威的或全面的。

教师必须保持让学生去思索并领悟 "开放" 的状态。不论是否已经找到问题的答案，教师可以通过帮助学生发现他们已经实现了目标来将前后联系起来，这才是一场高质量的案例与游戏讨论。

（一）选择最终印象

学生离开教室的时候，我们打算在他们心里留下什么？在能控制的范围之内，我们打算留下什么样的最终印象？通常，教师的选择偏好取决于其早期的战略性决策，即教学目标和课堂计划。以下为一些有效结束讨论的技巧。

1. 通过投票或者举手的方式对主要问题或决策达成一致

如果该案例与游戏提出的根本问题是在面临利益和价值冲突的情况下作出的一种决定，结束这样的讨论应将精力放在达成一致的程度上，以及解决达成这种一致的困难上将会很有帮助。教师可以这样提问："我们如何处理这种分歧？我们付出这些努力能够得出什么经验？在现实社会中，为缩小差异我们还可以做什么？或者我们是否应当再去尝试？"

2. 总结在做出某个决策或行动之前必须解决的问题

如果案例与游戏提出的根本问题是有关实质性问题的分析和解决，就应当通过重新回顾问题，以及分析这些问题的方法来结束讨论。可以这样向同学们发问："最重要的问题是什么？它们是怎样提出来的？它们将如何得到解决？"

3. 总结已有的见解或者讨论中未被发现的新的解决方案

如果案例与游戏提出的根本问题是发现新的独创性或创造性的解决方案，那么结束这场讨论时就应当强调大家提出新观点或其方案的效果。"你们现在得出了哪些讨论开始时所没有的想法？"重新回顾"惊人的言论"或意料之外的知识成果，如果案例与游戏提出的基本问题模糊不清，缺乏知识结构，或者出现意料之外的甚至是破坏性的想法或建议，结束这样的讨论时或许应当厘清案例与游戏讨论中产生的成果。"是否含有一些惊人的言论？它们受欢迎还是不受欢迎？"

4. 确认讨论中由学生和教师确定的"最佳思想"

如果案例与游戏引出的根本问题是要找到最佳的思维方式或高超的分析或理性技巧的运用，那么这种情况下的收场讨论就应集中在实现分析的优势上。教师或许需要使学生说出他们对最佳思想所持的观点，但这样做要与教师使用的案例与游戏方法相一致，教师要表明自己对群体所产生的结果的反应，并说明这些反应的理由，不要让自己的知识优势盖住整个群体的努力。

5. 对原始分析框架的反思

如果案例与游戏提出的根本问题是需要就一系列复杂问题得出前后一致的分析方法或者有序的思考，那么教师需要回顾大家已经完成了的分析过程的各个步骤或各个阶段，并揭示出讨论中所运用框架的明显用途。在进行回顾时，重新提及黑板上的要点、活动挂图或者讨论过程中的论点将会很有帮助，通过这种方式可以来确认讨论本身的有效性。

6. 以学生为中心的回顾

教师还可以让学生详细叙述从案例与游戏讨论中得出的经验。如果计划旨在为一些问题寻求到有序的方法，那么教师可以让学生说出他们记住了什么或者他们认为哪一部分最重要。"这个案例与游戏加深了你的什么理解？"教师可以在黑板上或挂图上记下他们的观点并鼓励他们讨论彼此的看法。如果忽视或漏掉一个关键的思想或论题，教师就需要适当提醒他们一下，被调动起热情的学生应该能够讲出为什么该案例与游戏值得大家付出时间和努力来讨论：因为大家的技能得到提高并且获得了广泛适用的见解。

（二）结局内容及其他准备材料

学生对于感兴趣的案例与游戏常常想要知道"结局如何"。许多案例与游戏附有满足学生这种好奇心的结局或结束语，教师可以在讨论结束时将这些材料发给大家。也可以采取另一种方式：准备一份一览表分发给大家，内容主要包括自己的主要论点或理由、显著的替代方案或从案例与游戏中得出的经验。

这些预先准备的材料应所有的学生都人手一份，将几次课堂讨论的材料加以收集，就形成了案例与游戏讨论过程中有价值的产品，促使学生按照后面将要讲的内容来回忆或研究前面的材料。

当即将结束案例与游戏讨论时，要确认大部分学习的东西已经被涉及了。如果教师成功地贯彻了自己的计划并且让大多数学生投入讨论中来，那么教师需要启发学生做好记录，记住必要内容，并反思讨论的内容。

教师要使这些材料的设计注重于加强案例与游戏的如下理论：分析过程、集体决策、模棱两可以及不确定性的后果、解决问题的技巧。这些材料应当被学生看作案例与游戏讨论的补充——也许其中包含着更为深刻或精确的思想或者怎样从主要论题或分析性的运用中学到更多东西的建议——而不能被看作讨论的替代品或对讨论的概括总结。

拥有了丰富经验，教师将不仅能够确认他们的思想，而且能够为恰当的或高超的思维方式设定标准。如果教师已经对如何将大量信息运用于复杂的问题、恰当的专业推理过程以及自我指导的学习方法有了系统了解，那么在讨论结尾阶段可以加强这方面的观念。

（三）结束讨论的技巧

对于案例与游戏讨论的引导而言，除了前面讨论过的技巧外，还有一些与结束讨论密切相连的特殊技能，加以运用可以实现教师的目标。

1. 听觉记忆

与结束讨论密切联系的最有价值的技巧或才能之一是听觉记忆，即回忆起在讨论中说了些什么以及是谁说的这样一种能力。当然这种技能的重要性并不局限于用于结束讨论，但在这个时候它却是特别有效的。如果教师能够与某种特定想法的发起者一起来识别这种想法或者能够回忆起谁曾发起或导致了某个专门讨论，那么，事实上就是在确认个人贡献的重要性。这样教师就有了根据他们自己的讨论来帮助大家建立起结论性见解的条件。

2. 克制住自己的观点

另一个重要的结束技巧是在学生得出他们自己的观点时克制教师自己的看法或判断，这需要耐心和忍耐。如果在未加干预的情况下，他们涉及了重要的论题，这样的涉及越多越好。如果他们感知能力有限而出现了错误，教师可以充当"魔鬼支持者"。提一些具有挑战性的问题，或者回忆讨论中讲过的内容，以此在不表明观点的前提下来提高他们的总看法。如果对做到这一步教师表现出没有耐心的样子，就可能会损害该学习过程发挥的作用。

3. 综合

结束讨论常常需要纲领性的思想，从而将部分与整体相连，将树木和森林区别开来，以及从不那么重要的背景下提取出重要的观点。如果教师感觉到学生已经掌握了一个更为宏大的画面，那么就可以督促他们继续向前，而同时并不向他们描绘出这个宏大的画面是什么样子。

第三节　总结与展望

百年大计，教育为本。教育不仅关系到个人素质的提升，更关系到国家、民族的发展。迄今为止，人类社会共经历过三次教育革命。第一次源于文字和学校的出现，教育开始成为有计划、有组织的活动；第二次源于造纸术和印刷术的发明，它们为书籍的出版和知识的传播提供了便利；第三次源于捷克教育学家夸美纽斯以教师、课堂和教材为中心的班级授课制教育模式的提出。第三种模式为工业大生产提供了大量人才，保证了系统、连续的知识传授，但也暴露出受时间空间限制大、针对性低等问题。当前，信息技术的飞速发展正使人类迎来第四次教育革命，教育逐渐趋于信息化、智慧化。

信息技术的飞速发展，也让教育者不断探索新的教学方式。为此，本书详细介绍和分析了沟通课程基于慕课的改革。从"互联网＋"背景下的沟通课程的教学改革，我们能看到课程教学的未来。

一、未来的教学特征

（一）未来教学将使用富媒体化的教学资源

未来教学是基于网络环境下的教学，互联网时代下的富媒体技术使得资源呈现形式丰富、交互能力强、便于访问控制等特点。富媒体技术在游戏、广告等领域获得的应用效果值得教育领域学习、借鉴和利用，推进教学信息资源建设的创新与发展。例如，通过开设智慧教室或探究实验室等形式，可以让学习资源从单一的书本，变为音频教学资源、动画教学资源、流媒体教学资源、

AR/VR 沉浸式教学资源等多种教学资源的组合，通过多元化的学习资源让学生更好地理解所学内容，并实现学习成果的网络化共享。

基于富媒体的交互技术，还可以让个人学习环境虚拟化、学习生态化。众所周知，课堂中的教学交互行为直接影响着课堂的教学质量。原本教师在讲台上讲授知识，学生在讲台下听讲的教学模式，不足以让学生深刻理解所学知识。有了交互技术，学生及教师可以很好地和教学资源进行互动，深化学生的理解。有了虚拟现实技术，学生可以在虚拟教室、虚拟实验室中完成真实课堂难以完成的实验，学生的学习环境更加多样化。信息技术的介入使得课堂教学不再是传统的、单一的师生交互行为，而是教师、学生与教学媒体三者之间的相互作用，使师生间、生生间、学习环境间、人与学习资源间等，共同构成信息技术教学环境下的课堂教学交互行为。

当前，人工智能已经在人们的日常生活中得到了广泛应用，要适应社会信息技术的发展，就必须建立人工智能思维，不断提高创新意识、创新能力，真正实现教育的创新发展，培养创新型信息人才，反哺并推动信息技术的发展。

（二）未来教学中非正式学习方式成为学校教学的有益补充

随着服务于学习个性化、终身化的技术的不断研发与应用，如基于情景的主动知识推送服务、基于知识地图的碎片化学习课程、基于增强现实的知识提示服务等，非正式学习成为学校教学的有益补充，并因其不受教学时间、学习场所的限制而成为受欢迎的学习方式。非正式学习利用碎片化的时间学习，大大提高了学生的学习效率，既满足学生个性化需求，也符合学生离开学校教育后的终身学习的需要。

（三）未来教学倾向于使用大数据的深度学习服务

大数据的教育将呈现和以前工业化时代截然不同的特征：弹性学制、个性化辅导、社区和家庭学习，每个人的成功。数据将火热地穿梭其中，人与人（师生、生生）的关系将通过人与技术的关系来实现。

教育环境的设计、教育实际场景的布置、教育时空的变化、学习场景的变革、教育管理数据的采集和决策等，在云、物联网、大数据的背景下，变成一种数据支撑的行为科学。教育大数据与传统的教学数据相比，有非结构化、分布式、数据量巨大、数据分析由专家层变化为用户层、大量采用可视化展现方法等特点，这些特点正好适应了教学的个性化和人性化的需求。

运用大数据技术，可以建立实时统计系统。该系统可以对教学资源等方面的使用情况进行全面的监测，包括统计与分析用户的各种行为数据，如信息资源的总体播放次数、完全播放次数、单击数、单击率、下载次数、下载率等。不仅可以对教学资源的使用情况进行监测，还可以通过挖掘、分析学生的网络学习模式、学习行为、学生关联等内容，追踪学生的学习兴趣、知识层次、学习偏好等状态。例如，经数据分析发现，某一时期学生所关注的教学资源是哪种主题、哪种形式、哪种类型，进而基于大数据分析主动挖掘出学生的困难点、知识遗漏点等，既为教学者制定教学策略提供支持，也为优化资源配置提供依据。

大数据技术的引入使得教与学的活动监测、数据的获取与分析变得更加便捷、高效，使得学生的学习印记得以显化，教学决策的制定更为精准化，能更好地辅助教学过程的开展。

（四）未来教学会是一种以评促学的教学模式

在信息社会里，知识的数量已经大大地超越了人类记忆的极限，知识更新又是如此之快，人们不得不终生学习。人们需要的知识，不仅可以通过聆听教师讲课获取，更可以跨越时间和空间的限制，在浩瀚的知识海洋中查获。因此，学习并应用新知识的能力是立足于高科技信息时代的根本。

据此，以教师为中心的评价应转向以学生为中心的教学评价，即将评价主体由教师转变为学生，评价的标准从知识评价转向学习能力评价，特别是学生自主学习能力的评价。当然以学生为中心的教学评价体系，仍面对教师进行评价，但是因为教师从中心主导地位转变到了意义建构的帮助者、促进者、学生的伙伴，所以评价的标准相应地转变成教师是否为学生创设了一个有利于意义建构的情境，是否能激发学生的动机与主动精神和保持学习兴趣，是否能引导学生加深对基本理论和概念的理解等。

无论评价标准怎么变，都要充分发挥评价的导向性功能，即通过评价来促进学习质量的提高。这里的评价是对学生的评价、学生对自己的评价和学生对教师的评价等，是以学生为主、教师为辅的对整个学习过程的评价。评价内容应包括学习态度、学习方法、学习效果、学习体会，甚至是教材和教师的教学等多个方向。整个评价过程穿插于教学活动的过程中，其目的是以评促学，最终培养学生敢学、爱学、乐学、会学的精神。

在整个评价过程中，学生不仅可以评价自己和同学的学习，还可以评价教师的教学甚至教材，发表对教材的不同看法，从而让学生打破评价的束缚，敢于挑战权威，增强"敢学"的心态。同一内容，不同学生掌握的情况有质的差异，应给予学生多次评价的机会，让他们在多次鼓励性的评价中不断成长，并让参评的学生体验到成功的喜悦，树立起"爱学"的信念。通过同桌评价、小组评价、全班评价，让学生结成对子互评，以拓展评价学习的时空，促进学生主动参与，培养起"乐学"的兴趣。教师的导评有利于帮助学生矫正学习方法，启迪学习思维，化解学习矛盾，更进一步促进学生的主动发展，从而掌握

"会学"的本领。

总而言之，未来教学中将开设个性化的评价服务，不为评价而评价，而是为了让学习绩效个性化，即学习质量更加高效，是一种以评促学的教学模式。

（五）未来教学将使用游戏化的教学资源

游戏和教学的结合，是指在同一个学习目标引导下，学生的自主游戏活动和教师指导下的教学活动二者之间的结合。游戏化教学是将教育性与娱乐性融为一体的教学模式，在渗透教学内容的同时，有助于激发学生的学习兴趣，提高学生综合能力。

游戏的使用可以贯穿整个教学过程。比如游戏可以是教学的先导活动，学生在游戏中获得相关经验以后，教学将成为在这些具体经验基础上的理性升华，抽象出一般的道理。经验越丰富，教学情景中的学习就越具有令人豁然开朗的效果。游戏也可以是教学的后继活动，教学过程中获得的新知识和技能在游戏过程中进行多种尝试和灵活运用，以获得充分的发展。更为重要的是，相较其他教学形式，学生在游戏中更容易全身心地投入，调动起触觉、听觉、视觉、嗅觉、味觉等各种感官，全身心地与同伴们嬉戏、玩耍。这个过程中，他们实际上是在用各种感官接触世界、认识世界。对于厌学的学生，可以通过游戏等辅助手段让其对学习产生兴趣。但游戏总有沉迷性，教师要用之有度，并且要和教学内容紧密相连，不能为了游戏而游戏。

游戏化教学，对于解决教师厌教、学生厌学这一问题有着独特的意义。在教学中，游戏的趣味性不仅可以调节课堂气氛，调动学生学习积极性、挖掘学生潜能、让学生知识的理解更加深刻，还可以让师生间、生生间的感情更加紧密。

二、案例与游戏教学法在沟通课堂应用的前景

自 2006 年以来，新课程改革在全国范围内取得了实质性的进展，素质教育的理念被认同，重视学生创新精神和能力培养的教学方法正在逐渐形成，学校教学的方方面面都在发生着变化，这对工作在一线的广大教育工作者提出了挑战。当下教学方法依然是以传统教学为主，有一定的改变但力度不够，期末一考制仍然是一切教学活动评价标准和终极目标。这使教学方法的改革举步维艰，案例与游戏教学法要在沟通学科得以推广长路漫漫。案例与游戏教学法能否成为教师教育中的标准教学法，目前答案还不清楚，因为对其基础性研究尚不够系统和深入。案例与游戏在使用中的不同效果应有更加深刻的理解。对案例与游戏的不同使用情况的理解，要求人们对教学目标具有更清晰的表达。

案例与游戏教学法充分展示了学生的主体地位，使学生在讨论中学会分析

问题、解决问题。这种学习方式使学生主动学习知识，充分调动了学生的学习积极性。对于沟通课程而言，学生在案例与游戏教学中从内心深处认可了沟通，会发现原本晦涩难懂的沟通知识变得丰满起来，变得有血有肉。这样一来，学生将沟通知识与自身发展串联在一起，真正走近沟通、了解沟通，不仅提升了学习热情，而且对沟通知识有了更加深刻的认识。

沟通学科的特殊性决定了这门学科的学习与其他学科的不同。沟通课程的有效完成，需要学生具有良好的素质基础，且总的目标是通过教学使学生改变思维习惯和行为。实际中，沟通课程教学对于案例与游戏教学法的呼唤，超出了教师教育中对案例与游戏教学法实证研究的程度和质量。在沟通教学活动中，当教师应对案例与游戏的具体使用情况做出更加充分的解释，就能更好地利用案例与游戏教学法获取知识，这使教师对案例与游戏教学过程中产生的不同效果产生更加深刻的理解。而当教师明确案例与游戏教学所要实现的教学目标，不仅是在探究案例与游戏教学对课堂的影响，而且是对师生的精神情感带来的影响。这种影响在未来的教育教学中会是一种长远的趋势，会逐渐改变人们对教学活动的传统认知。

理想的沟通课程不但要凝聚古今中外成功者生存和发展智慧的结晶，还应该列举和概括大量成功者的职场经验案例，佐之以深入浅出、伴随实战演练的教学范式，才能帮助大学生提升沟通能力，进而真正帮助他们提升创新创业能力。这就意味着未来沟通课程的教师会被要求有更丰富的社会实践经验。

总之，信息技术在飞速地发展，教学方式也在不断地变化。不管是从传统教育的故步自封到未来教育的开放化、共享化，还是由过去教育的应试化、灌输化、管制化、约束化到未来教育的协作化、个性化、学生主体化、智能化，这些教学上的变革都值得我们思考。

我们对教学方式的探索从未止步，全微案例与游戏教学只是一个尝试，希望有更多的老师能不断让学生从传统的教学模式中解放出来，让新技术、新理念走入课堂，让未来信息化教育惠及更多学生。

参考文献

[1] 宋占新. 大学生沟通能力的培养 [J]. 高校辅导员导刊，2018 (10).

[2] 周金声，王丽坤. 加强大学生沟通能力培养刻不容缓——大学生沟通能力现状调查研究与分析 [J]. 湖北工业大学学报，2013 (6).

[3] 卢红. 网络环境下大学生人际沟通能力的弱化及其提升路径 [J]. 湖北行政学院学报，2013 (4).

[4] 时文清. 加强大学生沟通能力的重要意义 [J]. 教育现代化，2019 (6).

[5] 升小平. 沟通能力是提高工作效率的加速器 [J]. 管理，2020 (3).

[6] 蔡小春等. 美国高校工程沟通能力培养课程分析及其启示 [J]. 高等工程教育研究，2017 (6).

[7] 冯运杰，徐志成. 试析商务沟通课程改革中存在的问题 [J]. 长春教育学院学报，2010 (12).

[8] 刘雪峰. 美国高校大学生沟通能力的培养及启示 [J]. 当代教育科学，2014 (19).

[9] Bankin G. M. Changes and the Curriculum [M]. Paul Chapman Publishing Lid. ，1992.

[10] 汪霞. 课程理论与课程改革 [M]. 合肥：安徽教育出版社，2007.

[11] Bellack A. A. & Kliebard. H. M. Curriculum and Evaluation [M]. Berkeley：Mr Cutrhan Publishing Corporation，1997.

[12] 迈克·富兰. 变革的力量——透视教育改革 [M]. 中央教育科学研究所，加拿大多伦多国际学院，译. 北京：教育科学出版社，2000.

[13] Posner G. J. Analyzing theCurriculum [M]. New York：McGraw Hill，Inc. ，1992.

[14] 菲利浦·泰勒. 课程研究导论 [M]. 王伟廉等，译. 北京：春秋出版社，1989.

[15] 欧阳生，杨慧文. 新世纪的课程改革——两岸的观点 [M]. 台北：五南图书出版公司，1998.

[16] 哈斯高娃，张菊芳，凌佩．智慧教育［M］．北京：清华大学出版社，2018.

[17] 吴彦文．信息化环境下的教学设计与实践［M］．北京：清华大学出版社，2018.

[18] Susanna Tsai，Paulo Machado. E-learning，Online Learning，Web-based Leaning，or Distance Leaning：Unveiling the Ambiguity in Current Terminology. Retrieved from https：//pdfs. semanticscholar. org 78a26073 88586877be815d75319abe4fcc39225. pdf，2017. 2. 10.

[19] 兰迪·加里森，特里·安德森．21世纪的网络学习——研究与实践框架［M］．丁新，主译．上海：上海高教电子音像出版社，2008.

[20] Badrul H Khan. 开放灵活的分布式学习环境［J］．张建伟编译．现代教育技术，2003（4）.

[21] Siemens，G.，Gasevic，D.，& Dawson，S.（2015）. Preparing for the digital university：a review of the history and current state of distance，blended，and online learning. Athabasca University，University of Edinburgh，University of Texas Arlington，University of South Australia.

[22] 金慧．在线学习的理论与实践课程设计的视角［M］．北京：清华大学出版社，2018.

[23] 迈克尔·霍恩（Michael B Horn），希瑟·斯特克（Heather Staker）．混合式学习：21世纪学习的革命［M］．混合式学习翻译小组，译．北京．机械工业出版社，2016.

[24] 赵国栋，李志刚．混合式教学与交互式视频课件设计教程［M］．北京：高等教育出版社，2013.

[25] Robison R. The business of online education：are wecost competitive? In Elements of Quality Online Education：Engaging Communities［M］. MA：SIoan Consortium，2005.

[26] Van Raaji E M，Schepers J. The acceptance and use of a virtual learning environment in China［J］. Computers&Education，2008：50（3）.

[27] Sun P C，Tsai R J，Finger G et al. What drives a successful E-learning? An empirical investigation of the critical factors influencing learner satisfaction［J］. Computers&Education，2008（4）.

[28] Sivo S A，Pan C-C. Hahs-Vaughn D L. Combined Longitudinal Effects of Attitude and Subjective Norms on Student Outcomes in a Web Enhanced Course：A Structural EquationModelling Approach［J］. British

Journal of Educational Technology，2007（5）.

［29］Liaw Shu Sheng. Investigating students' perceived satisfaction，behavioral intention，and effectiveness of e-learning：A case study of the Blackboardsystem ［J］. Computers & Education，2008（2）.

［30］Lonn S，Teasley S. Saving time or innovating practice：Investigating perceptions and uses of Learning Management Systems ［J］. Computers & Education，2009：53，（3）.

［31］MORI/JISC. Great Expeditions of lCT. London，Ipsos MORI ［EB/OL］（2008－05－08）［2020－10－10］http：//www. jisco. ac. uk/media/documents/publications/jsigreatexectationsfinalreportjune08. pdf.

［32］Sharpe R，Benfield G，Roberts G，et al. The undergraduate experience of blended e-learning：a review of UK literature andpractice ［M］. York：Higher Education Academy，2006.

［33］JISC InTheir Own Wards：Exploring the learner's perspective on e-learning ［M］. London：JISC/HEFCE，2007.

［34］Green S，Weaver M，Voegeli D，et al. The development and evaluation of the useof a virtual learning environment （Blackboard 5） to support the learning of pre-qualifying nursing students undertaking a human anatomy and physiology module ［J］. Nurse Education Today，2006（5）.

［35］Thomas，Aliki，Storr，Caroline. WebCT in Occupational Therapy Clinical Education：Implementing and Evaluating a Tool for Peer Learning and Interaction ［J］ Occupational Therapy International，2005（3）.

［36］Van Gundy K，Morton B A，Liu H Q，et al. Effects of Web Based Instruction on Math Anxiety，the Sense of Mastery，and Global Self-Esteem：A Quasi-Experimental Study of Undergraduate Statistics Students ［J］ Teaching Sociology，2006（4）.

［37］Bridge P，Appleyard R. A comparison of electronic and paper based assignment submission andfeedback ［J］. British Journal of Educational Technology，2008（4）.

［38］Lin Q. Student Views of Hybrid Learning：A One-Year ExploratoryStudy ［J］. Journal of Computing in Teacher Education，2009（2）.

［39］黎莉. 政策解读：新时代全国高等学校本科教育工作会议《坚持以本为本、推进四个回归、建设中国特色、世界水平的一流本科教育》［J］. 南方医学教育，2018（02）.

[40] 沈景凤，石云霞，吕方梅；SPOC 背景下设计方法学教学改革与对策 [J]．教育教学论坛，2015（01）．

[41] 大学课程：淘汰"水课"打造"金课" [EB/OL]．（2018－11－25）[2022－01－12]．https：//baijiahao. baidu. com/s? id＝1618047666860740520.

[42] 侯娜欣，辛昀瑾．全景报道｜群星璀璨 共话中国慕课新时代——2019（第六届）慕课发展大会在京盛大召开 [EB/OL]．（2019－07－23）．[2022－01－12]．http：//www. cedumedia. com/i/24054. html

[43] Christensen，C. Roland，with Abby J. Hansen. Teaching and the Case Method：Texts，Cases，andReadings [M]．Boston：Harvard Business School，1987.

[44] 小劳伦斯·E·林恩．案例教学指南 [M]．郄少健等，译．北京：中国人民大学出版社，2016.

[45] 莫群俐．商务英语口语课程改革与实践 [M]．北京：冶金工业出版社，2021.

[46] 韩翔，王潇音．案例教学法在历史教学中的应用 [M]．北京：中国纺织出版社，2020.

[47] 钟志贤．信息化教学模式 [M]．北京：北京师范大学出版社，2006.

[48] 新型教学法——游戏教学法 _ alice _ 新浪博客 [EB/OL]．（2009－05－24）[2022－01－12]．http：//blog. sina. com. cn/s/blog _ 5d098f500100dyz5. html.

[49] 张胤．游戏者学习者：论电子游戏作为校本课程的价值的发掘及建构 [J]．教育理论与实践，2002（22）．

[50] Bammel，G. 休闲与人类行为 [M]．涂淑芳，译．台北：桂冠出版社，1996.

[51] Huizinga. 人：游戏者 [M]．成穷，译．贵阳：贵州人民出版社，1998.

[52] Encyclopedia Britannica. The relationship between game andplay [EB/OL]．（2013－03－24）[2021－01－10]．http：//www. britannica. com.

[53] 尚俊杰，蒋宇，庄绍勇．游戏的力量：教育游戏与研究性学习 [M]．北京大学出版社，2012.

[54] 董虫草．胡伊青加的游戏理论 [J]．浙江大学学报（人文社会科学版），2005（35）．

[55] Maslow. 动机与人格 [M]．许金声等，译．北京：华夏出版社，1987.

[56] 陈怡安．在线游戏的魅力 [J]．台湾信息社会研究，2002（3）．

[57] Richard，R. 游戏设计——原理与实践 [M]．尤晓东等，译．北京：电子工业出版社，2003.

[58] Csikszentmihalyi，M. Beyond boredom andanxiety［M］. San Francisco，Jossey-Bass Publishers，1975.

[59] Webster，J.，Trevino，K. L. & Ryan，L. The dimensionality and correlates of flow in human-computer interactions［J］. Computers in Human Behavior 1993（4）.

[60] Csikszentmihalyi，M. 生命的心流追求忘我专注的圆融生活［M］. 陈秀娟，译. 台北：天下远见，1998.

[61] Lepper，M. R. Microcomputers in education：Motivational and socialissues［J］. The American Psychologist，1985（11）.

[62] Amory，A.，Naicker，K.，Vincent，J. & Adams，C. The use of computer games as an educational tool；Identification of appropriate game types and game elements［J］. British Journal of Educational Technology，1990（4）.

[63] 第四届中国网络游戏市场调查-道客巴巴［EB/OL］.（2015 - 12 - 12）［2022 - 01 - 12］. http：//www. doc88. com/p-8486068931166. html.

[64] 吴航. 游戏与教育——兼论教育的游戏性［D］. 武汉：华中师范大学，2001.

[65] Merseth，K. K.. The case for cases in teacher education［M］. Washington，DC：AACTE. 1991.

[66] 司治国，游戏化学习社区的开发与应用研究［D］. 北京：首都师范大学，2005.

[67] Chin-hsieh Lu, Jon-Chou Hong. Pei-hsiu Huang. The effects of individual characteristics on children's problem solving performances in the context of game based learning［C］. Proceedings of the Redesigning Pedagogy：Culture，Knowledge and Understanding Conference，Singapore，2007.

[68] 盛群力，李志强. 现代教学设计论［M］. 杭州：浙江教育出版社，1998.

[69] 陈晓慧. 教学设计［M］. 北京：电子工业出版社，2005.

[70] 乌美娜. 教学设计［M］. 北京：高等教育出版社，1994.

[71] 兰霞萍，陈大超. 案例教学的问题与出路［J］. 教学与管理，2017（4）.